新闻采访与创意策划

王桂娟　冯　磊　张一晓　编著

中国纺织出版社

图书在版编目（CIP）数据

新闻采访与创意策划 / 王桂娟, 冯磊, 张一晓著.--北京：中国纺织出版社, 2017.6

ISBN 978-7-5180-3708-7

Ⅰ.①新… Ⅱ.①王… ②冯… ③张… Ⅲ.①新闻采访—研究②新闻工作—策划—研究 Ⅳ.①G21

中国版本图书馆CIP数据核字(2017)第149278号

责任编辑：姚　君　　**责任印制**：储志伟

中国纺织出版社出版发行

地　　址：北京市朝阳区百子湾东里A407号楼　**邮政编码**：100124

销售电话：010-67004422　**传真**：010-87155801

http://www.c-textilep.com

E-mail：faxing@c-textilep.com

中国纺织出版社天猫旗舰店

官方微博http://weibo.com/2119887771

北京虎彩文化传播有限公司印刷　各地新华书店经销

2018年2月第1版第1次印刷

开　　本：710×1000　1/16　**印张**：23.75

字　　数：328千字　**定价**：78.00元

前　言

人类信息传播媒介的发展推动了社会的前进。从语言的产生到今天，人类的传播活动主要经历了口语传播时代、文字传播时代、印刷传播时代和电子传播时代。传播媒介的进化也经历了从视线媒介系统到再现媒介系统再到机器媒介系统的演变。如今，各种各样的信息传播渠道竞争异常激烈，未来传播媒介的竞争将更加激烈。

随着我国社会的不断发展，新闻媒体之间的竞争越来越激烈，新闻采访的执行难度也越来越大。而新闻策划与新闻采访的实施效果有着密切联系，策划方案条理越清晰、结构越明确，方案的可行性就越大，新闻采访的质量也会随之提高。本书首先分析了新形势下新闻采访策划缺乏充足准备、采访策划内容缺乏真实性、采访策划模式过于陈旧、采访策划目的趋于炒作等现象；接着指出了新形势下新闻采访策划的意义，如合理引导新闻主题、形成一定舆论声势、科学整合新闻资源等；在此基础上，从制定可行的采访计划、充分做好准备工作、提高新闻采访策划人员的专业能力等方面全面论述了新形势下做好新闻采访策划的具体策略。

本书内容可分为六个部分：第一部分为新闻采访概念的初探；第二部分细说新闻采访活动的主体；第三部分详细介绍新闻采访的策划，从意义到策划的前期、中期、后期，方便后人对新闻采访的研究；第四部分是对新闻传播要素的研究，新闻传播的媒介、新闻传播的过程等，将新闻传播的整个过程呈现在读者眼前；第五部分是新闻采访电视播音创作概述，从不同视野帮助读者了解电视播音创作；第六部分是新闻采访类电视综艺节目策划的具体研究与分析。

编者

2018 年 6 月

目 录

contents

第一章　新闻采访的本质和特征

第一节　新闻采访的本质

一、新闻的本质

（一）作为故事的新闻

在西方新闻学理论和业务研究中，出现频率较高的术语之一就是“新闻故事（news story）”，这意味着新闻可能是一种特殊的叙事结构。而从具体的新闻实践来看，新闻的确具有叙事的功能，任何一种新闻形态，或者说报道文体，包括消息、通讯、特写、深度报道等都包含了5个W[who（何人）、where（何地）、what（何事）、when（何时）、why（为什么）]和1个H[how（怎样）]。这六个要素的有机组合，向我们呈现了有事件、有情节、有评论、有背景的一个完整的叙述文本，我们可以把这样的叙述文本称做新闻故事。

实际上每一件新闻作品都在向人们讲述一个或几个最新的事件，而这些事件都可称之为新闻意义上的“故事”。尤其在一般人们的阅读行为和习惯中，也更愿意接受故事化的信息。新闻故事同样具有了事件、行为者和场景这三个“故事”的基本元素，并“采用对话、描写和场景设置等，细致入微地展现事件中的情节和细节，突现事件中隐含的能够让人产生兴奋感、富有戏剧性的故事”（美国普利策新闻奖得主富兰克林语）。但是它又有别于日常谈话、儿童读物或文学小说中的故事。因为作为对已经发生或者正在发生的新闻事实进行叙述与建构的产物，新闻无疑是一个真实的“故事”。真实是新闻的生命，也是衡量一切新闻价值的首要标准。离开了真实性，新闻故事与一般文学类的“故事”也就没有什么本质的区别了。

值得说明的一点是，作为故事的新闻与新闻故事化的区别：前者的意思是我们把任何新闻都看作故事，因为新闻不仅具备叙事的功能，同时也具备故事的各个要素；而后者则是新闻的故事化处理方式，比如套用故事的叙述模式、制造悬念、突出细节、铺垫情节等。一般而言，新闻往往没有故事那么出彩和情节迂回的特点，因为故事是对生活的虚构和艺术化。但新闻却以真实、新鲜、接近等特征满足人们知晓、认识和接受教育的需求。

作为故事的新闻，在叙述方式上大多采用倒叙，把最重要的新闻事实，一般是事件结果首先呈现给受众，引起受众的兴趣，然后在对悬念的一步步解疑中完成对真相的描述，这就形成了典型的倒金字塔的结构。这种模式化的新闻叙事尽管在逻辑上可能没有故事连贯或流畅，但它在最短的时间内高效地满足了人们对事物的好奇心，反而让人觉得这种顺序安排更为合理。

我们现在经常能在报纸上见到的深度报道、长篇连续报道和系列报道等，都是对新闻故事功能的发挥，这类报道一般较受欢迎，能够极大地吸引读者。而在电视上，也出现了越来越多的讲述、社会写真之类的专题节目，这些节目也是运用讲故事的手法，以人为中心，围绕“内容新，形式活”来挖掘新闻的表现手法，也极大地吸引了观众的眼球。不少新闻工作者把讲好故事作为做新闻的一个准则，当然这个故事不仅要讲得真实，还要讲得出彩，让观众或读者有兴趣看。

（二）作为话语的新闻

从人类懂得用口语进行交流的一刹那开始，人类文明正式发迹。这些口语以及后来文字的发明及运用，共同形成了一整套具有表达规则和意义的语言系统，并在社会环境中不断得以规范和完善。这里的口语或文本，即是话语。就像人们忽略了身边最普通的传播现象一样，人们也忽略了新闻其实就是作为一种司空见惯的但又不同于用于日常交流的话语而存在。新闻作品正是新闻工作者在一定的社会、政治、文化等语境中运用语言系统叙述与建构新闻事实的产物，是一种动态的再现话语。

关于新闻话语的定义，还是中国人民大学新闻学院陈力丹教授概括得比较好：话语是语言系统和社会环境的交汇点。运用一定的语言系统，叙述、重构新近发生的新闻事实，产生的口语或文字作品，即新闻话语，它是一种再现事实的话语，它在形态上是物质的报纸或电子媒体的一种文本，在观念上则是一定语境的体现。

这样，作为话语的新闻，实际上呈现出多层级的结构特征。在微观结构方面，从确定新闻标题到保持题文一致、句法正确、词序合理、措辞风格、修辞手法得当等，都力求符合并反映一套社会认同的语言规范；在宏观结构方面，则包括了一系列的常规叙事类型和叙事方法，以及将隐含叙事变成真实叙事的转换规则和新闻制作的社会环境考量等，力图使人体会到深层的“意识形态”成分。

按照阿姆斯特丹大学 [荷兰] 著名语言学教授樊·迪克的观点，新闻话语也是意识形态的话语，因为它必然表达和确认其生成者的社会和政治态度。 新闻工作者在新闻话语中建构既客观又隐含倾向的叙事技巧。这些叙事技巧主要体现在词语、句式和叙事视角三个方面的选择之上。新闻报道通过词语的选择与暗示、文本的结构与句子的连贯以及文化符码的排他性等方法，来显示说话人作为团体成员而预设好了的社会知识和态度图式，同时还实践着他所属团体的价值范式、利益、权利关系和意识形态。换言之，新闻在传递信息、沟通世界的同时，也在传递和表达着一种隐含的意识形态和主流文化观念。

由此可见，新闻作为话语，通过词汇的选择对事件进行正面或负面定性是非常普遍的手段。而在当代社会，公众往往接受媒体所呈现的社会现实，因此，怎么报道真相就比是否报道真相显得更为重要。我们可以把新闻的本质看作是话语，因为在当今的社会转型中，它所构建的公共话语平台是其最突出和强大的功能。

（三）作为产品的新闻

作为产品的新闻有两层含义：一是经济产品，二是文化产品。新闻作为经济产品，不能简单地将其理解为商品，因为商品是纯粹用来流通与交换的，新闻作为经济产品的含义是指新闻可以产生经济效益，而且在商业运作的模式下，新闻也可以作为一种经济产品来进行包装、流通和交换。现代媒体理念不仅奉行内容为王，而且推崇“形式”为金，报纸或电视节目的外在包装也成为一门很大的营销学问，因为要有影响力，首先要具有冲击力，而这一点上，新闻也必须重视其经济属性，注重产品的包装和营销，以便进入市场流通。

同时，新闻也是一种特殊的精神产品，因为它不仅反映文化、传承文化，也在建构文化。新闻反映文化，是指新闻报道必然体现社会环境和人文环境的大致风貌，体现主流文化的特征；而随着时间的推移，这种反映又会不自觉地担当起传承文化的重任。最后，新闻建构文化是新闻在向人们传递信息、提供资讯服务的同时，也在潜移默化地引导与建构一种能被广泛认知的大众文化、精英文化和通俗文化。

当然，反过来说，新闻也深受文化的影响。新闻的报道基调、报道模式和报道结构，新闻写作方式、新闻语言等，都无一不带有文化的烙印。所以，新闻是文化的良导体，一切新闻都趋向文化，从新闻的选材来看，它几乎是无所不包，上至天文、下至地理，古代历史、当代现实都可以作为题材，日月星辰、花鸟鱼虫、人情风物、名胜古迹都是新闻报道的对象，关键是新闻工作者凭着敏锐的职业敏感从浩瀚的生活海洋中去发掘、发现这些素材。

作为产品的新闻，我们必须对新闻的品格要求及内在价值有一定的要求和期待。首先，我们不能把新闻看作一种简单的商品，按照商品规则进行流通和消费，搞有偿新闻和钱稿交易。其次，新闻不能为了迎合受众而一味的媚俗化、低俗化，尤其是一些电视新闻节目，为了提高收视率和赚取广告费用，使其新闻有明显的实用性和消费性，一方面媒体自身对这种倾向加以反对，而反过来又予以“培养”和“引导”，从而陷入一种发展悖论。如果只强化和突出这种感官刺激功能、游戏功能和娱乐功能，片面追求经济效益，就会使新闻的认识功能、教育功能、审美功能受到抑制，这样一来，就破坏了新闻本应有的价值。

现在，媒体都注意把新闻报道的重点转向平民，感同身受地去倾听民生民意，体验百姓生活，大力倡导并践行一种可贵的人文精神。这种报道与反映是追求人、媒体、社会相互融合的过程，也可以理解成一种文化创造的过程，其本质是追求人与自然的和谐共存。新闻正是以这种力量在深刻地影响和改变着我们的社会和生活。

二、新闻采访的本质

人们对新闻采访现象的考察，归纳起来要回答的问题大致可分为三类，即新闻采访现象到底是一种什么现象？理想中的新闻采访活动应是怎样的？实践中的新闻采访活动要如何进行？第一类问题描述新闻采访作为一种人类活动的特殊性，解决新闻采访的本质和特征、新闻采访活动的要素和工作程序、新闻采访活动的类别等问题。第二类问题告诉我们合理的新闻采访活动所必备的因素，解决新闻采访对记者的要求、成功的新闻采访活动应搜集什么样的新闻、记者应和采访对象建立何种关系等问题。第三类问题则是新闻采访实践中的操作指南，包括记者如何培养识别新闻事实的敏感、采访中采集新闻事实的手段、记者如何与采访对象建立关系、如何进行不同专业领域的采访，等等。解决第一类问题是解决后两类问题的基础。就其本质而言，新闻采访到底是一种什么现象呢？

前人对新闻采访本质的概括主要有两类：一是将其视为记者为搜集新闻报道材料而进行的活动，如“为搜集新闻事实和新闻背景等新闻报道材料而进行的观察、访问、调查、录音、录像等活动”；二是将其视为记者的一种调查研究活动，如艾丰对新闻采访的定义。前者指出了新闻采访活动的直接目标（采集新闻报道材料）和方式（观察、访问、调查、录音、录像等活动），后者则明确了新闻采访活动的实质，它们都有可取之处。但是，它们的不足也是显而易见的。前者的缺陷在于混淆了新闻采访活动的直接目标和最终目标。新闻采访活动的最终目标是反映新闻事实，而非搜集材料。新闻采访作为联系新闻事实与新闻作品的中介之一，其最终目标只能是反映新闻事实，而非搜集材料。将新闻采访活动的目标归纳为搜集材料，就很有可能造成只搜集一部分材料而忽略了材料间的相互印证，以致所谓的“报道”偏离了新闻事实的本来面貌。后者的缺陷在于没有明确新闻采访作为一种人类认识和把握客观事实的特殊的专业活动与其他调查研究活动的区别，新闻采访的特殊性体现在哪些方面？我们从中并未得到解答。

根据对上述两类概括的分析，我们尝试着从唯物主义认识论出发，对新闻采访的定义做如下表述：新闻采访，是新闻记者为公开传播而进行的了解和掌握客观事实的专业活动。

下面是对这一定义中要素的几点说明：

首先，新闻采访活动是记者的专业活动。有一种观点认为，了解新闻事实、搜集反映新闻事实的材料的人，并不只是记者而已，如为举行新闻发布会而了解新闻事实的新闻发言人、为媒体提供新闻线索的职业报料人等。其实，他们在新闻采访活动中的地位，只是向记者提供反映新闻事实的材料的中介，而记者要尽可能地进行实地采访，获得第一手材料，以期对新闻事实作真切而直观的反映。这里强调记者作为新闻采访主体的排他性，是从维护新闻的专业性和权威性而言的。

其次，新闻采访是围绕了解和掌握客观事实而进行的。这句话有两层意思：第一，新闻采访是受客观事实所制约的。作为主观认识客观的活动之一，新闻采访只能通过各种手段去了解和掌握客观事实，而不是无视甚至蔑视客观事实，随意发挥主观想象的过程。尊重事实，正确地了解和掌握客观事实，是新闻采访活动的底线所在，也是新闻行业得以存在的理由。一向标榜客观的美国媒体在近年来连遭公信力危机，先是 2003 年《纽约时报》记者布莱尔

（Jayson Blair）编造新闻被曝光，2005 年 3 月又有电视新闻节目被披露是由布什政府精心炮制，其根本原因就在于突破了这一底线。第二，了解和掌握客观事实是新闻采访的核心工作内容。客观事实是新闻采访活动的对象，离开了客观事实，新闻采访也就失去了存在的意义。当然无论是记者通过实地采访以获取的直接材料，还是记者通过搜集他人对新闻事实的感知以获取的间接材料，它们都不是客观事实本身，而只是客观事实的一种反应而已，但是记者的反映具有主动性，他们可以因采访角度的不同、所搜集材料的差异，而对客观事实作出不同反应。

最后，新闻采访的最终目的是公开传播。为公开传播而了解掌握宏观事实，这是新闻采访活动最显著的特征。新闻采访活动的直接目的是为写作新闻作品或制作新闻节目而进行的，而其最终目的则是要将新闻事实通过新闻媒体公开传播出去。新闻采访活动的最终目的不是为了秘密传播或者小范围传播，这一方面明确了新闻采访和掌握客观事实的活动的区别；另一方面也提醒我们，在新闻采访活动中要选择适合公开传播的新闻事实，若涉及国家机密、商业机密、个人隐私等方面的事实，尽管对某一部分人而言可能具有新闻性，也不宜披露。

第二节 新闻采访的特征

一、新闻的特征

实际上，随着新闻实践的发展，对于新闻真实性、客观性等也有了新的见解。比如新闻的要素真实、新闻的“解读”与“涵化”等（主观倾向），都比以往的认识有了很大的拓展。因此对于新闻特征，也有必要重新审视。

新闻的特征，简单地说就是，当我们拿到一张报纸或者打开电视机，能让我们很快地就辨别出什么是新闻，以及它跟广告、影视剧、文学作品所不同的东西。这种东西是人们以一种主观的经验来判断的，当然，我们也可以首先凭这种经验和习惯性的认识对新闻的特征进行直观地描述，然后再从理论的高度揭示新闻所具备的独一无二的特征。

综合以往的新闻学研究成果，我们认为新闻的特征脱离不开以下三个维度：新闻的文本特征、新闻的功能（价值诉求）特征和新闻的传播特征。这三个层面必须联系起来综合考究，才能全面地认识新闻的特征。

新闻的文本特征，也就是从外观上我们所看到的新闻的形式、形态和风格。比如，报纸新闻是作为一种书面话语形式出现的，因此必须首先符合书写或印刷文本的一般性限制或要求；电视新闻是以声画同步和声色具备的形态来传达的，则需始终践行眼见为实的原则，并用镜头客观地记录下来；网络新闻则综合了文字、音频、视频要素，同时注重提供多方的意见链接和增强消息来源的可信性。尽管这些表现形式和形态有所不同，但却体现出一些共同的特征或者风格：首先，从社会学和认知角度看，有相当数量的知识、信念、社会规范和价值观是预先存在并需要和受众共同分享的，新闻对这些特征会有所反映和体现，而并非像广告那样试图灌输新的消费观念与主张，甚至是直接告诉和吸引人们去购买什么产品。其次，新闻文本有一套很规范的“模板”来约束和制约，不像艺术作品，也不像作者电影或者极具个性的广告，因此新闻报道是新闻事实的非个人化表达。尤其在时间选取上一般就是当前或者现在，即使有很久远的时间出现，也是跟当前的某些事件有所关联的；文本的描述追求及时性、真实性、最新性和现场感。对国内政治、国际政治、军事动态、社会生活、暴力、灾难、体育运动、艺术、科学研究和兴趣爱好等各种题材的报道，都有一套相对应的专业措辞规则，也就是“新闻专业术语”，并且事实与观点是分离的，区别于评论等。这些都是其文本的特征。

众所周知，新闻通过对事实的报道和传播，给人们提供了大量想知、欲知和未知的信息，保障了人们的知情权，并对社会和国家的公共事务进行新闻监督，是形成社会舆论中最强大的力量。新闻何以能具备这样的功能，而广告、文学作品或者影视剧则相对难以实现这些？可以认为，新闻具有与其他媒介所不同的价值诉求。比如说，广告的诉求在于刺激消费者的购买欲望；文学、影视剧等艺术作品的诉求在于以“源于生活、高于生活”的艺术手段打动人们的内心世界，获得某种情感的共鸣。新闻较之这些媒介更为突出的一点就是，它为公众提供了一个更为广阔的信息网和一个相对开放、平等并且更新快速的话语平台。这个平台包含了指向、沟通，支持、批判，有意图、有欲望，有崇高也有媚俗，无所不包，无所不容。这一点应该说是新闻独具的、而其他媒介所不具有的功能。我们分析新闻所独具的特征，应该深入探析这个“网”和“平台”的独特价值。

而新闻的传播特征就是我们最为熟悉的真实性、及时性、新鲜性、公开性等。这些特征已取得了广泛的认同。但真实、及时、新鲜、公开只是构成新闻的必要条件。也就是说，真实性让新闻区别于电影、文学；及时性让新闻区别于历史；新鲜性让新闻区别于日常琐事和个人生活；公开性让新闻区别于内部通报、小道消息。但是正如上文所言，其他媒介也有对于真实性、及时性、新鲜性和公开性的要求，只是内涵有所不同，但对于一般受众来说，如果仅仅停留在这个层面，就很容易与其他媒介产生混淆。只有把新闻的文本特征,新闻的功能特征和新闻的传播特征这三个层面结合起来,才算完整地、深刻地把握了新闻的特征。

今天的社会人都是生活在两个世界里，一个是真真实实的现实世界，一个是由大量信息充斥，经媒介描绘给我们的媒介世界。新闻学，说到底就是关于后者的科学描述与学术研究。作为研究者来讲，笔者既不敢妄自尊大，又不能妄自菲薄，所思所写，旨在帮助我们能更为深刻地和深入浅出地理解新闻。

二、新闻采访的特征

特征，是指某一事物（现象）区别于其他事物（现象）的特有的、显著的个性。新闻采访活动的特征，就是新闻采访与其他活动相比较而言所具有的本质的规定性。特征是在与其他事物（现象）比较中而显现的，从不同的层面加以概括、分析，事物就会呈现不同的特征。

作为一种人的社会性活动，新闻采访活动就其内在本质而言是人类一种特殊的认识客观事实的活动，而其外在表现则是记者与采访对象之间的一种人际交往活动。我们分别从这两个方面来概括新闻采访活动的特征。

（一）作为一种认识活动的新闻采访的特征

人类的认识活动，即人类有目的地把握客观世界的活动。与一般人类的认识活动相比较，新闻采访具备如下特殊性。

1. 认识目的的公众性

任何认识活动都有自己特定的宗旨和目的。学生通过阅读书籍认识世界、了解前人的经验和认识，是为了习得知识、以求在今后的工作和生活中更好地应用于政府部门搞调研，了解国内外最新动态，是为了掌握情况，以便为制定政策或修订、完善政策提供依据，司法部门搞清案件的前因后果，则是为了寻找量刑依据，与这些认识活动不同，新闻采访从一开始就不是记者为了自身目的而进行的认识活动，而是顺应公众对信息传播的需求而开展的。

目的的公众性决定了新闻采访活动对记者的三个要求：

第一，记者在采访时要时刻有受众意识，将自己的角色定位为代表受众探求新闻真相的人，同时进行自我消音。把自己定位为受众的代表，记者才能在采访活动中只服从真相，而不畏惧任何外部压力或危险。匈牙利著名战地摄影记者罗伯特·卡帕（Robert Capa）曾说过这样一句话："如果你的照片不够好，那是因为你离得不够近。"他最终死于战场，用生命给他的这句名言作了注脚，也给后来的战地记者们树立了一个光辉的榜样。进行自我消音，是指记者要学会在采访中尽量隐藏自己的个性，牢记自己只是公众与新闻事实之间的中介。最好的摄影师是让被拍摄者感觉不到其面前存在的摄影师，最好的记者也是让采访对象忽略其面前存在的记者。

第二，记者要采访的新闻事实必须是受众普遍关注的。越是受到受众普遍关注的新闻事实其社会反响越大，其新闻价值也就越高。《焦点访谈》记者 2004 年 8 月中旬所做的"北航招生黑幕"报道之所以那么轰动，就是因为其反映的高考招生工作中的问题牵涉了太多人的权益，有可能带来中国高校招生制度的重大变革，自然受到考生和考生家长乃至社会各阶层的普遍关注。在媒介竞争十分激烈的今天，某一新闻事件的发生现场很可能会同时吸引数十名甚至上百名记者同时采访，如果所选择的采访角度、采访内容和其他记者大同小异，那么写出的报道就很可能会被淹没在报纸堆中，难以引起受众的普遍兴趣，其采访价值也就大打折扣了。

第三，记者要注意从多角度搜集反映新闻事实各个方面的材料以期尽可能为受众提供全面完整的新闻事实的报道。《中国青年报》知名编辑李大同曾说过，"不要试图去寻找什么重要新闻，而要努力使新闻重要起来"。这与哥伦比亚大学的萨义德教授的一段话有异曲同工之妙，"新闻不是自然存在，而是人为存在。记者通过把自己采访的素材赋予意义和重要性，使其采写的故事娓娓动听”。这提醒我们，只要工夫下到了，将某一新闻事实背后的材料挖深挖透、同时深刻揭示该新闻事实中蕴涵的广泛的社会联系，则任何看起来微不足道的小新闻都有可能成为受到瞩目的重大新闻。《纽约时报》前副总编索尔兹伯里（H. E. Salisbury）采写垃圾新闻的故事会给我们很大启示。1954 年 11 月，有着 25 年新闻从业经验的索尔兹伯里奉命从莫斯科调回纽约本部，任《纽约时报》首席政治撰稿人。索尔兹伯里本来踌躇满志，想着编辑们会让他写一些重头大稿件，没想到编辑给他的第一项任务是让他去写写垃圾新闻，看看纽约市政部门是如何清扫街道、处理垃圾的。索尔兹伯里硬是从垃圾里翻出了大新闻，他先是翻看了大量以前有关垃圾的报道，又成为第一个坐着垃圾车去实地采访的记者，再先后采访了几十名相关的市政管理人员。一个月后，《纽约时报》的头版显要位置连续三天登出了索氏撰写的关于垃圾的报道。报道中既有目击事实，又有理论论证，还有必要的背景材料，写垃圾写出了大新闻，索氏立刻让编辑们刮目相看。

2. 认识对象的时新性

这是从新闻采访要认识的对象来看其特征的。事新性包括两层意思：一是新闻采访要同事实打交道，要抓取事实；二是新闻采访要同新鲜事实“打交道”，要抓“新事”。

新闻采访要认识的对象是事实，这就要求记者正确地认识和把握事实，坚决排斥不是事实的“假新闻”。要做到这一点，自然需要记者提高自身的认识水平，增强识别真假的能力；但最关键也是最基础的，则是需要记者树立起强烈的职业使命感和责任心。其实新闻事实的核实有时候很简单，只要记者多长几个心眼，不怕麻烦确认一下即可。某报 2003 年 5 月 26 日刊出的一篇《施拉格是不折不扣的中国姑爷》就是一篇假新闻，采写的记者仅是发现了施拉格在世乒赛冠军决赛时身旁坐着一位中国女子，就开始展开了“合理想象”写出了报道，说施的妻子是中国姑娘田元。这条假新闻当时被不少媒体转载，最后还是《华商晨报》的记者找到了漏洞，亲自打电话给身在克罗地亚的田元核实了一下，原来她根本就没有去看那届世乒赛，假新闻自然不攻自破了。

新闻采访要认识的是新鲜的事实，则要求记者增强新闻敏感、善于挖掘新闻价值，排斥不是新闻的事实。这一方面要求记者尽可能抓住现实生活中第一次发生、出现的事实(新生的事物，或是事物的最新动向)。因为这“第一”的东西，是“首创”的，是人们“未知”的，自然富有新鲜感，传播出去才能吸引受众。当然，记者抓取的这“第一个”应是从全面(全局)着眼的“第一个”。有些事实或事实的发展、变化，在局部(如本地区、本部门)看来，是新发生的、新出现的，但在全局(如全市、全省、全国乃至全世界)范围内，已不是新的。“第一个”，也就不能成为新闻了。作为全局性媒体的记者采访就没有抓取的必要了。另一方面，也要求记者多运用联想，从已报道过或以前发生的事实中找出新意，使受众获得新的感受和认知。“1 日事翻新”是记者必备的本领之一，只要能为过去发生的还有报道价值的事实找到新闻由头，1 日闻马上就能变成新闻。一般说来，相似的时间、地点、主题等因素，都可以成为好的新闻由头。

3. 认识过程的快速性

这是就采访活动过程的时间长短概括出的新闻采访的特征。快速性是新闻采访的一个基本要求，这既是新闻所具有的本来属性，也是由新闻传播业日趋激烈的内部竞争所决定的。新闻要及时传播信息，沟通情况，引导社会舆论的同时，能否在第一时间采访到独家新闻并最先报道出去，也是一家媒体能否在激烈的媒体竞争中取胜的重要因素。

采访过程的快速性，要求新闻记者在采访过程中不能按部就班，必须高效率、快节奏。因为截稿期限和媒介竞争的压力，一次采访往往只能用几天、几小时，在有些时候甚至需要舍弃常规采访程序，直接将新闻发布出去。新华社在 2003 年伊拉克战争中的出色表现证明了这一点。2003 年，新华社决定给其巴格达分社的报道员贾迈勒·艾哈迈德颁发社内的“社长总编奖”，原因就是贾迈勒在2003年3月20日凌晨为新华社与BBC、美联社、路透社等世界性媒体的竞争中抢得了先机。他用电话率先向新华社开罗分社发出快讯“巴格达响起爆炸声，美国对伊拉克开战”，新华社立即用七种语言将这一快讯向全世界发送，成为第一家播发2003年伊拉克战争开战的消息的媒体。

当然，对新闻采访过程快速性的强调，也并非要不顾一切、一味求快，而是强调在所采访到的事实准确、真实的基础上的快。如果对所采访到的事实的发生过程、现状没有确切的了解，绝不能因为求快而仅凭搜集的一点点线索就缩短甚至省略采访过程，抢先作出报道。另外，记者在强调行动迅速的同时，还必须考虑到国家有关新闻工作的相关政策和规定，本着维护全局稳定和保护国家机密的目的，来对待新闻采访，必要的时候甚至需要适当放慢或是停止新闻采访过程。

《纽约时报》在2000年美国大选的报道上就因未经核实而抢发新闻而栽了跟头。2000年11月7日，美国总统大选投票开始，参选的布什和戈尔票数相差一直不大，鹿死谁手很难预料。可《纽约时报》次日就在报头用粗体红字登出消息“小布什赢了”，结果CNN、ABC、NBC和CBS跟着一起犯错，可确切的大选结果一直拖到当年的12月14日才见分晓。

（二）作为一种人际交往活动的新闻采访的特征

在新闻采访活动中，记者为搜集反映新闻事实的材料而进行的观察、访问等行为，主要都是通过人际交往活动而进行的。然而，作为一种人际交往活动的新闻采访，与人类社会中一般的人际交往或其他行业的人际交往相比较，其交往对象、交往双方的角色、交往双方的关系等方面都呈现出自己的特征。

1. 交往对象的广泛性

记者在新闻采访活动的人际交往范围十分之广，工农兵学商等各种行业、男女老幼等各色人群，无不是记者人际交往所须涉及的圈子。这一方面是由新闻事实的广泛性造成的。记者要采访的新闻事实千差万别，且无时无刻不处于变化发展之中，这就需要记者与社会的各个层面进行广泛的接触，从各式各样的人们那里获取新闻信息。另一方面也是由受众需求的广泛性决定的。记者采访的出发点和归宿是满足受众的新闻信息需求，而受众的信息需求是十分繁杂的。他们的需求不仅存在着一定的共性，如求新、求异、求快等；而且，不同的受众由于个体或群体间年龄、性别、职业、背景、性格等因素的差异，他们的新闻信息需求间也存在着范围不一、程度不一的差异，甚至大相径庭。这就要求记者学会并善于同不同的人群“打交道”，了解并掌握他们的不同需求。

交往对象的广泛性对记者的采访行为提出了如下要求：首先，记者要掌握一定的交际本领，学会同社会上三教九流的人打交道。要掌握这些本领，记者应首先忘记自己个性中的内向特质和羞涩感，然后再逐渐培养自己的亲和力。英国新闻学者萨莉·亚当斯（Sally Adams）与怀恩福特·锡克斯（Wynford Hicks）极为强调记者的人缘，“对一个全方位的记者来说，最有用的特质就是有人缘。可以随意跟任何人相处，对每个人都有兴趣；每个人都喜欢跟他说话，他们一开始就像一般人那样亲和，其次才让人觉得是记者身份”。记者的角色首先应当是采访对象的朋友，然后才是搜集新闻材料的记者。其次，记者还应学一点社会心理知识，了解一下当前受众的普遍心理和个别心理。只有对当前受众的心理特征有了较深入的涉猎，记者才能带着问题采访，在采访中有的放矢，寻找受众需要的新闻信息。

2. 交往双方角色的平等性

这是就新闻采访活动中，记者和采访对象双方的身份地位而言的。记者在与采访对象的交往活动中所扮演的角色并非其个人角色，而是其所服务媒体的代表，有时甚至是享有知情权的公众的代表。因此，新闻采访活动中记者与采访对象之间不存在等级分明的上下、长幼、责贱等地位差异，而是相对平等的采访与被采访关系。

采访双方身份、角色的平等性，一方面要求记者平视任何采访对象，保持谦虚谨慎的作风，不趾高气扬、也不妄自菲薄。在采访普通人的时候，要时刻提醒自己只是一个提问的记者而已，采访对象身上的优缺点记者一样也有，你给采访对象什么，他就会回馈你什么，甚至更多。在采访政府要人或社会名流的时候，记者也应不卑不亢，保持君子之风。《孟子·尽心章句下》中早就谈到过人际交往的一些方法，放在这里十分合适。孟子主张以主体的精神面貌来衡量人，而非以外在的“包装”视人，“说大人，则藐之，勿视其巍巍然”；另一方面，记者也应具备一定的社会交往能力，努力取得与对方平等交往的资格。一是真诚地为采访对象着想，使采访对象感到温暖。2005 年印度洋海啸后不久，两名连泳装都来不及换下的游客被送达上海机场，1 月的上海还很冷，当守候多时的大多数记者都忙于采访的时候，有两名记者却马上迎上去给还穿着泳装的游客裹上了毯子。这样的行为让人感动。要明白，采访对象首先是与记者平等交往的人，然后才是记者的工作对象。此外还要扩大视野，拓宽与采访对象之间的交际。话不投机半句多，好的记者应成为真正的杂家，广泛涉猎社会的各个层面，这样才有可能与各色人等成为有资格对等谈话的朋友。

3. 交往双方关系的自由性

所谓交往关系的自由，是就记者和采访对象之间关系的连接状态而言的。他们之间的关系通常是松散而自由的，两者除了基本的“新闻信息供求”关系之外，一般不会建立其他联系，所以没有任何外在的黏合力。采访对象完全可以不接受记者的采访，也可以不按记者的思路回答问题、提供对新闻事实的描述或看法。

这种自由状态下的新闻采访也就具有了不确定性，新闻采访可能随时中断。记者不是警官，不能要求犯罪嫌疑人陈述供词；记者也非官员，无法召集下级汇报工作。因此，一个好的记者就应该成为心理学专家，能揣摩采访对象心理，使其自愿提供相关新闻素材。中央电视台《新闻调查》记者王志在 2000 年 3 月对即将伏法的胡长清的采访是一个成功的例子。当时是死刑执行的前一天，胡长清已经不再开口说话了。王志先给胡长清递了杯水，然后把来意告诉他："退一万步来说，你还留了你的声音在这个世界上，让大家看到一个真实的胡长清是怎样的，不像小报上说的胡长清有十几个情人，或者贪污了几千万，你自己说出的话可能更权威一些。"整个说服过程只花了短短几分钟，可采访却成功地进行了三个小时。

第三节　新闻采访的地位和作用

一、新闻采访在新闻中的地位

（一）新闻采访是新闻报道的依据

新闻属于上层建筑中的意识形态领域，事实是第一性的，新闻是第二性的，离开事实的新闻便犹如建在空中的楼阁，将这两者的顺序错位颠倒，必然会导致新闻自身的毁灭。因此，发现、探求、挖掘事实，并从中提炼具有新闻价值的精华，即我们通常所说的采访，就成为新闻的基础，报道的依据。毛泽东在《人的正确思想是从哪里来的？》一文中指出："人的正确思想是从哪里来的？是从天上掉下来的吗？不是，是自己头脑里固有的吗？不是，人的正确思想，只能从社会实践中来。"采访是记者的直接或间接的社会实践过程，是记者深入实际、认识实际、反映实际的过程。

（二）新闻采访是保证新闻真实性的前提

真实是新闻的生命，是新闻最基本的属性，如果新闻一旦失实，那将也不成为新闻。记者只有深入实际，耳闻目睹，才能辨别事情的真伪，掂出事实的分量。闭门造车、道听途说、东拼西凑是新闻工作的大忌。比如之前某新闻单位报道了"天外来客"的新闻，后经调查，原来是一块人造冰。这就是道听途说的结果。这些假新闻的出现，不仅严重损害了党的新闻事业的声誉，也给实际工作带来不好的影响，更污染了整个新闻行业的环境，让唯利是图的小人们有机可乘。

（三）新闻采访有助于深化报道

任何新闻都只能反映一定时间、空间范围内的事物、事件、人物等，但任何事物都不是孤立的，也不可能是静止的，采访有助于了解这一事物同其他事物的联系，了解事物的来龙去脉，从中掌握事物的本质，并发现新的线索，使新闻报道深入。有的记者习惯于从文件、报表中找新闻。这固然是获取新闻的一条重要渠道，但仅此还远远不够。如果能根据文件、报表提供的线索进行实地采访，那么，新闻报道的深度有可能大大增强。

（四）新闻采访使得新闻更生动

新闻是现实生活的反映。生活是丰富多彩的，只有通过采访，才能如实地反映多彩的现实生活。广播提倡目击式新闻，增强报道的立体感，这样，采访就显得尤为重要。有的记者满足于死材料，但死材料出不了活新闻。这是当前新闻改革的一个重要课题。另外，广播新闻经常采用现场音响作为素材，这当然更是非采访不能获得的。广播是“不要纸张，‘没有距离’的报纸”，它的传播是建立在现代电子技术基础上的。同报刊相比，广播的优点是传播迅速，影响广泛，感染力强，较少受空间和听众文化水平的限制；缺点是一瞬即逝，不留痕迹，不便保存和反复研读。这就要求广播记者在熟悉和掌握新闻采访一般规律的基础上，扬长避短，掌握和运用自身的特点与规律，以使采访取得预期的效果。

二、新闻采访在新闻传播中的作用

（一）新闻采访是新闻传播活动中的基础环节

从整个新闻传播活动流程看，新闻采访是整个流程中的第一步，是其他各个活动环节的基础。一般说来，一件完整的新闻作品，要经过采访、写作（拍摄）、编辑、审稿（片）、编排、印刷发行（播出）等环节，才能被呈现到受众面前。在这些新闻活动环节中，采访是第一步，如果将新闻传播视为一个新闻作品的生产过程，新闻采访就肩负着为新闻生产提供原料的重任。能否采集到新闻事实、所采集的新闻事实中所蕴涵新闻价值的大小，都会对新闻传播的其他环节产生连锁反应，直接关系到新闻传播活动的效果。

新闻媒体运作的实际情况证明了采访的极端重要性。如果媒体拥有一支反应迅速、行动力强的高水平记者队伍，能经常采得一流的新闻作品，后期的编辑工作就好做，该媒体就能迅速打响。近年来在华语世界中声名鹊起的凤凰卫视就是一个成功的典范，该台的经验之一就是将有限的资源投入重大新闻事件的采访中，以独家现场报道博得了众人的眼球。从 1997 年香港回归的直播采访，到 2004 年该台记者卢宇光在俄罗斯别斯兰人质事件中的现场报道，这些都成为华语电视报道中的经典。正因为如此，世界各大媒体都下大本钱派出记者采访重大事件。在 2004 年雅典奥运会上传出了赛场外的新闻，据相关资料显示，向雅典官方登记采访的希腊以外的记者超过了一万人，比参赛选手还要多。我国中央电视台派出的记者更是创历届奥运报道之最，创造了新的记录。

（二）新闻采访决定写作

在传统纸质媒体的新闻传播活动中，新闻采访最直接的作用，就是为下一个环节的新闻写作提供素材。记者所采集的新闻事实是否鲜活、所访问的采访对象对新闻事实的描述或评价是否生动，都直接决定了报道写作质量的好坏。

采访决定写作，这是由新闻活动的规律和特质所决定的。众所周知，新闻是事实的报道，事实是第一性的，展现事实的报道是第二性的；先有事实，后有新闻报道，这两者之间的中介是采访。离开了采访，新闻报道的写作也就失去了存在的基础。另外，新闻报道强调的真实性、新鲜性以及“用事实说话”等特点，无一不依赖于采访活动的进行和成效而展示的。

采访决定写作，也是许多资深记者的经验之谈。中国新闻界里流传着这样一些行话，“七分采访，三分写作”“六分跑，三分想，一分写”“新闻是脚写出的”。采访是写作新闻报道的素材来源，缺少采访的写作只能是无源之水、空中楼阁。老记者穆青这样提醒我们：“采访是第一位的，写作是第二位的，如果你根本没有采访到东西，没有接触到实际，没有到群众中间去，只是闭门造车，是写不出好文章来的。采访也是增强新闻报道的可读性的有效手段，再华丽的文字也比不上采访对象的活生生的精彩话语更吸引人。

当然，强调采访对写作的决定作用，并不意味着对写作方法、写作技巧的排斥。好的新闻事实还需要好的写作形式来包装、润色，受众才能更清晰地了解新闻事实、把握新闻事实中的重点和事实之间的联系。同时，写作对采访也具有能动的反作用。其一，写作体裁决定了采访中搜集材料的方式的差异。如写消息要抓住所发生事实的几个要素：何人（who）、何事（what）、何时（when）、何地（where）、如何（how）等问题；写通讯、特写或深度报道，则要侧重挖掘事实间的内在联系及深层意义，注重搜集人物的背景、谈话以及人物的外貌特征等材料。其二，写作过程也是对前期采访工作的检验，在写作过程中，如果发现之前的采访不到位，就须做补充采访。

（三）新闻采访锻炼记者

新闻采访是一项艰苦又繁重的工作，它要求记者时时刻刻处于紧张的工作状态中，留心捕捉生活中每一个有价值的新闻信息，还要求记者深入实际、深入生活，排除各种困难和干扰，以寻求事实之真相。这对记者思想作风、道德情操无疑是一种极好的锻炼。一名真正优秀的记者绝不是仅凭看几本新闻采访书籍、听几堂新闻采访课就能培养出来的；最好的新闻课堂是一次又一次的采访实践，最好的新闻教师是形形色色的采访对象。新闻采访实践，是记者成才的通途。

新闻采访是记者确立社会角色、培养专心精神的主要途径。中国的新闻记者要担当“党和人民的喉舌”的角色，要在新闻工作中坚持真实、全面、客观、公正的专业精神。这些主观认识的真正确立，离不开包罗万象的客观采访实践。记者在采访中会遇到各式各样的人、遭遇千变万化的生活环境、经受层出不穷的道德考验。只有真正经过了现实的考验，从书本或教师那里得来的“一个好的记者应该是怎样的”这一头脑中模糊的景象才能化为切实的行动。

新闻采访是记者提高新闻业务水平、深厚知识积累的重要手段。新闻学是一门实践性极强的学科，记者的任务就是在复杂多变的大千世界中分析把握事实、获取真相；新闻价值判断、采访选题确立、新闻事实选择，这些术语的确切含义，只有在采访实践中才能真正体会。

同时，记者在采访中可以接触到方方面面的人、各行各业的知识，社会就是最好的大学。见识的增长是头脑风暴的前奏，经过多年采访实践磨炼的有心人一定会成功，做到人无我有，从别人看不到的地方发现新闻线索；人有我优，在大家都报道的事件中找到独特的报道视角、使用独特的报道语言。

第二章　新闻采访活动的主体
——记者

记者是时代的记录者。美国著名记者詹姆斯·赖斯顿曾经预言 19 世纪是小说家的时代，20 世纪是新闻记者的时代。的确，人类自步入 20 世纪以来，短短的 100 多年间，跨越了从 16 世纪初期德国出现《新闻书》以来徘徊了近 500 年的印刷新闻的历史，进入了一个崭新的、飞速发展的电子传播时代。

在这个伟大的时代，从骄阳似火的撒哈拉大沙漠，到冰封万里的北极圈；从烽火连天的诺曼底登陆，到东京湾密苏里号战舰上的日本签字投降；从阿波罗登月发射、挑战者号升空爆炸现场，到 2015 年科学家们宣布发现另一颗“地球”，无处不活跃着新闻记者的身影。

在这个大发展的时代，人们每时每刻都在通过报纸、广播、电视、互联网等传媒来接收新闻记者采集的、源自“地球村”各个角落的有关人类政治、经济、文化、军事、科技等各种最新信息。

在这个大变革的时代，人们通过新闻媒体和新闻记者，参与政治，发表主张，表达不同国家、不同种族、不同信仰、不同阶层的人们的不同见解、不同主张和不同声音。新闻记者是当今世界最为引人注目的“社会角色”，是“一切重大而激动人心的事件的目击者”（[美]杰克·海敦：《怎样当好新闻记者》，新华社出版（1980年版），第27页）。

第一节 记者及其职业类型

“记者”是一个外来名词。我国近代报刊在相当一段时间内，把外出进行采访任务的新闻从业人员称作为“访员”“探员”或“访事人”。自1905年,《申报》向外国报纸学习，把日文报纸上刊登的“记者”“新闻记者”引用到我国的报纸上，我国的新闻工作者才有了专门的“名称”——记者、新闻记者。

传播是人的本能，传播也是人们生存所必须的。但是真正以传播为职业的新闻工作者的出现却是在人类第三次分工之后产生的。换句话说，没有新闻事业，也就没有今天以传播新闻信息为职业的新闻记者。

人类在原始传播时期，也就是口头传播时期，虽然掌握了结绳记事、刻画记号、烽火传递等多种方式的信息传播技术，但由于传播的性质不同，因而无法产生职业传播人。

文字的诞生，是人类社会物质生产和文化技术发展到一定阶段的产物。同时，它标志着人类已经进入了一个崭新的时代——文字传播时期。据史书记载，每到“孟春三月”，周天子就会派人搜集各地的民歌民谣，了解各地的民风民俗。如《诗经》中的《国风》大多源自民间。《汉书·艺文志》中：“古有诗之官，王者所以观风俗、知得失、自正也。”

与今天的新闻传播相比，采诗官与新闻记者二者在功能上有两点相同：一是二者都需要到社会上去采集信息，二是二者都需要对采集的信息进行整理加工。不同的是采诗官收集民歌民谣是为“君王”服务，传播对象有局限；记者收集信息是为传播给大众，满足大众欲知、应知而未知的新闻信息。从这个意义上说，采诗官不是真正意义上的大众传播工作者。

我国自汉代以来设置“邸”。东汉蔡伦发明了造纸术。到了唐代，我国最早的报纸——唐官报便应运而生。“邸”是我国古代地方政府设在京城的办事处，其任务就是专为地方政府“中转”信息，下情上报、上情下达，沟通地方政府与朝廷的信息联系。所谓“邸报”，就是驻京城办事处的官员将皇帝的命令、朝廷的文告、官员的任免等具体的政务事宜抄录下来，传送至各地官员的手写报纸。

到了宋代，出现了一种冲破官办限制的非法传播物——“小报”。《宋会要辑稿》记载了宋仁宗1031年发布的一条查禁小报谕旨：“诏如闻诸路进奏官报状之外别录单状，三司开封府在京诸司亦有探报，妄传除改，至感中外。自今听人告捉勘罪决停，告者量与酬赏。”从谕旨中不难看出非法传播物为“单状”，信息提供行为“在京诸司”的“探报”，编辑者为“诸路进奏官”，读者多为官吏和士大夫。由此可见，宋代的“小报”是进奏官利用进奏院系统非法经营的，它有自己的采编和发行人员。小报的出现，使报纸开始成为商品。

明朝，在我国新闻史上有着划时代的意义。由于活字印刷术的普及和政治方面的需求，16世纪中叶，朝廷允许民间自设报房，翻印部分邸报稿件并可以公开发售。这就是明代后期的“京报”。“京报”报房收集新闻、编辑新闻，同时也传播新闻，具有近代报社的某些特点。从规模上看，“京报”的报房放有印刷设备，雇有抄刻工人，主要以抄刻印卖报纸为主，也兼营其他业务。“京报”的特点是“三有限公开”，即：有较为固定的报名；有专门从事编印和发行的机构——报房；开始有少量的自己采定的稿件；公开向社会发行，已经成为商品。由于“京报”最早的出版地址在京城，报纸也是从京城向外传发，所以称之为“京报”。不足的是“京报”的内容大多和邸报相同，直传皇帝的行意，传播朝廷的政令，一切都在官方允许的范围内进行，而自己采写的稿件很少，因而也就没有职业新闻记者的出现。

直至19世纪初，中国还没有出现以采写信息为职业的传播工作者。而在此时，西方的情形又如何呢？14 世纪初，我国发明的活字印刷术传播到欧洲，德国成为了欧洲活字印刷的“发源地”。随着印刷技术的逐步推广和运用，大量迅速地复制信息成为了可能，同时也要求尽可能地增加传播的信息量，以满足印刷业的要求。

西方在 16 世纪就诞生了一批以打听商品行情、采集各地物价、告知来往船只，以及政事、战争信息为生的传播人员，他们搜集各种信息，然后抄写售卖。这就是“手抄小报”。据记载，1536 年在意大利的威尼斯城就有了专门采集信息的机构和贩卖手抄小报的职业报人。1563 年，威尼斯同土耳其发生战争，威尼斯政府也曾发行手抄小报。1566 年，威尼斯出现定名小报，叫做“手抄新闻”，史称这一事件为“威尼斯手抄新闻”。

16 世纪后期，欧洲逐渐出现了一些定期的新闻书，并且有了固定的名称。最早的定期报刊是 1588 年奥地利人迈克尔·冯·艾津出版的新闻书《博览会编年表》，每年两册，每册系统地介绍过去 6 个月内欧洲和近东政治、经济、军事等方面的重大事件。1660 年德国莱比锡创办的周刊《莱比锡新闻》，于 1663 年改为每日出版，被公认为世界上第一份日报。

我国职业新闻工作者的出现，是在 1815 年 8 月，在英国人马礼逊、米怜创办的第一份中文报《察世俗每月统记传》的报馆担任刻工的梁发，被公认为我国近代最早的新闻记者。

太平天国时期，广州、香港、上海等沿海城市出现了一批由外国人创办的近代中文报纸。具有资产阶级民主思想的洪仁玕，在总理朝政期间推出的改革性的施政纲领《资政新篇》中有关新闻传播的主要内容有：①“设立新闻馆”“准卖新闻篇”；②“只需实写外”，“伪造新闻者，轻则罚、重则罪”；③“准富民纳饷，察明而设新闻馆”；④“兴各省新闻官”；⑤设新闻情“昭法律、别善恶、励廉耻、表忠孝”。由于形势的迅速恶化，洪仁玕的办报思想没有来得及实施，但毕竟具有进步意义。他留下的这些办报思想，是我国近代新闻传播理论的重要组成部分。

19 世纪后期，是我国报刊发展较快的时期。1875 年，在上海创办的《申报》就“招延访事”，公开招聘新闻记者。时隔 3 年，《申报》分别在北京、南京、汉口、宁波等 26 个省会和重要城市招聘“外事”采写人员。此后，许多报刊有了专门从事外出采访的“访员”“探员”。“探”就是打听，带有“侦察”“采访”的意思。“探员”就是指探听消息的人。

辛亥革命后，新闻记者的社会地位大大提高，一批受过良好教育和有很强活动能力的新闻记者脱颖而出，其中有被称为“民初三大名记者”的黄远生、刘少少和徐彬彬，以及稍后的邵飘萍、林白水、胡政之等人。黄远生被称为“中国近代第一个职业新闻记者”和“报界奇才”。

在这个时期，我国新闻界掀起了研究新闻理论的热潮，特别是研究记者采访理论的“小热潮”，获得了一批有效的研究成果，初步形成了一套比较完整的记者工作理论。1896 年，时任《时务报》总撰述的梁启超在《论报馆有益于国事》一文中第一次提出报纸的“喉舌”理论，他强调报纸在“通上启下”中产生了重要作用。

被人们誉为“新闻界三杰”之一的黄远生根据自己的采访经验提出了著名的“记者四能”说：“一曰脑筋能想；二曰腿脚能走；三曰耳能听；四曰手能写。调查研究，有种种素养，是谓能想；交游肆应，能深知各方面势力之所存，以时访接，是谓能走；闻一知十，闻此知彼，由显达隐，由旁得通，是谓能听；刻画叙述，不溢不漏，尊重彼此之人格，力守绅士之态度，是谓之能写。”这是我国较早的比较完整的记者工作经验谈。

徐宝璜的《新闻学》是我国第一部新闻学理论专著，于1923年底出版，是作者总结其十余年记者生涯的实践经验，并借鉴国外新闻学专著基础上编写而成的。该书系统、全面地论述了记者的职业道德、人格修养、职业本养。主张以“探究事实、不欺阅者”为记者的第一信条；倡导记者要研究对方的心理，讲究采访方法和技巧。

19 世纪中叶，无产阶级开始登上政治舞台，其新闻记者一开始就以鲜明的阶级性和战斗性横空出世。马克思和他的战友恩格斯在他们几十年的革命生涯中一起创办、主编过 4 种报刊，协助创办、参与主编过 5 种报刊，指导编辑方针的报刊达十余种，形成了马克思主义的新闻观。

列宁一生都没有脱离新闻工作。从 1900 年至 1917 年，他先后主持和参与编辑、撰稿的报刊多达 40 余种。其中，《火星报》《无产者报》《真理报》等报刊在国际共产主义运动史上享有崇高地位。1921 年，列宁在填写莫斯科市劳动人民代表苏维埃成员履历表时，填写自己的职业是“新闻工作者”。

马克思主义新闻观认为“报刊应当坚持真理、宣传真理，无论在什么条件下都毫不动摇，决不屈服，这是一个新闻工作者必须具备的最起码的职业品格；坚持新闻的党性原则和坚持为广大人民群众的利益服务是无产阶级新闻事业的核心；坚持新闻的真实性原则是新闻事业的灵魂。”列宁对新闻真实作出了更为严格的界定，强调新闻必须“绝对准确，没有一丝一毫的误差；事实经过再三核对；材料来源可靠，引语和数据准确无误。”针对报刊上的一些吹嘘，列宁严厉批评说：“决不要撒谎！”“吹牛撒谎是道义上的灭亡，它势必引向政治上的灭亡。”

我国从“五四”运动前后的《新青年》《每周评论》，到建党初期的《向导》《前锋》，以及中共中央第一张日报《热血日报》；从井冈山革命根据地的第一张日报《红军日报》《红色中华》，以及新华社的前身“红中社”，到宝塔山下的《解放日报》、王皮湾的延安新华广播电台等，一代又一代无产阶级新闻记者，为着民族的解放和觉醒，以笔作枪，抛头颅、洒热血，慷慨赴死，唤起民众，他们当中不仅有横眉冷对敌人屠刀的我党创始人李大钊、瞿秋白，有不惧反动派胁迫利诱、惨遭杀害的新闻记者邵飘萍、杨潮，还有为坚持真理而献身的著名报刊活动家邓拓等，为我们树立了无产阶级新闻事业追求真理、捍卫真理的职业典范。

20 世纪 20 年代和 30 年代，随着广播和电视的相继问世，特别是 20 世纪 90 年代以来网络的普及，一次次刷新了新闻的“时效性”。人类新闻传播由以前的以印刷新闻为主的时代步入了一个印刷新闻、电子新闻和网络新闻并驾齐驱的新时代。

1923年，由美国人奥其邦在上海办起了我国第一座广播电台；1958年5月1日，我国第一座电视台——北京电视台诞生。党的十一届三中全会以后，我国的新闻事业搭上了飞速发展的列车，新闻记者队伍日益壮大，他们活跃于社会生活的各个行业和各个领域，并呈现出以下特点：

第一，高度的专业化分工。自20世纪初我国《申报》首次使用“记者”一词以来，记者的内涵、工作性质发生了很大变化：

一是采编的分离。记者有广、狭两义。广义的记者，是指新闻传媒内部与新闻信息有着直接关联或间接联系的新闻从业人员，包括报纸的校对、广播电台的录音人员、听审人员和电视画面的剪辑人员，等等。狭义的记者，专指从事采访新闻信息和报道新闻的人。记者的任务是“采”和“写”，或者是“采”和“制”新闻。这里的“制”是制作，包括广播新闻录音信号的录制、电视新闻画面的拍摄等。“采”是记者工作的第一要务，即搜集新闻和发现新闻。

然而，记者在采集新闻的过程中，必然要与社会的人产生联系，其工作对象自然而然地是分布在社会各个行业、各个领域、各个地区和各个角落，通过与社会的交往来获取新闻线索。从这个意义上讲，记者工作是“一个专门与人打交道的职业”。

二是传媒的分工。随着广播、电视、互联网络的诞生，不同传播手段的媒体对记者提出了不同的专业要求。记者的内涵、也由以往的报刊记者扩展为文字记者、摄影记者、广播记者、电视记者、网络记者等。传播手段的不同，记录新闻事实的手段与方法也就大相径庭。传媒分工的另一层含义是传播媒介的专业化。以电视媒体为例，按照国家广播电视行政部门电视节目“专业化、对象化”的设置要求，电视频道分为经济频道、生活频道、娱乐频道、文体频道、教育频道、体育频道、影视剧频道等。然而，传媒的分工，对于记者来说，只是报道领域的不同，采访仍然是新闻传播的“第一道工序”，追求新闻真实性的原则，依旧是永恒不变的主题。

三是报道领域的分工。一般而言，新闻媒介按社会行业、职业、领域的报道内容，对记者进行具体分工。如有的记者负责工业的采访报道，被称为“工业记者”有的负责党政新闻的采访报道被称为“党政记者”；有的负责财经领域的采访报道被称为“财经记者”；有的负责政法战线的采访报道，被称为“政法记者”等。

报道领域分工的最大好处，就是把记者认知生活的重心引向社会生活的某一领域、某一行业、某一专业，为发现新闻、认识生活创造了条件。然而，不管你是什么记者，是什么传媒的记者，还是哪里来的记者，或是有何等地位、何等影响的记者，只要你进入采访环节，就得遵循采访规律；只有遵循采访规律，才能发现新闻、获得新闻素材。因此，对于记者来说，研究采访学问，掌握采访方法，既是学问所在，又是“看家本领”。

第二，新闻竞争，首先是采访的竞争。采访决定写作，没有采访也就没有今天意义的新闻。新闻的“新”，从采访的角度来说，主要包括内容上的“新颖”和时间上的“新近”这两个方面。

新闻要解决姓“新”的问题，主要是要解决记者发现新闻和获得新闻的问题。对于记者来说，首先是采访的“抢”。它包括“抢题材”“抢素材”和“抢速度”三个方面：

“抢题材”是指报道题材的“人无我有”，在报道时间上的先行一步。记者率先抢到了报道题材，则在报道“绝对独家新闻”上占据了先机。

“抢素材”是指在同一题材的采访中，对支撑新闻材料的深度挖掘，在“人有我深”“人有我异”上下功夫。记者的“人有我优”“人有我深”“人有我异”，则为报道“相对独家新闻”奠定了基础。

“抢速度”是指对新闻的快采。要求记者用最短的时间实现对新闻材料的占有，快写快发，以满足新闻“时新性”的要求。

纵观世界各国传媒，随着采访手段的不断完善，新闻的竞争表现为速度的竞争，新闻的“快”，早已大大突破了“今日新闻”的“时新”概念，而以“分”和“秒”作为“快”的标准。广播电视更是以播出时间与事件发生同步进行，即观众看到的新闻是和事件的发生同步，具有“零秒差”的特点，作为今天时间“时新”的标准。

第三，采访竞争，首先是紧紧围绕采访对象展开。由于采访对象手中掌握着新闻事实，记者采访就是向采访对象“要情况”。采访的“重心”自然地集中到采访对象身上，采访的一切活动都是围绕采访对象进行的。即使是采访“汶川地震”“蛟龙号”这样现场感很强的新闻，采访也首先是围绕采访对象展开的。为了从采访对象身上获得“情况”，记者使出浑身解数，开展公关活动，他的目的只有一个，就是为了从采访对象身上获得“情况”。

第二节 记者的职责与任务

一、采写新闻报道

采写新闻报道，是记者的首要职责。这里说的新闻报道，是包括消息、通讯、调查报告等在内的各种新闻报道。本来采写新闻报道应是记者的首要职责，正如教学是教师的首要职责一样，没有必要作过多的解释。但是，过去曾有过这种情况：一强调反映情况重要，有的文章就说反映情况是记者的首要职责；一强调做群众通讯工作重要，有的文章又说做群众通讯工作是记者的首要职责。鉴于此，有必要对为什么采写新闻报道是记者的首要职责这一问题作一番论述。

早期的新闻记者，采与新闻报道是他唯一的职责。记者不采写新闻，就不成其为名副其实的记者。后来随着新闻事业的发展和新闻工作的改进，利用记者广泛接触社会、接触群众之便，才有要求记者反映情况、做群众工作一说，并把这两项也列为记者职责的内容。这样就发生了何者为首要职责的问题。把采写新闻报道作为记者的首要职责，是因为在三项职责中，采写新闻报道是向广大受众传播新闻信息，关系着新闻媒体正常运转的问题。记者只有源源不断地供给编辑部新闻，才能保证通讯社正常发稿，报纸正常出版，广播、电视正常播出，一天也不能停，这是新闻媒体运转的一个最基本的要求。我们不妨设想一下，要是记者不把采写新闻报道放在首位，那将是一种什么情景呢？闹新闻饥荒，新闻媒体不能正常运转，那可是件大事呀！把采写新闻报道放在首位，意味着在通常情况下，记者要将较多时间、较多精力放在新闻报道上，完成一定的数量，保证一定的质量。这样说，是不是反映情况和做群众工作这两项职责就不重要了呢？也不是。

反映情况和做群众工作也是不可少的，是记者职责的有机组成部分，而且不排除在一定时间内根据需要用较多精力去做好这两项工作。还应该看到，记者这三项职责，是相互联系、相互依存、相互为用的。抓住采写新闻报道这一主要矛盾，就能把反映情况和做群众工作这两项任务带动起来。比如，记者去某地采访新闻，在采访中发现某一重要情况，又不宜公开报道，便可写成内参稿，寄回编辑部，向上反映。又如，记者在采访过程中，同群众接触，就可以利用这个条件开展组稿等群众工作。记者只有将三者有机地结合起来，按照事物本身的逻辑，辩证地处理好三者的关系，便能起到相互促进的作用；反之，把它们割裂开来，或者对立起来，顾此失彼，其结果必然影响到全面发挥记者的作用。由此可见，一方面要强调记者把采写新闻报道看作是自己的首要职责；另一方面，又要求记者正确处理好三项职责之间的关系。

二、反映情况

广义而言，公开的新闻报道也是反映情况的一种形式。但这里说的反映情况，是指以写“内参”稿的形式，反映那些不宜公开发表，但对编辑部和党政领导机关有重要参考价值的情况。有的记者认为采写新闻报道是硬任务，完不成要受批评，而反映情况则是“软任务”，反映不反映问题不大，因而不甚重视。这些记者还没有把做党的耳目放在应有的位置上。

上世纪80年代初，北京市为解决住房紧张问题盖了许多高楼，但是有一些宿舍楼盖起来不能尽快使用，让其闲置。市民对此意见很大。1981年初，北京日报一位同志对劲松、团结湖许多新建的宿舍楼房不能尽快使用的情况进行了调查，写了四篇“内参”：《条件齐备，只等主人》《新建商店多数没有开张》《新楼闲置变成旧楼》《建筑单位“屁股大，尾巴长”》。中央负责同志看到后很重视，指示有关方面组织人，把这四份材料压成一份材料，印成书记处文件，并召开书记处会议，讨论“内参”反映的问题。这次会议，通知了北京市委有关同志参加，写“内参”的记者也被邀列席会议，并在会上反映了有关情况。书记处会议作出了限期解决团结湖、劲松两个居民区问题的决定。会后，北京市委在市委工作会议上及时传达了中央书记处的指示，并决定在全市展开“为人民服务，对人民负责”的讨论。市有关部门也立即着手解决团结湖、劲松两个居民区的楼房使用问题。类似上面引起中央领导同志重视的“内参”例子很多，举不胜举。据新华社社长郭超人 1998 年写的《建设世界性通讯社必须遵循的根本原则》一文提供的材料，近五年来仅中央领导同志批示的新华社有关国内工作的参考稿件就达 1600 多件。由此我们不难看到，记者反映的重要情况是怎样帮助了党的工作，又是怎样受到了党中央领导同志的重视和赞扬。这对记者来说，既是鼓舞，又是鞭策，鼓舞鞭策使记者当好党的耳目喉舌，把反映情况的工作做得更好。

三、做群众工作

这里说的群众工作，不是指一般工作部门的群众工作，而是指新闻单位的群众工作。但记者的群众工作又不完全同于编辑部专门负责群众工作的通联部的工作。通联部的工作面向全体通讯员和报道组，此外还要处理读者来信、接待群众来访等。记者做群众工作，一般只限于结合自己的采访活动，或者在自己分工采访的地区、部门，重点做好通讯员（或报道组、作者积极分子）的工作。

我们党的新闻事业按照马列主义的新闻原理，历来注意发动群众，依靠群众，把做群众工作看作是办好新闻事业的基础，并且积累了丰富的经验。毛泽东同志把它概括为：“我们的报纸也要靠大家来办，靠全体人民群众来办，靠全党来办，而不能只靠少数人关起门来办。”这就是通常称之为“全党办报，群众办报”的方针。贯彻这个方针，是编辑部全体人员的责任，记者作为编辑部的外勤工作人员，更责无旁贷。

要做好群众工作，首先要解决认识问题，是指记者要树立群众观点，把要不要做群众工作提到要不要贯彻全党办报（通讯社、广播电视）、群众办报的方针这个高度来认识，同时还要解决一些具体思想问题。比如，有的记者认为自己连报道也忙不过来，哪有时间、精力去做群众工作。特别是有的地方记者认为记者站人手少，要管偌大一个地区的报道，任务如此繁重，更无暇顾及群众工作了。这些记者把做群众工作同报道对立起来，看作额外负担，不认真去做。其实，他们不了解，越是人手少，越是忙不过来，越要发动群众。实践证明，靠自己单枪匹马、孤军奋战是不行的，一个人包打天下是包不下来、打不下来的。相反，群众工作做好了，就不是记者一个人在那里工作，而是许多人在那里工作，就会开创报道的新局面。在解决了认识问题之后，还要解决如何做的问题。

（1）做群众工作要有长计划，短安排。这个长计划、短安排，要纳入记者站的工作计划。有些记者报道有计划，群众工作却无计划，想起什么做什么，走一走看一步。这样报道和群众工作就不能相辅相成，同步发展。制订计划要做到目标明确，切实可行。

（2）要协助当地党委开展通讯工作。战争年代和中华人民共和国成立初期，地方记者曾用很大精力协助当地党委发展通讯员，建立通讯网。今天，通讯工作的重点已不是建立通讯网的问题，而是如何更好地发挥通讯网的作用。地方记者应在这一方面协助当地党委做一些力所能及的工作。

（3）要经常联系一些骨干通讯员（包括特约记者）。记者初到一个地方，可先作些调查研究，然后取得当地党委的同意和支持，召开骨干通讯员会议，一是见面，二是讨论一些如何开展通讯报道工作以及如何加强联系的问题。会后，记者还可以分头拜访，深入交谈。一个月谈两个，一年就 24 个，两年就 48 个。有了几十个经常联系的骨干通讯员，记者工作起来耳目就灵了，帮手就多了。这些骨干通讯员还可以“滚雪球”，在他们的周围又联系一批人，这样作用就更大了。一个记者联系几十个骨干通讯员能不能做到？按理不难，关键是要舍得下功夫。没有耕耘，哪来收获？

（4）把编辑部每个时期的宣传意图、报道要点告诉给自己经常联系的骨干通讯员，以便他们及时掌握进行报道。虽然编辑部一般都定期出版新闻业务刊物，有的还是专门发给通讯员阅读的，但这些刊物不一定每期都登宣传计划和提示，也不一定每期都能发到每个通讯员手里，所以记者在编辑部和通讯员之间起一个桥梁作用是必要的。

（5）组稿。周恩来同志很重视记者组稿。在周恩来同志指导下，《新华日报》记者不单纯为完成报道任务而去采访，而是通过采访组稿这个途径，团结了党外一些知名人士，做了扩大党的统一战线工作。可见，组稿很重要。我们要把组稿的任务纳入工作计划。

一般地说，组稿的对象有四类：一是通讯员，二是有实际工作经验的写作积极分子，三是领导干部，四是知名人士。记者组什么稿，找什么人，要选准对象，同时又要根据不同对象做好工作。组稿并非简单的事情，给人家招呼一声往往达不到目的。记者要和写稿人深入交谈，启发对方去写他感兴趣、有研究、又是报纸需要的文章。交谈中要注意不把自己的一套想法强加于人。在这方面，要学习列宁组稿的方法。

（6）和通讯员合作写稿。通讯员比较熟悉地区、本行业、本单位的情况；记者比较了解编辑部的意图，比较了解全局，比较熟悉新闻业务。两方面合作，可以取长补短，还可以互相学习，有助于又快又好地完成报道任务。所以我们提倡记者和通讯员合作写稿。提倡记者和能讯员合作写稿，并不是说任何一篇报道都必须这样做。有些报道，通讯员不便参加，就不要勉为其难。需不需要合作，要从实际出发，不能一刀切。我们只是不赞成那种本该合作而把通讯员撇在一边的做法，也不赞成那种为“调动”通讯员的积极性，给通讯员挂上一个名字那种“有名无实”的合作。

（7）征求通讯员和广大读者对宣传报道的意见，并把这些意见反映给编辑部，以利于宣传报道工作的改进。征求意见的方式，可以个别交谈，也可以开座谈会。个别交谈，结合采访，随时都可以进行，开座谈会则可根据需要不定期进行。

（8）给通讯员讲课。为满足通讯员学习和提高机关报道新闻业务的要求，各地有关部门经常举办通讯员学习班。这些学习班常常邀请记者站记者去讲课，地方记者要勇于承担。讲课对记者来说，也是一个总结自己的经验、重新学习新闻业务、探索新闻规律的好机会。

（9）关于读者来信、来访问题。记者站人手少，有的名为记者站，实际只有一个记者。为了集中精力抓好报道，编辑部一般都不给记者站规定处理读者来信、来访的任务。但也有几种例外，一是接受编辑部委托，处理所在地区某一件关系重大的读者来信而去进行调查；二是处理读者对直接关系记者站工作的来信；三是有读者找上门来，反映重要情况。这应该看作是读者对新闻媒体和记者的信任，不能拒之门外。

党的十一届三中全会后有一个时期，群众到记者站反映情况的就不少，主要是涉及历史上特别是“文革”时期遗留下来的冤假错案。对群众来访的问题，有的不宜公开报道，可以写成“内参”向上反映；有的有公开报道的价值，可以经过深入调查后公开报道；有的可以按照组织原则，转请有关部门处理。

（10）为搞好报纸发行开展群众工作。综上所述，地方记者做群众工作的内容是相当丰富的。也许有人担心，要做这么多工作，还要搞报道、写“内参”，怎么忙得过来？没有别的办法，只有学会变通。有许多工作是可以结合采写任务去做的，如第（3）（4）（5）（6）（7）项；其他则要安排一定时间专门去做。如果记者站人多，记者之间还可以分工。既然做群众工作是记者的职责之一，花一定时间也是完全应该的。地方记者做群众工作的内容，有些对专业记者也是适用的。专业记者长期分工管一条战线或一个部门的报道，理应在群众工作方面有一个长计划、短安排，把基础打好。特派记者和机动记者，因为采访地点、对象不固定，对他们来说应该强调采访到哪里，就把群众工作做到哪里，主要是要处理好同通讯员的关系。特派记者和机动记者到一个地方，人地两生，当地党委常常派通讯员（包括报道组成员）陪同，以协助记者工作。通讯员也想借此机会向记者学习。碰到这种情况，特派记者和机动记者也应像地方记者那样，一方面注意学习和发挥通讯员的长处；另一方面，用自己在采写中的好思想好作风去影响他们。这样，特派记者、机动记者同通讯员就能建立起真正的友谊，即使在分开后，这些通讯员还会经常给他们通讯员消息、当耳目，使他们能及时了解到许多新消息。改革开放以来，新闻媒体的群众工作有许多新发展、新创造，在报纸上公开发动读者为某一新辟专栏提供新闻线索，而且还要给奖励；对某一专门问题，邀请有关专家座谈，并将发言整理后公开发表（这一举措“文革”前就有，但不像现在这么经常）；邀请热心读者到编辑部当一天编辑，参加编辑活动；邀请名人来编辑部值班，开通“名人热线”，同读者交谈；邀请嘉宾作节目主持人（电台、电视台）；举办有奖征文和有奖知识问答；举办读者之友联谊活动，等等。这些活动，重在受众参与新闻工作，使我们的新闻媒介更密切地联系群众，办得更有生气，内容更丰富多彩。这些活动，从策划到具体组织，大多由编辑去完成。有时在编辑部的专职记者也参与一部分工作，实行编采合一的专业部门更是全体人员的共同责任。由此看出，做群众工作是可以不断开创新局面的。

第三章　新闻采访的策划

第一节　采访策划的意义

随着现代经济社会的迅猛发展，人们生活节奏的加快，信息量越来越大，新闻传媒越来越多（报纸杂志版面越来越多、广播电视的频道越来越多、播出时间越来越长、互联网提供的信息可以说是“铺天盖地”），太多了，传媒受众看什么、选择谁？就成了各传媒必须思考的问题，制精品、出佳作成了各种媒体抢占传媒制高点的首选，新闻的采访策划在新闻传播中的作用逐渐凸显出来，引起传媒界的广泛关注。

纵观历届“中国新闻奖”的获奖作品、给人留下深刻印象的优秀作品无一不是经过精心采访策划的。采访策划介入电视新闻，给电视新闻的制作与传播注入了新的理念，一些电视台还专门设立了策划部，对新闻采访、节目后期进行包装策划。

一、电视新闻采访策划概述

策划是为达到一定目标，在调查、分析有关材料的基础上，遵循一定的规律，对即将进行的某项工作进行系统、全面的构思、谋划，制定和选择合理可行的执行方案，并根据目标要求和环境变化对方案进行修改、调整的一种创造性活动。电视新闻采访策划一般分为选题策划和采访策划。策划介入电视新闻具有很大争议。一般认为“新闻报道中不能也不应该出现策划”，因为“新闻就是用事实说话”；其实，这是把“事实”与“策划”割裂开来的片面思维，“用事实说话”，是新闻报道的原则，如何把话说好，就是“策划”来完成的。因此，“事实”与“策划”并不矛盾，两者在新闻报道中是有机统一的，采访策划是为了把新闻报道做得更好。

二、采访策划的意义

对新闻采访策划的必要性进行探究，旨在让新闻工作者认识到当今社会对新闻工作的要求以及新闻采访策划在整个新闻工作中的重要作用和意义。新闻媒体只有充分认识和肯定新闻采访策划的价值，才能让其最大程度地发挥作用。顺应新闻工作的特点，满足社会的要求，做好新闻采访策划的指导工作，才能让新闻信息最大程度地发挥价值，才能让新闻媒体在激烈的竞争中不被时代所淘汰。

（一）新闻采访策划能提高媒体竞争力

随着时代的发展，新闻媒体从信息独享到大众传媒的演变使得新闻媒体的行业竞争愈发激烈，要想在新闻行业中争得自己的一席之地，从事新闻工作的企事业单位要着重培养自身在某一领域的竞争力。新闻采访策划作为新闻工作的前期基础性工作，在整体工作的过程中具有不可替代的作用，并且其在新闻工作中的指导和规划作用，在对行业发展和新闻媒体对社会发展进行适应性转变等方面具有重要的作用。新闻媒体要想提高自身竞争力，就要在新闻采访选题策划上下工夫，了解用户的新闻需求，调整报道内容结构，转变报道视角，提高新闻灵敏程度，顺应社会发展，满足社会对新闻的需求。

（二）新闻采访策划能够充分展现新闻价值

新闻采访策划注重新闻工作的前期规划，新闻的价值在于新闻被宣传对象的需求程度，也是宣传效果的重要体现方面。对同一客观发生的事实进行不同视角的报道，会展现出不同的新闻价值。在一项新闻工作开始之前对整个新闻工作进行合理规划，这对于在一定的资源条件下充分展现新闻价值具有最可行的实现可能。新闻媒体可以通过前期对新闻选材的判断以及对新闻线索的收集,并且根据新闻采访策划工作人员对于新闻观测点的敏锐洞察力，对新闻工作进行前期规划，使得新闻事件的报道更能贴近新闻受众，引发较强的新闻共鸣，达到传递事实、宣传观点的新闻效果，充分展现新闻价值。

（三）新闻采访策划有利于创新意识的实现

创新是一个行业与时俱进、不被时代所淘汰的重要手段，在当今社会，创新的重要性不言而喻。出于时代的紧迫感和行业发展的压力，新观念和新思路不断涌现，然而这些创新措施的效果仍然需要实践去证明和检验。新闻采访策划是整个新闻工作的前期基础性工作，在具体实施之前进行，这就使得所有的创新举措都可以在这项策划工作中得到体现,同时耗费较小的成本。通过论证、推演等方式可以将这些创新想法向实际举措演变，增大了创新意识实现的可能，降低创新难度，同时能够促进媒体人创新意识的提高，从而良性循环，促进行业的进步。

第二节 采访策划的目标与要求

一、采访策划的目标

（一）新闻采访选题策划规律

如同万物从发展到消失的必然过程一样，新闻采访策划也有其自身产生和发展的规律。新闻采访作为新闻的基础，其规律的范围与新闻所必须遵守的要求在某种程度上是一致的。新闻的规律是界定新闻媒介功能及其运行模式的一个基本因素。新闻规律的普遍性使其适用于任何地点、所有种类的新闻媒介。新闻的规律简单来说只有二字：“真实。”新闻的传播经过了从人类口头传播到印刷媒介再到电子媒介的演变过程，而新闻的特性和规律决定了人们对于新闻媒介的选择。相对于口头传播来说，印刷媒介更具真实感和可信度，因而取代了口头传播而进入人们的生活。电子传媒较之于印刷传媒亦是如此。在现代社会，常常有媒体因虚假报道而受到舆论的攻击，甚至面临倒闭的下场。可见新闻的真实的重要性。

（二）新闻采访策划的最终目的

人们做任何事情是带有一定的目的性的。对于新闻采访策划来说，其最终的目的也就是新闻采访所要达到的终极目标——带动各方面效益的综合提升。新闻采访对社会的政治、经济、文化的影响力是十分重大的。在互联网时代,我们每个人都能随时接触到新闻策划。在我们的手机中使用的各种软件，实际上也起到了新闻传播的作用,除新浪、腾讯等各种专门的新闻客户端外，微信、QQ 等人们常用的通信工具也开始了新闻消息的推送。这些新闻报道的策划在对社会生活产生极大影响的同时，也为广告商带来了丰富的经济收益、为推送平台带来了更多的客户群，实现了商家与用户的双赢。但需要注意的是，网络平台必须要对推送的内容进行慎重的选择，一旦引起客户的不满，反而会适得其反。

二、采访策划的要求

（一）尊重新闻信息的客观性

所谓新闻，是指将新近发生的有价值的事情，通过特定的文体记录而成的信息。新闻工作就是将这些新近发生的有价值的信息通过电视、报纸、手机等媒体平台进行推送报道的过程。新闻工作的行业特征决定了新闻真实性、简明性、及时性、准确性的特点，这就要求无论社会风向如何变动、新闻手段如何创新，新闻工作者在进行新闻采访策划时始终以事实为依据，尊重新闻信息的客观性，不做刻意捏造、脱离事实的空想或为利益左右的对事实的扭曲，避免主观意愿的干扰。

（二）树立正确的社会价值观

新闻不仅仅是对客观事实进行搬运，同时还承担着对社会舆论的导向作用，作为连接政府和民众之间的桥梁，新闻媒体在进行前期新闻采访策划时，新闻的宣传思想要切合国家政策和思想，引导民众树立正确的社会价值观。尤其是在涉及国家政务时需要特别注意，对于语言的斟酌必须格外谨慎，以国家利益为最高标准，在对涉及冲突等事件进行报道时要慎重合理，强化新闻在宣传、引导以及监督等方面的积极作用。

（三）满足各方的新闻信息需求

社会的发展给人们的生活方式带来了很大的影响，随着科技水平的提高以及互联网在人们生产生活各方面的渗入，传统新闻媒体在面对发展挑战、适应各方变化而进行转变的同时，现代化的新闻媒体的新闻的传播途径也得到了极大的拓宽。新闻采访策划在为日常新闻进行报道规划的同时，也为商家扩展了新的宣传平台，对新产业、新产品的适度报道，可以促进多方经济收益的提高，一定程度上促进社会经济的发展，满足自身传媒、商家、用户多方的新闻信息需求。

第三节 采访策划的内容

一、选择新闻题材

题材是新闻采访报道的前提和开端，是采访报道的题目或对象。选择什么样的题材采访报道，取决于有关部门在一定时期内的总体报道思想、记者掌握的新闻线索以及记者凭借新闻敏感所做的判断。总体报道思想，是围绕当前党和政府的方针、政策、中心工作，从大局出发，经过通盘考虑之后制定形成的，是记者采访活动选择题材的依据，它规范了记者采访的方向、范围、内容和重点，同时也是判断事物是否具有新闻价值的参照以及报道角度选择和主题立意构思的出发点。特别要说明的是，记者在采访活动中，不能将报道思想变成框框，更不能为了报道思想去寻找例证来生搬硬套、强扭报道角度。采访记者要从全局考虑，对报道设想和意图要有宏观的把握。

二、确定新闻线索

记者在明确了主导传播意向、具体采访目的之后，就要努力获取与报道题材有关的新闻线索。由于新闻线索的来源渠道比较多（这里不再赘述），而且比较简略、可能与事实不符，新闻线索不一定是新闻事实，这就需要记者在采访中去验证和判断。

三、确定价值取向

新闻价值是选择和衡量新闻事实是否具有报道价值的客观标准。新闻价值要素的构成从来都是新闻学界最难下定义的。通常，记者可以参照以下七个要点来判断事件是否值得采访报道：一是能否引起受众的关注。二是事件中最重要因素。三是能否引发出重要新闻。四是事件背后是否还隐藏着更深层的内容。五是其他媒体报道中发现适合报道的内容。六是一般性报道中发现适合其他报道形式的内容。七是预见性地发现将会构成重大新闻的迹象。

四、确定新闻选题

采访策划只有在明确了主导传播意向的前提下才能确定选题。选题一旦确定，记者就要思考报道的主题、角度和形式。主题是记者在反映客观事物时，通过具体报道的内容所表达的中心思想。记者在思考主题时，要正确处理好主题与问题、主题与内容、主题与标题、主题的提炼与表现之间的关系；新闻报道不同于文学作品，报道主题具有客观性，提炼主题要从全部事实出发，把握事物的个性，挖掘事物的本质，抓住事物的特点；表现主题要以小见大、鲜明、集中，切忌贪大求全。“角度”一词源于摄影，在新闻采访报道中，特指记者发掘事实和表现事实的切入点。电视记者在选择报道角度时，要准确把握好角度与客观事实、角度与报道形式、角度与电视特点之间的关系，以接触事实、观察事实、解剖事实、节选事实为着眼点，选择好新闻报道的角度。对于电视记者来说，还必须综合考虑发掘和表现事实的角度。电视报道形式就是不同类型的报道方式；其表现形式主要有两种：一种是展现个别采访过程；另一种是插入采访片段；考虑表现形式还要注意采访方式。简而言之，选题是电视新闻的关键，选题自身的质量和选题的可操作性决定着新闻节目的质量。在选题策划上，可以引用中央电视台《焦点访谈》栏目提出的取舍选题“三原则”：政府重视、群众关心、普遍存在。

新闻策划的作用伴随新闻业的发展日益显现出来，也越来越多地受到各家媒体的重视。令人欣慰的是，现如今大多数媒体平台都能做到以客观真实为基础，在掌握新闻资源的同时，逐步提高新闻采访的选题与策划水平，通过创新的形式、别出心裁的设计来满足受众的需求并获取受众的支持，达到最佳的宣传效果，以求在未来的市场竞争中为自己赢得更大的市场份额和更好的发展前景，而这必将成为我国新闻事业发展的全新动力。

第四章　新闻采访的策划与准备

第一节 培养新闻敏感

西方新闻界流传着这样一个故事：纽约时报著名记者迪姆士·泰勒初涉新闻行当时，去采访一个著名女演员的首场演出，到剧场后发现演出已经取消，他就回来睡觉了。半夜，他突然被电话铃声惊醒了，编辑告诉他：其他各报都在头条位置登出了这个女演员自杀的消息。编辑气呼呼地说："像这样的女演员首场演出被取消，本身就是新闻，背后还可能有重大新闻。记住：以后你的'鼻子'不要再感冒堵塞了。"

这个事例说明，新闻敏感对于记者来说是多么重要。美国新闻学者约斯特说，一个不善于辨别色彩的人，不能成为一个画家；一个没有新闻敏感的人，不能成为一个新闻记者。

那么，什么是新闻敏感呢？所谓新闻敏感，即新闻记者的悟性，是新闻记者政治水平和业务水平的综合体现，是新闻记者发现和判断客观事实是否具有新闻价值的能力，其主要表现在下列几个方面：迅速而准确地判断某一事实的意义；及时判断某一事件是否能引起读者的广泛兴趣；及时判断某一事实是否新鲜，是否会对全局产生积极作用和影响；及时判断同一新闻事件中的许多事实，哪些是最重要的，哪些是次要的；善于从纷繁复杂的事实中看出事物发展、变化的趋势，增强采访工作的计划性和新闻报道的预见性。

新闻是作为新近发生的有价值的事实报道，是记者从大量的浩如烟海的事件中筛选出来的，这种选择事实、判断新闻价值的能力就是新闻敏感。没有新闻判断和敏锐的观察力，很难捕捉住具有影响力的新闻，碰到好新闻也可能失之交臂，可以说新闻敏感对一个记者来说就是一件必备的常规武器、取胜的法宝。那么如何能培养自己的新闻敏感呢？

（一）关心国家大事

作为一名校园记者应该比其他同学更关心国家大事，因为这是由校园记者的职责所决定的。你只有了解国家这一时期的大政方针，才能找出宣传这一方针的主题，挖出新闻线索。比如，国家的大政方针是构建社会主义和谐社会、把中国特色社会主义与中华民族伟大复兴联系起来，确定了党在21世纪的庄严使命等，而你对这些一无所知，只关注自己身边的好人好事或小型活动，肯定写不出能引起编辑感兴趣的文章来。

（二）关注自己身边小事

关心国家大事并不等于不关心身边小事，而且对身边小事更应该关心。这两种事是相辅相成、辩证统一的，只有了解了国家大事，你才能知道自己身边的哪些小事值得关注，才能根据国家的大政方针去挖掘身边小事中的新闻。比如中央下达了关于减轻中、小学生过重作业负担的通知，那么下边是怎么做的，同学和家长有什么反映，我们很容易了解到，而且也是报社急需了解和反映的，所以你写的稿件就很容易被采用。再如，中央工作重点转移到注重建设社会主义和谐社会,我们学生能为和谐社会的建设做些什么贡献，学校在这方面开展了哪些活动，都是很好的新闻线索。如果你有了宣传国家大政方针的意识，就很容易抓到新闻。

（三）开动脑筋，勤于思考

一条好新闻的产生离不开思考。有时同样一条新闻线索，有的人只从表面现象予以一般性报道；有经验的记者或通讯员经过深入调查、思考，会写出很有分量的新闻。比如，《大学生落户小岗村》在安徽省政府广电节目评选以及全省好新闻评选中相继获得了一等奖，它之所以如此成功，就在于作者勤于思考，深入挖掘新闻信息，紧密贴近当前新农村的形势，也特别符合党在新形势下对新闻宣传工作的要求。

（四）学会抓住“新闻眼”

我们常说画龙点睛，这里的“睛”就是龙的眼睛。我们写新闻也跟画龙一样，也要有眼睛，有一个最引人关注的点，当学校记者要学会抓住这个新闻眼。光有好的思路并不是说一篇好的新闻报道就成功了，有些时候，在采访的过程会有一些新的情况出现，这些情况往往是事先没有料到的，那么就要有所取舍、有所把握，看它对采制的新闻作品是否有帮助，或者新情况的出现能否成为新闻作品中的一个闪亮的“新闻眼”；接着就是必须要考虑这篇报道如何开篇。拿《大学生落户小岗村》为例，大学生去小岗村发展，去做农民，这本身虽然是一个新鲜的新闻事件，但是从中央到省里已经有很多这方面的报道了，再加上采访是滞后的，需要寻找一个新闻亮点，否则报道就会平淡。他们的采访是从小岗村农民卖蘑菇开始的，因为小岗村的农民以前从来没有种过那么多的蘑菇，更没有品尝过每天能卖1000元钱的喜悦。这样的好事情是怎么来的？他们的蘑菇是怎么种出来的？他们又是怎么卖出一个好价钱的？这些都是值得挖掘的内容，这些内容能够体现小岗村来了三名大学生之后的变化。在他们当时看来，小岗村的农民把蘑菇一车车地拉去卖，将大把的钱高兴地装进口袋，这就是“新闻的亮点”，他们把它放在了报道的开篇。

同样，还可以举出许多例子。如盲人运动会、城里姑娘下乡办托儿所、女教师打“的”追捕抢劫犯等，我们都能找出其中的新闻眼来。

（五）学会利用新闻线索

作为校园记者，因为活动空间的限制，接触外界的面终究比较窄，更多的时间还是在班里，接触最多的是自己班里的同学，所以学会利用新闻线索很重要。比如，课间休息时，留心一下学校的橱窗、校园板报；广播时间注意聆听学校的通知或表扬的好人好事。同样，学校科技活动中哪位同学又有了什么新的小发明，学校里哪位同学在什么比赛中得了大奖等，都可以顺藤摸瓜。只要做个有心人，不愁抓不到新闻。还有一个笨方法，就是在发现了新闻线索又怕自己忘了的时候，及时找张纸记个题目，提醒自己，放学后有时间再做调查整理。很多人都有这样的教训，当时发现了新闻线索，因为没有及时记录下来，过后一忙就忘记了，使很多好的新闻线索从自己的眼前溜过去，这是很可惜的。

（六）新闻是“跑”出来的

这里说的“跑”是指深入实际，不辞辛苦地采访。做一名校园记者，实际是很辛苦的。每天既要和其他同学一样要学好功课，完成好作业，同时还要时常考虑着自己准备采访的对象。这不像是写作文，都是在课堂上凭着自己的回忆，写一次活动、一件有意义的事。每一条新闻的背后都能看出记者的辛劳。还是举送瞎信的这个例子吧。有一名通讯员为了写好这条新闻，亲自跟着同学们跑了四五个钟头，十几里路，不知爬了多少层楼梯后才写出仅有几百字的小通讯。由于是自己亲自跑出来的，很有切身体会，所以这条新闻使人能够感受到作者与读者之间的感情交流，读者看到的不仅仅是一条消息、一条新闻，而且和作者产生了共鸣。

（七）学会挖新闻

有些新闻是明摆着的，有人称为是会议新闻、活动新闻，尤其是一些规模较大的活动，新闻单位都要派记者去采访、报道。这些对于我们校园记者来说，机会终归很少，而大量的需要我们报道的，也是我们校园记者有着得天独厚条件的，是从自己的日常生活、学习中那些司空见惯的事物中，从那些表面看来似乎毫无新闻价值的线索中挖掘出来的有价值的新闻。前边提到要“关心国家大事”“关注身边小事”，只有你平时关心国家大事，又了解学校近一时期的工作，把握住各新闻媒体这一时期的报道要点，注意留心观察身边发生的变化，哪怕只是微小的变化，找出了事物本身的特点，就有可能挖出有价值的新闻来。

（八）新闻也需要策划

在实际新闻工作中，经常需要设计、策划一些好的活动，经过实施形成新闻，有些活动策划本身就是新闻，而且是非常有影响的新闻。像同学们都比较了解的“希望工程”、手拉手地球村环保活动、暑假调研活动等，都是设计、策划出来的，后来成为有影响的新闻。

我们同学不管是开个班会，还是开展校园活动等，都要凑到一起出出主意，如果你经过了校园记者的培训，头脑里多少有了一点新闻意识，那么，你一定能给大家出个好主意，然后带领大家去实践，使你策划的活动成为新闻。比如前边举过的例子中：给瞎信找“家”，暑假调研活动，校园记者报道祖国各地新气象等都是策划出来的活动，后来都成了新闻。相信同学们经过校园记者的培训，再加上脑勤、腿勤、嘴勤、手勤，一定能成为一名很有前途的记者。

总而言之，新闻素材是需要一双敏锐的“新闻眼”去挖掘的，作为学生记者，只有时时关注校园动态，学会鉴别各类消息的价值性，有一定的预见能力才能拥有“新闻眼”，只有不断培养自己的新闻敏感度，才能不断进步成为一名优秀的新闻记者。

第二节 熟识新闻价值

一、新闻价值的概念

新闻价值这一概念是在19世纪30年代资本主义社会大众化报纸时期被提出来的。当时，欧美各主要资本主义国家大众化报纸迅速兴起，并逐渐成为资产阶级报纸的主流。大众化报纸的老板办报纸就像办企业一样，新闻也像“商品”一样被源源不断地制造出来、销售出去，报纸的利润也滚滚而来。在报纸商品化的过程中，有关新闻价值的理论应运而生。1927年，美国新闻界征集新闻定义时，麦克·华拉齐（Mike Wallace）提出的定义由于涉及新闻的商品性和受众的共同兴趣而得到美国新闻界的普遍认同。他指出：“新闻是一种商品，由报纸分配、供给认识文字者以消费，每天把新鲜的东西送到市场，但是具有腐败性。新闻在智力方面、情绪方面、兴趣方面，用文字将世界、国家、省、州及都市所发生的事件表现出来：这些事件，不论是社会的、经济的、政治的、科学的或是个人的，都需有引起多数人注意的重要性才行。”

20世纪80年代初期，我国新闻学界开始讨论新闻价值问题，人们的认识也不尽一致。比较有代表性的观点主要有“素质说”和“标准说”两种。“素质说”以为“新闻价值就是事实本身包含的引起社会各种人共同兴趣的素质”，“标准说”以为，“新闻价值指的是新闻在社会上的传播价值，同时也是新闻工作者取舍和衡量新闻的标准。从传播价值的角度来看，它有一个客观的标准，这个标准就是客观的社会效果，就是群众对新闻的选择和社会实践对新闻的检验”。其实，这两种观点并没有较大的分歧，只是观察和分析问题的角度不同而已。前者主要强调一个客观事实足以构成新闻即引起受众的共同兴趣的特殊素质，而后者则强调新闻在社会上的传播价值即传播者选择新闻和受众接受新闻的标准。那么，一个客观事实究竟有哪些特殊要素能够引起受众的普遍兴趣，新闻传播者应该根据哪些标准选择新闻呢？一般认为，包括以下五项基本要素或选择指标：

第一，重要性。新闻的重要性是指新闻事实中因为事物的质变而对社会产生重大影响并和受众的切身利益密切相关。事实无时无刻不在变化之中，但是事实的变化有量变和质变之分。量变是细微的变化，引不起人们的注意，因而构不成新闻。质变是重大的、剧烈的、显著的变化，能够引起人们的注意，因而能够成为新闻。例如：1917 年的“十月革命”、1949 年中华人民共和国的成立、1978 年的“中共十一届三中全会”和 1997 年的香港回归祖国等都是是国家的重大事件，因此都是重大新闻。

第二，显著性。新闻的显著性是指新闻事实所包含的人和事的知名度或显要度。同一件事发生在不同的人们身上或者不同的地域，其新闻价值是大为不同的。例如，一个普通人摔伤了腿不是什么新闻，但美国总统克林顿突然摔伤了腿就是大新闻：新疆伽师发生 6.5 级地震不是大新闻，但北京市发生 3.5 级地震就能够引起世界关注。另外，显著性也包括事实发生的频率或概率。如果事实发生的频率高，天天如此，则只能是平凡事，不能构成新闻。反之，如果事实发生的频率低，如百年一遇、千年一遇或者绝无仅有的事实，则是重大的新闻。还有“深”，即一件事物或者一个人物的影响力是否深远和广泛。例如：2001 年 6 月发生的尼泊尔王室灭门惨案和美国发生的“9・11”恐怖袭击事件等。

第三，及时性或时新性。新闻的本源是事实，但值得报道的事实必须是变化发展中的事实，而不是静止的事实。新闻价值中的及时性或时新性就是指新闻事实中所包含的因为事实的急剧变化而要求新闻媒介尽快报道或传播的那种性质。它包括两方面的含义：一是指“现实性”，即受众所欲知的新事实、新变化、新知识、新潮流等；二是指“时效性”，即当新事实、新变化、新知识出现时，新闻媒介予以及时传播。及时传播了，就有新闻价值，否则新闻成了旧闻，就失去了新闻价值。

第四，接近性。新闻的接近性是指因新闻事实同受众在地理上、职业上和心理上的距离而对受众能够产生吸引力的那种性质。一股说来，新闻事实同受众的距离越近，新闻价值就越大，反之越小。从地理角度看，距离越近的事实受众越是关心；从职业角度看，从事某一职业的受众总是比较关心与本行业有关的人和事；从心理角度看，由于年龄、性别、情趣、爱好、社会经济地位和文化背景不同，人们总是比较关注与自己有关的特别是关系密切的人和事。由此看来，站在受众的角度上，越接近事实其新闻价值越高。例如：1999 年 8 月 16 日土耳其伊斯坦布尔发生强烈地震，死亡人数达 2000 多人，各国展开救援。中国香港本港台报道，“港人 200 人的旅游团在土安然无恙”。这样，从地理上看，似乎很远但从心理上看却很近。

第五，趣味性。新闻的趣味性是指新闻事实的内容使读者感兴趣，它可以影响读者的情绪，引起读者的共鸣。趣味性主要有以下四种情况：一是反常性，即某人和某事明显地不同于周围同类的人和事，或者无法用常理解释，如“人咬狗”“毛孩”“中山市路段汽车向上滑行”等，这类人和事越具有反常性，其新闻价值就越高。二是冲突和斗争，人类有崇尚斗争的本性，对于一切冲突和斗争都感兴趣，冲突或斗争越大并且越激烈，其新闻价值就越大。这些冲突和斗争包括人与自然、人与人、团体与团体、国家与国家的冲突和斗争，例如：“人蟒相斗”“凶杀绑架”“球迷闹事”“海湾战争”等。三是对比性，世事变迁难以预料，如果出现喜极而悲、苦尽甘来的情况，正反对比容易触发人们的情感。这类情况也具有极高的新闻价值。1999 年 8 月，中国乒乓球女选手张怡宁在世乒赛奋力拼搏时，全然不知慈父已离她远去。人民日报记者陈昭以《一个真实的故事》为题做如下报道：“8 月 6 日晚上，张怡宁和她的搭档马琳为中国夺得本届比赛的第一枚金牌时，这个只有 17 岁的女孩子脸上的酒窝洋溢着浓浓的笑意。此时，她的确是世界上最快乐的人……但是她绝没有想到，最爱她的爸爸，一个月前就永远告别了这个世界。”“对她来说，这个反差实在太大了。你经历过感情大悲大喜的沉浮吗？如果没有，你就会产生一种强烈的心灵上的震撼，你就会觉得我们的乒乓球队员是最可敬最可爱的人，你就会感到，她拥有世界上最伟大的父母。”四是趣味性，即富有幽默感、耐人玩味的人或事。这些情况包括金钱、幽默、悬念、反常性等等。趣味性或人情味是西方新闻界最为重视的，对此我们应有科学的态度。一方面，我们要遵循新闻价值的理论，将生活中的奇闻逸事传达给受众；另一方面又不能为趣味性而趣味性，更不能为追求趣味性而牺牲新闻的真实性和重要性。关于这一点，即使西方新闻传播学界的认识也是明确的。

二、新闻价值的要素

新闻价值所包含的要素有：新鲜性、重要性、接近性、显著性、趣味性、变动性、公开性、广泛性。

1. 新鲜性

时间上要及时，内容上要有新意。所谓有新意，是指新闻事实所包含的内容具有新颖性，是以前没有出现过的，或者事情发生了变动。周而复始、司空见惯的事情，就没有新意。

2. 重要性

新闻事件和当前的生活和广大群众的切身利益有密切关系。还是以停电为例。停电到底是不是新闻？那要看影响范围有多大、时间有多长。如果只是某一栋楼停电，那就不是什么新闻。如果全校停电，就成了新闻，校园广播得提前发通知。如果纽约全城停电一小时，那就是大新闻，全世界的媒体都会报道。

3. 接近性

包括地理上的接近和心理上的接近两种。地理上的接近，是指新闻事件发生地与读者所处的地理位置比较接近，因为人们总是首先关心自己身边发生的事情。2009 年 6 月 5 日和 6 月 13 日，成都、深圳先后发生公交车燃烧，同样的事件，对于身处西南石油大学的师生来说，关注度是不一样的，我们对前者的关注度极高。所谓心理上的接近，是指新闻事件在心理上能够引起读者的共鸣。例如《成都校区新幼儿园举行开园仪式》这条新闻，大学生就不怎么关注，而家长的关注度则极高。

4. 显著性

人物、地点的知名度高。这里有一个公式：名人 + 寻常事 = 新闻；普通人 + 不寻常事 = 新闻；名人 + 不寻常事 = 大新闻；普通人 + 寻常事≠新闻。故宫、长城、埃菲尔铁塔这样的名胜，杨振宁、姚明、章子怡这样的科学家，体育明星、著名演员经常成为报道的对象。结婚是不是新闻？那要看谁结婚，普通人结婚就不是新闻，姚明结婚就是新闻，因为他是名人。

5. 趣味性

奇闻趣事。报纸、网络、电视等发表的新闻，不一定都是国家大事，如“海市蜃楼”“神奇小狗会唱歌”“1 分钟完成 36 个后空翻”等，这些罕见的自然现象、奇趣的动物、人的超强能力等常常见诸报端、电视，这绝不是猎奇、雷人、哗众取宠，因为这样的新闻能够给人以精神抚慰，使人心情愉快，或者使人感到生活的美好。

6. 变动性

新闻是对社会、组织、群体或者个人等所有进行传播的媒介，事物是每天更新的，是不断发生变化的，因此，新闻的报道也是变动的，是不同的。

7. 广泛性

新闻是对新近发生事实的报道，每天发生的事实不分领域、不分国界的，只有具有新闻价值的信息才能成为新闻。

8. 公开性

新闻信息的传播是面向社会大众的，不是某个人的新闻，而是社会的新闻。

第三节　严守新闻政策，明确报道思想

新闻政策指关于新闻报道政策界限的规定。具体包括：能报道什么，不能报道什么，着重报道什么，一般报道什么，以及报道中应该注意些什么等。

新闻政策中外都有，只是形式内容有所不同。新闻政策的某些重要内容，若以法律形式加以规定，就成了新闻法。

政党、政府对新闻事业规定的活动准则。广义包括新闻事业管理的政策、新闻报道的政策、新闻队伍的建设方针。狭义主要是指新闻报道的政策，有时又以宣传纪律的形式出现。

新闻政策与新闻法规有区别，又有密切的关系。在没有新闻法的情况下，执政党和政府制订的新闻政策，在相当程度上起新闻法的作用；在新闻法已经制定但尚不完备的情况下，根据形势需要制定的新闻政策，对新闻法起补充作用。

报道思想通常是指新闻报道的目的，包括体现和达到这一目的的范围、内容、方法等。它是媒体编辑部依据党和政府在一定时期内有关的宣传报道方针、政策、策略而规定的新闻报道所要达到的目的，以及要达到目的的方式的大体框架。其中，既体现、包含了新闻从业人员以往科学实践的经验和盲目实践的教训，又在正确揭示客观事物各种规律的基础上，给编采人员指出了日后采写报道时如何克服盲目性、明确目的性的大致方向。

简言之，报道思想是媒介如何组织报道的指导思想。在媒介竞争日趋激烈的今日，各家媒体都力争在报道思想上有所创新。它可以体现在某一新闻战役的采写报道的指导上，也可以贯穿在这家媒体的整个报道风格上。报道

思想与记者采访的关系是：

1. 采访目的受报道思想制约并服务于报道思想

没有任何目的的采访是没有的。但采访目的的明确，应受报道思想的制约。记者不能随意确立游离于报道思想之外的采访目的。否则，就会导致活动的盲目性，甚至难免犯无政府主义和主观随意性的毛病。

2. 既接受报道思想的指导，更要接受客观实践的检验

从新闻工作的规律来说，采访之前，记者应当明确报道思想，脑子里应当设计个“框框”，然后带着报道思想及“框框”下去采访。但报道思想与“框框”也有与客观实际不符合的时候，此时记者就应当相机修订或改变采访计划，深入实际；断不可将“框框”当成教条去硬套实际，甚至把它看成是现成的、不可更改的结论，带到实际中去按图索骥。

第四节　获取新闻线索

记者从事新闻采访，首先要解决的一个问题是哪里有新闻。

新闻线索即新近发生的事实的简明信息或信号。它能够给记者指明到哪里采访、采访什么，这样一些大致的方面和范围。

对于记者来说，若是新闻线索源源不断，采访就十分活跃；反之，只能靠编辑部给题目，靠别人给米下锅，工作就会十分被动。

一、新闻线索有哪些特点

1. 片段性

新闻线索通常比较简略，完整性差。它一般没有过程，没有细节，只是一个片断或一鳞半爪的。或有头无尾，或有尾无头。从新闻要素来看，更是残缺不全，如有时间地点，却确定不了人物、原因等。

我们都熟悉的有志残疾青年张海迪的发现就是这样的。最早报道张海迪事迹的是新华社山东分社的记者宋熙文。有一次，他去山东省东阿县参加一项工程的典礼，路上，山东画报社一位同行与他聊天，说到莘县有一位受人称道的瘫痪姑娘，乳名叫玲子。一天，她坐手推车路过县城街道，一个为她幼时治过病的医生惊奇地说，当年玲子病得那么严重，居然活过来了，而且精神还这么好，简直是奇迹。一些老太太、小孩子也围着问长问短。宋熙文感到这是个重要的新闻线索，参加完典礼后马上就去采访了。

片段性这一特点启示我们，一鳞半爪虽不是全龙，但不能轻易放弃，而是要进一步去发现，了解全部新闻事实。

2. 梗概性

新闻线索所提供的信息是十分粗糙的，只是事实的大概，并不具体。

1982 年的一天，一架民航机刚在广州机场着陆，即起火燃烧。广州日报两名记者去现场采访。在记者招待会上，发言人说到伤亡人数，谈到有一旅客失踪了，后来又找到了。仅此而已，无详细介绍。记者感到其中可能有新闻，于是一散会就立即打听到这位旅客在广州的住址并去采访。原来，在飞机着陆起火后，这位乘客马上从机舱口跳了下来，并主动参加抢救工作。而在匆忙中，机场人员没问底细，以为他是“混”进机场来的，立即赶他走，这位旅客就不辞而别了。后来机场清查机上人数，发现一人失踪，经多方联系才找到。广州日报记者据此写了报道《唯一的失踪者找到了》，成了独家新闻。

梗概性这一特点告诉我们，仅有新闻线索还是无法写出打动人心的新闻来，更具体的内容要靠深入采访才能得到，一些更有价值的内容要靠深入挖掘才能把握。

3. 不确定性

新闻线索不确定性的特点的含义是：真假未定、价值未定。

真假未定是讲新闻线索所提供的信息并不个个可靠，记者一定要认真核实，千万不可拿着鸡毛当令箭。对所得到的线索，第一步的工作就是要认真核实其确有性、可靠性。新华社湖南分社的记者曾报道长沙市大古道巷小学院内从天落下块“陨冰”。这一造成很坏影响的假新闻，就是因为对新闻线索的真假核实不够。几年后，他们又得到一个一只母鸡一次生下十五个鸡蛋的信息。这次他们吸取了上次的教训，通过反复思考、反复观察、询问，终于发现鸡窝里的十五粒小蛋不是鸡生的，而是蛇蛋，是民工从地里挖到放进鸡窝，完全是开玩笑的。试想，如果对这一线索不加考证，就会又产生一条假新闻。

价值未定的含义是，经过对新闻线索的进一步了解，会出现多种变化。有的很有价值，可以深入采访写出重头报道；有的线索有一定的价值，可以写成一般消息；有的暂不显示新闻价值，须待进一步发展后再作报道；有的线索与实际情况距离很大，甚至完全相反，可能发不了报道。

新闻线索不确定性的特点告诉我们，对待新闻线索，既要积极主动，决不轻易放过，同时更应认真仔细，决不可轻信上当。

二、怎样获取新闻线索

我们说："处处留心皆新闻。"

新华社著名记者徐人仲在《要善于发现新闻线索》中说："新闻采访线索可能是一件很简单的事，一个数字、一句话、一种现象；也可能是比较复杂的事。它的来源十分广泛，记者的所见所闻，都有可能成为线索。"

如果是作为职业记者，他获取新闻线索通常有一些较为固定的途径，如被邀请出席各种会议、参加各种活动，还可阅读一些文件资料，从中获取新闻线索。这毕竟只是他所得到的部分线索。小记者通常是业余的，可以从以下几方面去获取新闻线索：

1. 通过自己耳闻目睹获取新闻线索

记者接触一切事物与人，都应有一种职业的敏感，时时考虑这些人或事是否可成为新闻。人民日报总编辑范敬宜当年在辽宁日报工作时，去一个由于实行包干到户而摆脱长期困难的村子采访。夜晚，他和同来的记者在村头散步，周围农家忽然传来了清脆悦耳的挂钟打点声，钟声此起彼伏，打破了山村的寂静。他们联想到这个村长期贫困，温饱都没有解决，哪有钱买挂钟？如今，党实行了好政策，家家响起了钟声，该是多么大的变化啊！想到此，他们心情非常激动，抓住这一线索，采写了一条短新闻《夜半钟声送穷神》，在辽宁日报发表，人民日报也迅速转载了。

一位在北京某大学读书的湖南籍学生暑假回家路过长沙，在五一路等公共汽车时，发现长沙新修的人行天桥很漂亮，但走天桥的人并不多，相当多的人过街还是爱直接在马路上不惜跨越栏杆穿行。于是，这位学生干脆停下来作了一个小时的统计，并且就地采访了几个过街的人，请他们说说原因。

他据此写成了一篇报道在《三湘都市报》上发表，引起了有关方面的重视。对于一般人而言，这样的事情可能会熟视无睹，但这位同学有较强的新闻敏感，凡事都要考虑“是否有新闻”，所以，耳闻目睹到的就成了重要新闻线索。

2. 从其他新闻媒体中发现新闻线索

记者看其他新闻媒体的报道，在了解信息的同时，还要善于去发现新的线索。有一年《北京广播电视报》上登了一条几十个字的预告，说座落在北京西郊大钟寺的永乐大钟将于新年零点按照传统敲响钟声，宣告新的一年来临。新华社一位记者发现了这一新闻线索，在除夕之夜赶到了大钟寺采访，元旦零点 40 分便发出了一条题为《钟王打点贺新年》的短新闻，不仅国内许多报纸采用了，外国一些通讯社也转发了。

湖南师范大学新闻系一学生在《长沙晚报》实习，开始时为找不到新闻线索而发愁，只好成天坐在家里看报纸。不经意中，他读到 1998 年 10 月 4 日《参考消息》上转载台湾《中国时报》的一篇报道，台湾法院认可大陆民事判决。其中提到该案件在湖南平江受理。这位学生马上意识到，载在《参考消息》上的台湾方面的动态必是重要新闻，台湾法院认可大陆民事判决，无疑是两岸司法交流获重大进展的迹象。这一线索激起了他去实地采访的欲望。他来到平江县人民法院，将《参考消息》给法官们看，大家都感到很惊喜。在法官的支持下，这位学生采写了《平江法院判决一起台湾老兵离婚案》，以头条出现在《长沙晚报》星期天专刊上。同时，他又补充了一些材料，写成了一篇更大的报道寄给《今日女报》，该报马上以《成人之美：七旬台胞“休”了大陆妻》为题在头版刊发。这位同学的报道还引起了《三湘都市报》《当代政法报》《岳阳晚报》的注意，他们又相继派记者采写此事。事后这位同学说，只要有敏锐的眼光，随时可能发现新闻。

3. 广泛接触群众，在闲谈中获取新闻线索

通过与广大读者、亲朋戚友的接触，在同他们的交往中获取新闻线索，这是记者获取新闻线索的一个最大的和永不枯竭的源泉。一个记者接触的生

活面总是有限的，而读者、亲友则遍布社会的各个角落，直接参与社会生活，了解到的事实也多，记者与之接触，可以获得源源不断的线索。据说，抗日战争期间，著名的战地记者陆诒去重庆找周恩来，谈及新闻线索缺少时，周恩来对他说：“当你在新闻线索实在贫乏之时，不妨到茶馆里去坐坐，听听群众在谈论什么，想些什么。”陆诒深受启发，随即去访问几个擦皮鞋的儿童、嘉陵江渡口的船夫和室内公共汽车售票员，写了不少访问记和特写，受到读者欢迎。

一位在《湖南经济报》实习的学生，刚到报社不久，时常爱拍几张照片。他买胶卷时发现价格有所上涨，就向照相馆老板打听这是为什么。老板说，打击走私呗！这位学生一听，觉得有文章可作，向报社记者部说了自己的想法。记者部同意他去采访试试。他来到物价局采访，对方说：“你反应真快，我们目前还没有这方面的反馈信息。”这就增加了这位学生想搞条独家新闻的信心，经过几番深入采访，终于写成《彩卷市场怎么了》一文在报上发表。报社领导充分肯定了他善于从闲聊中抓新闻的本领。

4. 学会比较的方法，从相异中找新闻线索

比较可以是横向的，拿这个地方的情况同那个地方的情况比比；也可以是纵向的，拿这个地方现在的情况同过去情况比比。通过比较，从中发现相异之处。一般来说，相异之处越大，成为新闻的可能性也越大。新华社名记者吴锦才，第一次到兰州采访。以前他对兰州情况有所耳闻，印象中是荒凉、古老、贫瘠，没有树的秃山，大风卷起的黄尘，等等，岂料下了火车，发现眼前的兰州与过去所了解的兰州如此不同：奔腾的黄河穿越而过，沿岸新道树木成行；市区高楼林立，行人如流；商店里百货充足，菜蔬水果丰盛。这一切促使他写下了《兰州瓜果的价格全国最低》《兰州多美景城市色调由黄变绿》《兰州沿黄河筑成一条“十里长街”》等消息。

与此有些相似的是，有一位中学生，假期随父母去春城昆明旅游。一下车就买张“昆明市交通图”。一看图，这位同学有了一个发现，昆明市的交

通图与他所在城市的交通图有一个很不相同的地方：把公共厕所标上了。这位同学深深感到这一旅游城市为外地人想得周到，便写了篇报道《厕所上了交通图》发表了。

5. 多注意身边事，于“无新闻处”找线索

有些事情，平常就发生在我们身边，由于司空见惯，所以感觉不到有什么新闻价值。往往正是这些为人忽视之处更有新闻可言。新华社记者汪洪洋于 1987 年采写了《上海阳台上的数万钢铁晒衣架从何而来？》，抓住人们日常生活中的晒衣架做文章。他注意到，居民们做衣架用了上万吨的材料。这些都是线索。

第五节　剖析对象心理

采访活动最基本的特点是社会活动，是专门和人打交道的。记者在向采访对象作采访时，不仅仅是向对方收集材料。访问的过程，同时也是彼此交流思想感情、挖掘内心世界的心理交流过程，取得信任是获得事实的前提，采访对象有真诚合作的心理才能打开心扉。记者既要把握好自己的心理，又要探索、揣摩采访对象的心理。记者必须掌握人际交往中心理沟通的学问，主动接近采访对象，取得对方的信任与合作，才能使采访获得成功。

一、采访对象的心理素质

在采访实践中，我们往往会遇到两类人，一类是合作者，一类是不合作者。不同的采访对象，其心理素质是不相同的。

合作者往往有如下心理：①需要：有些采访对象乐意接受记者采访，这是因为采访活动符合他们的需要，意识到记者的采访是在支持他们的工作，或者报道本身有利于他们工作的展开。如有的单位或个人有大型活动时，总是邀请各大新闻媒体记者参加，为他们报道新闻。在这种需要心理中，有个别人或单位想利用记者的采访报道为他们自己或单位扬名。对这样的采访对象，记者要防止谈话中有水分。有些数字要核实，以免报道失实。②信任：只有取得采访对象的信任，记者的采访活动才能深入进行。信任心理来自两个方面，一方面可能是出自对新闻机构的信任，另一方面是对记者本人的信任。对记者的信任来自过去交往中的友谊，或者记者的外表、风度、学识修养。记者的谈吐和提问的技巧也可以影响采访对象的信任感。③善谈：由于采访对象的性格、气质、职业不同，在接受采访时心理状态也不同，有的采访对象思维敏捷、思路清晰，善于表达自己的思想；有的因职业的锻炼有较好的口头表达能力。这样的采访对象在接受采访时，不紧张不胆怯，往往能很好地配合采访，使采访谈话处于良好状态。这类人如教师、演员，经常讲话的干部、领导等。④情绪：我们都有这样的生活经验，一个人当他情绪好时，找他办事就比较爽快，而且也容易办成；情绪不好时，就容易碰钉子。采访对象的情绪往往会影响到采访谈话。轻松、稳定、愉快的情绪，有利于采访谈话的进行。因此，记者要选择采访对象情绪稳定、心情愉快时去采访，这样双方可以在良好的情绪气氛中打开话匣子，使采访获得成功。

不合作的采访对象往往有如下心理：①谦虚：有的采访对象，特别是一些先进人物，尽管有许多感人的事迹，但出于谦虚的品德，往往不愿意宣传自己，不积极向记者提供生动的材料。遇到这种情况，记者只有采取“农村包围城市”的办法，先打外围战，先采访他周围的人或熟悉他的人。②紧张：大部分人初次面对摄像机镜头时都会有不同程度的紧张情绪，有的采访对象不善言谈，不善社交活动，或者性格内向，或者对采访的问题没有思想准备（随机采访）都会产生紧张的心理状态。越是紧张，越谈不成。对于这类采访对象要设法消除他们的紧张情绪，先从轻松的话题谈起，待采访对象消除紧张情绪后，再谈正题。或者提出问题后，让对方有思考的余地，然后再开机录像。③反感：有些采访对象对记者的采访有反感的心理情绪。产生反感的原因是多方面的。一是以前吃过新闻报道的亏，所以见到记者采访就反感；二是记者所在的新闻机构以前有过虚假的报道而导致采访对象对记者不信任；三是单位风气不正，怕接受采访后遭到孤立和打击，而不愿出头露面；四是明知自己做错了事，害怕被新闻单位曝光，见到记者就回避；五是对新闻机构有成见，甚至把防新闻单位与防火、防盗相提并论。凡此种种都会造成对采访活动的反感心理。

二、影响采访对象心理的因素

第一是社会群体心理影响。每个人都生活在社会的一个阶层、一个环境之内，不能不受到社会环境的熏陶和影响。不同社会地位、不同文化素养、不同生活条件的人，对同一事物的看法和感受是不一样的。这是群体心理对个人的影响所致。①官员、干部：这类人比较难采访，虽然他们都很善谈，善于分析、归纳问题，但他们往往是照本宣科，官话、套话多，很难说出实质性的东西。这是因为他们面对镜头时，顾虑较多，压力较大。②农民：和农民打交道比较容易。他们大多朴素、直爽，没有太多的顾虑，容易实话实说，但由于受到文化程度的限制，有时讲话没有条理，有的不善言谈，面对镜头发怵、紧张，有的方言较重，交流困难。记者提问时最好用地方话、口语化，避免交流困难。③专家、学者：这类人学有专长，而且平时都很忙，惜时如金，热爱自己的专业。如果记者在采访中对他们所从事的专业一无所知，对他们的成果、著作缺乏常识，对方就会感到不被重视、不被尊重，和你谈话是浪费时间。俗话说，“酒逢知己千杯少，话不投机半句多”，在人际交往中，人们都有愿同知音者谈话的心理。因此，我们在采访这类人以前，要做好认真的准备，通过外围采访，了解采访对象的著作、成就等，做一个合格的对话者。这是成功采访专家、学者的关键。

第二是个性特征的影响。个性特征决定着人的行为。性格外向、开朗，善于交际和言谈。性格内向、沉静，不善交际和言谈。不同个性的采访对象对待采访的态度是不同的。心理素质好、自信心强的采访对象回答问题痛快、直言不讳、积极主动。心理素质差的采访对象回答问题则往往缺乏果断力。记者在采访活动中要对症下药，采取不同的方法。

第三是记者能力的影响。在采访的初级阶段，刚与采访对象接触时，记者的仪表因素所产生的第一印象非常重要。记者要设法在仪表方面给采访对象造成一种吸引力，以激发采访对象在接受采访时具有良好的心理。电视记者还要善于消除采访对象的紧张心理。可用语言、神态等因素使对方放松，在平静的心态下接受采访。如有的采访对象看到摄像机前面的红灯一亮就紧张，记者可关掉红灯，在采访对象不知不觉中开机拍摄，往往能取得较好的效果。

总之，在采访实践中，把握采访对象的心理规律，对采访活动的成功是非常重要的。我们要在采访活动中不断观察、分析、总结采访对象的心理活动规律，针对不同的心理，运用不同的技巧，以接近采访对象，打开采访局面，是采访成功的必由之路。

第五章　新闻采访的实施与运作

采访中期的工作主要是通过记者与采访对象的交流，通过调查、访问和观察，从而获得能够形成新闻稿件的新闻材料和新闻事实，并为采访后期的加工、制作做好准备。采访中期的工作对于采访能否取得成功具有决定性的作用。

第一节　创造访问条件

采访任务的完成，不是一方努力的结果，他需要采访对象的配合才能取得成功。在采访活动进入执行阶段时，除了一些必要的采访方法、技能、技巧要掌握外，应特别注意创造一系列必不可少的、良好的辅助条件，这是采访活动有效率的重要保证。通常要创造的良好访问条件有下述诸项：

一、商定适宜的访问时机

人们从事任何一项活动，必欲先对这项活动产生注意，继而靠一定的注意稳定性去支配从事这项活动的兴趣和热情。采访活动也概莫能外。欲使采访对象接待并配合记者采访，就得先使其对采访活动产生注意和一定的注意稳定性。注意和注意稳定性是心理学的概念。所谓注意，是指人的心理活动对一定对象的指向和集中，即人们在某个时候将心理活动有选择地指向或集中于一定的活动对象，而同时离开其他活动对象。注意是一切活动的向导，是外界事物进人心灵的“门户”。所谓注意的稳定性，是指人在一定的时间内，把注意稳定、保持在一个活动对象上。注意能否产生及其稳定性程度如何，常常与活动时机选择得适宜与否有直接联系。因此，要使采访对象有兴趣和热情接待记者采访，先决条件之一就是让其将注意力指向、集中并稳定到接受记者采访这一活动上来，而其中的关键又在于记者对访问时机的选定。一是让采访对象自己约时间。这样做可以直接产生两个功效：其一，采访对象可以把自己最方便的时间安排采访，这样便于注意指向和稳定；其二对方如果一旦约定了时间，就会遵守这个时间，因为从心理上讲一般人都有守信心理，如果在对方约定的时间里发生意外情况，对方也会排除意外干扰，保证注意的指向；当然新闻是有时效性的，所以对方的约定时间应该在新闻时效时间内，如果时间紧张则应该和采访对象说明情况，取得对方的理解。但是如果对新闻时效没有影响，那就尊重作者的选择。二是与采访对象一起工作、生活一定时间。常有这样的情况，就是记者和对方的时间没有交集，所以这样的情况不如记者与采访对象一起工作、生活一段时间（当然，要征得采访对象的同意）。从一定意义上说，这种采访方式更自然亲切，同时更有益于记者挖掘深层次的内容。

二、设计得体的仪表风度

对美的追求是人类一种共性需要，也是增进来访双方关系的重要因素。经社会学家有关调查和实验表明，陌生人初次见面时，对对方外表的魅力与想再次与之见面的相关系数为 0.87，远高于个性、兴趣等相关系数。通常人们称此为“首因效应”，或是“第一感觉”“第一印象”，它关系到交往双方对对方的评价，关系到彼此的交往能否持续。一般来说如果第一印象好，双方的交往欲望则强烈；反之则不愿交往。一般说来，记者的服饰打扮有个原则，即同采访的场合、氛围及采访对象的服饰习惯相吻合，是指得体、大方。但如果是到车间、农村、连队、矿井等场合采访普通群众，则尽可能不要与众不同，要尽量与采访对象保持一致的打扮。

三、讲究文明的言谈举止

在采访中，记者稍有不慎，或是一句话，或是一个动作，便可能导致双方正常交流受阻。这通常是因为这句话或动作刺伤了对方的自尊心理，使采访对象感到受信任程度突然削弱，以致作出改变交往方式和信息编码的反应。实质上，此时双方的相互需要并没有减弱，只是采访对象的情感心理发生了较大变化，以致感到受辱、困惑，因而报之以气，或报之以怨。

四、营造较融洽的访问气氛

人们从事任何活动都会产生一种情感，而且，什么样的情感便能导致什么样的活动效率。情感通常表现为两极性，即肯定或否定、积极或消极、热情或冷漠、紧张或轻松等对立性质。同样是对待记者采访，有些采访对象就表现得热情和轻松，有些则表现得冷漠和紧张。记者应在情感上进行调节，调节应围绕一个原则进行，即先避开正题，拣对方最熟悉、最感兴趣、最易问答的事物和问题为话题，与对方闲聊片刻，让他忘掉这是采访。除了那些大忙人以外，对于所有的采访对象来说，谈论琐事都可以顺利地打破僵局。待对方紧张情感消除，气氛融洽后，记者再相机行事，转为正题。所谓磨刀不误砍柴工，说的正是这个道理。在采访重要场合和重要人物时，记者也常会出现紧张心理，也应予以调节。调节的原则与手段同时采访对象的调节基本相同。

五、摆正相互关系

采访中，记者与采访对象之间的关系怎么处理、摆正，也是关系到活动效率的一个重要条件。而在这个问题上，记者的态度端正与否则是关键。记者应当保持自尊与尊重采访对象。只有自尊，才能自爱、自信，给对方留下较好的印象，只有尊重对方，才能有深化交往、发展关系的基础。应当特别强调记者要尊重采访对象，因为这是对对方的自我价值的肯定行为。采访对象如果感觉记者对自己不尊重，那他就会因自己的自我价值未得到对方承认而感到委屈和不快，随即便会对记者产生厌恶情结，以致使原有的需要心理减弱和转移，使关系受到影响。而相互尊重，则给人的趋同心理以强化作用，使交往双方因对方对自己的肯定行为而提高了与对方交往的需要。

六、穿插较丰富的形态语言

记者与采访对象坐在一起时，并非只是通过言语形式作为唯一交流手段，只要留意观察，同时展开交流的还有一种形态语言手段，通常也叫做“非言语手段”。有思于内，必形于外。这种语言主要由表情构成，具体为三个方面：一是面部表情。这是人类最主要的表情动作。在采访活动中起着重要作用。二是体态表情。人的站、坐姿和举手投足等，均可表达一定的信息。三是手势。这是人们在交谈中用以加强言语效果的表情动作，恰到好处的手势既可传送信息，又可产生强烈的感染力。

七、掌握较灵活的注意转换

心理学把注意一般分为两种，一种叫有意注意，即指有自觉目的和通过一定努力、自创产生的注意，如采访对象绞尽脑汁地向记者叙述材料，就属这种注意；另一种叫无意注意，即指那种自然发生，不需要任何努力、自制而产生的注意。在一定的条件下，这两种注意对采访活动都会发生积极和消极的效果，两种注意且随时都能转换，记者若能在采访中灵活机动地处理，则能提高采访效率。上述涉及的诸条件，一般都是客观物质的东西，靠主观努力去创造。创造良好的访问条件除了上面论述的内容外，还有就是记者主观能动的发挥能力。因为实际工作对记者的要求很高，记者除了要掌握采访学、心理学、社会学等方面的基本原理和运用，记者还必须有敏锐的洞察力、极强的沟通能力、强大的人格魅力。

第二节　掌握提问技能

提问，是记者采访获取新闻事实的重要途径。记者若想从采访对象身上了解到情况，必须使用提问来让对方开口。记者提问技巧的高低，直接关系到采访方案、报道意图能否顺利实现。有效的提问，有助于开掘新闻事实的价值，使其报道的思想观点得以具体化、深刻化。因此，提高记者提问的技巧，是新闻采访获取成功的关键。

然而，在我们的工作实践当中，一些记者提问不讲究技巧，归纳为以下几种：

（1）提出的问题目的不明确、没有突出重点。这样的提问多数表现出一种“大而全”的特点。例如：一记者问：“××领导，请你谈一下我县今年的财政收入情况”，“××，请问蔬菜种植给农民带来哪些好处”，“某某，请你谈一下对我们这个地方的印象”等。这样的提问只会得到同样“大而全”的回答，甚至是毫无条理的回答。忽略了被采访对象的感受。

（2）提问带有明显的倾向性。例如：“××，你与对手相比，优势很明显，主要有哪些？”“贵企业的做法一定会成功，目标是什么？”此类提问带有记者的主观意识，诱导被采访对象回答片面的问题，其真实性值得怀疑，而且极易给观众带来反感。

（3）陈述式的提问。这样的提问往往是生怕对方不了解事情的背景或不清楚自己的提问，在提问时用大量的时间和语言去陈述，拐弯抹角兜圈子、拖泥带水，结果浪费了采访的时间，甚至连问题都作了解答，那提问还有什么意义？

（4）还有一种蹩脚的提问，这类提问往往是因为记者准备不充分，对自己要报道的事情了解太少，提的问题跑题。例如：某记者在一个企业开工仪式上去问一个学文科的领导，“××领导，请问即将动工的×企业有哪些技术特点”，得到的结果往往是领导哑然，尴尬回避。这样的提问除了会暴露自己的无知，更重要的是会造成对方对回答失去兴趣，随便敷衍几句，拒绝透露更多有价值的信息，使得采访失败。

以上几种缺乏技巧的提问，在我们的工作实践当中经常会出现，这就暴露出了我们的记者当中，特别是基层记者当中，有许多需要提高的地方。这里提出以下解决方法。

（1）将抽象化的问题具体化。新闻记者采访的目的，在于从采访对象那里得到具体事实及材料和观点，因此其提问切忌笼统抽象。因为面对笼统抽象的问题，采访对象往往不知从何谈起，只好应付其事，很难深入下去。因为在采访的过程当中，记者的提问是占据主导地位的，即你如何提问，人家就会如何作答，提问不当则自然影响到回答问题的质量。例如：“××领导，今年的财政收入中，哪一个税种占据主导地位”“××，种植蔬菜农民一年能挣多少钱”。这些问题很具体，针对性强，采访对象感到有话可说，也乐意作答。

（2）提问时切忌带有个人主观意识，应当站在一个中立的立场，使用正当的提问来诱导对方说出事情的实际情况。因为被采访对象是有自己的主张的，不管回答的情况如何，都是对方自己的意愿，具有真实性。例如：“××，你与对手相比，谁更具有优势？”“贵企业采取这样的做法，目标是什么？”这样的提问就去除了记者本人的主观意愿，使采访对象也能从实际出发，而不会因记者的诱导而故意说出对自己有利的话来，从而得到更加真实的答案。

（3）提问尽量做到简捷明了，关键在于要提被采访对象能回答的问题，记者在采访时要努力从采访对象身上去寻求独特之处，从提问的角度来说，就是要提出采访对象能作回答的问题。在面对不同的采访对象时，记者应当灵活运用提问技巧，对不同的人提出不同深度和内容的问题，避免采访对象对记者的提问一知半解，并适当地诱导对方说出你想要得到的信息。

（4）对于重大题材的采访，记者应当事前做足够的功课，对即将采访的事件和人物作适当的了解，这样才能有问题可问，才能很好地驾驭所要采访报道的题材，避免选错采访对象或者问错问题的事情发生。

记者除了应当是一名思维敏捷的提问高手之外，还应当是一名善于交际的高手。新闻记者采访某个对象，很多是第一次接触。在采访对象的心目中，记者就是一个陌生人。而怎样使得采访对象对自己这个陌生人开口说出心里话，这是每一个记者在采访中几乎都会遇上的问题。因此，记者在采访时不要急于提问，而是先努力同采访对象建立亲近感，将提问融入交谈之中。人都是乐于交谈的，因为与人谈话往往表现出是对采访对象的一种尊重。有的人沉默寡言，并不是因为他不愿意说话，而是因为他得不到别人的尊重。“一问一答”式的采访，记者居高临下，采访对象的自尊心受到伤害，自然没有回答问题的热情。因此，记者在作提问时切忌只顾自己发问，忽略了对方的感受。与采访对象交谈，乐意倾听其谈话，消除其对于媒体的戒备心理，将提问融入谈话的过程之中，不失为一种好办法，这样往往会事半功倍。

第三节　主持调查座谈

调查座谈一贯是效率低下的。某位著名的经济学家说过，“如果你什么事都不想做，那么座谈就是不可缺少的”。如果你负责主持一次座谈，你怎样做才能使座谈效率更高、效果更好呢？以下是 12 个可供参考的步骤：

（1）准备座谈日程。座谈日程规定着你召集这次座谈所要做的事情。在座谈日程中，应该说明座谈的目的、有哪些与会者、每个与会者应做什么准备、详细的座谈议题、座谈的具体时间和地点以及座谈的结束时间。

（2）预先分发座谈日程。应提前一定时间把座谈日程分发给与会者，使他们有足够时间去做座谈准备。

（3）会前商讨。一个无准备的与会者不可能在会上充分贡献他的潜力。你的责任是，保证每个与会者有所准备，因此你要预先与他们商谈，掌握他们的准备情况。

（4）让与会者浏览座谈日程。座谈开始后的第一件事情就是让与会者浏览座谈日程，做一些必要的改变，然后确定最后日程。

（5）建立具体的时间表。座谈应按时开始，并有具体的结束时间。你的责任是建立具体的时间表，并保证座谈按时间表上的安排顺利进行。

（6）围绕主题展开讨论。你的责任是引导讨论的方向，让与会者围绕主题展开讨论。你应把各种干扰、混乱、无关议论减少到最低。

（7）给予所有的与会者以鼓励和支持。要使解决问题的座谈效果最好，就必须鼓励每个与会者作出他们的贡献，对于个性内向或保守的人，需要调动其积极性，这样他们的看法才可能被与会者了解。

（8）保持平衡的风格。一个有效的群体领导，应该在必要的时候，起到推动作用，在另一些必要的时候，持消极态度。

（9）鼓励各种建议的碰撞。你应鼓励大家发表不同观点，进行批判性思考，提出建设性的反对意见。

（10）反对人格攻击。一次有效座谈的特点是对各种观点的批判性评价，而不是人身攻击。主持座谈时，一旦有人身攻击或其他语言侮辱情况出现，你必须迅速加以制止。

（11）做一个有效的听众。你应集中注意力，站在对方的角度，客观地倾听与会者的发方，以一切必要的方式来理解每个与会者所要表达的真正意义。

（12）善于收尾。结束座谈前，你应总结座谈所做的事情，提出会后应该采取什么样的行动，分配会后的任务。如果会上做出了一些决议，你应确定让哪些人去传达和执行这些决议。

第四节 强化现场观察

现场观察采访，是一种无声的采访，是记者进行采访活动的一个重要手段。所谓新闻采访的现场观察，是指记者的大脑及眼、耳、鼻、舌、身感觉器官同时运作，以眼为主从而使主观认识与客观实际相一致的现场采访形式。换言之，就是指记者用眼睛采访。记者只有在现场中学会观察，善于观察，不断发现更多的新闻事物，运用恰当的思维方式去挖掘事实所蕴含的更深的新闻价值，才会写出准确、鲜明、生动、形象的新闻作品。

以往谈及新闻采访现场观察的重要性，总离不开“耳听为虚、眼见为实”，以及“看比听真切”一类的道理，这话没有错误。记者现场观察，用眼睛采访，不仅要强调深入现场，更要强调观察得深入、细致，要能观察到一般人不注意、看不到的东西。麦尔文·曼切尔在《新闻报道与写作》中指出：“记者必须学会用孩童般的眼睛观察世界，他把每件事情都看作是新鲜的、各具特点的；同时，他必须用聪明长者的眼光洞察世界，能够区分出有意义的东西和无意义的东西。”美国著名记者李普曼说：“好的记者可以借助自己丰富的经验直接观察世界，差的记者不会观察，因为他们觉得没有特别的值得观察。”这也是同样一个新闻事物，为什么在不同记者的笔下有着不同结果的原因。那么，在新闻采访中为什么要强调现场观察？现场观察具有什么样的地位和作用呢？

从视觉功能的角度来看，人的一切认识活动都必须靠感觉开始。离开感觉，人的一切认识活动都无法进行，记者的采访活动，究其实质是认识客观实际的活动，因此，也必须从感觉开始。据有关实验证明，人们所获得的知识，几乎都是由光输入；人的各种感官从客观现实中接受的信息，85%是由眼睛输入的。因此，在采访活动中，记者应当自觉强化视觉功能。

从具体采访活动来看，现场观察是记者采访的基本工作，也是采访的重要手段。

第一，记者现场观察可以获取直接感受，使新闻报道具有真情实感。

俗话说："百闻不如一见"，新闻采访更是如此。无论是采访新闻人物，还是采访新闻事件，对人、对事、对物、对现场环境的直接观察，有时会使记者"触景生情"，获得真切的具象感受，得到真实、生动的新闻写作材料。这样的报道往往能以真挚的情感打动受众，感染受众，让受众真切地感受到仿佛亲临新闻现场一般，使新闻报道具有真情实感。

魏巍的著名通讯《谁是最可爱的人》曾经震撼了千百万读者的心灵，在读者的心中激起了强烈的共鸣。其感人的力量来源于作者本身的真挚情感，来源于作者对现场的直接把握。通讯中多处形象逼真、催人泪下的细节描写都是作者亲临现场、目睹得来的。

编者曾多次深入新闻采访现场，目睹新闻发生、发展的过程，仔细观察了每个细节，感受到了现场的真实气氛。例如，编者亲临现场采访的电视新闻专题《为了血肉丰碑不被遗忘》，就是通过现场对曾经为中华人民共和国成立立下汗马功劳的老兵的采访，目睹了他们在抗日战争胜利50周年的时候依然过着清贫生活的事实，观察到了老兵生活的真实现状和他们的生活环境，用自己的切身感受呼吁全社会都来关心、关注共和国的功臣们。新闻专题播出后，在社会上引起很大的反响，社会各界纷纷为老兵解决住房、就医等实际困难，让共和国的功臣们感受到了他们没有被遗忘。

第二，记者现场观察可以获取第一手材料，使新闻报道具有可信性。

在现实生活中，许多新闻报道失实，或是人们感到可信性程度不强，其主要原因之一，是记者仅凭采访对象的口头介绍或摘编文字简报进行报道。记者没有到现场去看个究竟，没有获取新闻现场的第一手材料，心里就不实在；心里不实在，笔下就不实在，所以报道的可信性程度难免不强。若是听了之后再去新闻事件发生的实地看个究竟，事实的真伪就容易验证，笔下出来的新闻报道就能具体、实在，人们也就信服了。

第三，记者现场观察可以加深认识事物，使新闻报道具有深刻性。

从哲学的角度来看，人们对客观事物的认识过程，实质是个从现象到本质、由感性到理性的不断深化、飞跃的心理活动过程。较好地发挥视觉功能，正是促进这一心理活动正常进行，从而使人的认识逐步深化、飞跃的一个必要条件。记者在新闻现场进行观察，实际上不只是用眼睛看，而是在大脑的支配下，各种感觉器官同时在运作，是综合功能发挥的具体体现。记者亲临新闻现场进行观察，就更能促进感性认识向理性认识升华，从而采写出具有独到见解的报道，使新闻具有深刻性。

第四，记者现场观察可以缩短采访认知过程，使新闻报道具有可读性。

老记者纪希晨说过："在许多场合下，连口问、耳朵听都闹不清楚的东西，许多说不清楚、听不明白的问题，到现场一看，就一目了然了。眼睛是人体上最灵敏的器官，而在记者的十八般武艺中，眼睛又是最锐利的武器。"记者在采访活动中往往会遇到一些难以介绍、叙述的事物，尤其是对科技、经济、军事等专业性很强的报道，因为涉及的专业性术语较多，身为不太在行的记者，假如在访问中一知半解，又不愿意到现场去弄清楚，就会在认识事物的心理活动中，出现干扰、紊乱、受阻现象，最终导致对事物不能取得认识，采写的新闻报道恐怕就不能赢得受众。所以说，记者只有老老实实深入新闻现场仔细观察，通过自已的亲眼所见，就容易理解认识，并容易产生形象思维，在新闻报道中采用比喻、比拟等各种修辞手法，用形象化的语言把抽象的事物"再现"出来，把新闻报道写得通俗易懂，受众才能看得真切明白，这样的新闻也才有可读性。

巴甫洛夫把"观察，观察，再观察"作为座右铭，这对新闻采访现场观察也是一个极大的启发。观察也是千差万别的，不是所有到了现场运用视觉的记者都能观察成功的，有的可能满载而归，有的可能空手而回，这与记者现场观察的能力和方法有着直接的关系。善于现场观察的记者，往往就能采写出生动的、有特色的“视觉新闻”；而不善于现场观察的记者，往往采写出的新闻只能停留在一般化的水平上。这就说明，观察并不是随心所遇的，也有其自身的方法可言。

从新闻采访实践活动来看，新闻采访现场观察应该从以下几个方面考虑：

1. 明确目的

报道一个人或一件事，或一次旅游、参观、观察的目的不同，观察的重点也不一样。目的明确后，才能有效地把注意力集中起来，指向一定的观察目标。因此，每次到现场之前，记者一定得先用大脑思索一番：我这次采访是为了什么需要而观察？到现场后应重点观察哪些事物？哪些人物？哪些环境？等等，否则，毫无目的、漫无目标地随便看看，就不会观察到真正需要的东西。

2. 选好位置

“横看成岭侧成峰，远近高低各不同。”记者在观察某一目标时，自己应置于何处，这并不是随便可以决定的，应依据一定的科学原理精心设置，观察位置的如何选择，对于一个记者，尤其是广播电视记者和摄影记者来说，关系到能否进行有效观察，甚至会影响一次采访的成败。位置选得好，才能观察到事物在变动中最典型的状态。首先要掌握一定的明度，获得较好的感受效应；其次，要选择适宜的视角，增强视觉的敏锐程度，记者与观察目标应正面相对，尽量接近观察目标，缩短视觉的空间阈限，避免听觉刺激对视觉的干扰。

3. 抓住特征

记者现场观察，应有一双目光犀利的“新闻眼”，与非新闻职业的人相比，关注的是寻找、发现新闻信息，是客观事物具有新闻价值的特征。有比较才有鉴别，俗话说：“不比不知道，一比吓一跳。”现场观察中如何抓住事物的特征，这就不是仅用眼睛所能解决的问题，而必须通过比较，同中求异，从共性中找出个性，继而达到对事物认识、反映的目的。也就是说，要顺应观察的程序，即先面后点，抓取特点。

4. 勤于请教

在现场观察中，记者应主动请教采访单位的行家或是熟悉情况的人，在可能的情况下，应尽可能请行家陪同观察。常言道：懂行的看门道，不懂行的看热闹。所谓门道，即指人对事物的认识程度。记者观察事物当然不是看热闹，但因受行业及知识的局限，也不可能样样看出门道。比如，看一场体操比赛，最好请一位体操教练或者懂得体操的专家陪同，一边观看，一边请教，这样，便可提高观察效率，保证对事物认识的准确性。

5. 善于思考

观察离不开眼睛，更离不开大脑。就是说，要结合用眼睛看，有意识地动脑筋思考和感受。只有这样才能取得应有的成效，并具有一定的深度。

在掌握了一定的现场观察方法之后，记者应该把客观世界作为自己报道的对象，观察的内容应该包罗万象，无所不及。但是，客观世界错综复杂，变化多端，多姿多彩，令人目不暇接。记者深入新闻现场之后，由于受到诸多因素的制约，不可能一下子观察到所有的目标，所以应该有目的、有选择、有重点地观察，确定观察的任务和重点，围绕着新闻主题重点观察。主要观察新闻现场的典型环境；观察新闻事件的完整过程；捕捉生动的有特点的细节；观察新闻人物的外貌神情；观察新闻人物的语言动作等。

总之，新闻采访中的现场观察不仅是记者进行采访活动的一个重要手段，更是记者必须掌握的一项本领。记者只有在具体的新闻采访活动中熟练地掌握了现场观察的方法和内容，并且能够灵活地运用，才能采写出受众喜欢的优秀新闻作品来。

第五节　重视听觉功能

在中外采访学作品中，真正研究记者应如何重视听觉功能有效发挥记者智能的篇章少之又少。可是不然，人们在获取知识和从外界接受信息中，听觉的功能仅次于视觉功能并高于其他感官，在记者的采访中更亦是如此。

简单来说，听觉是这样产生的，空间任何一个物体震动时，影响周围空气周期性的压缩和稀疏，于是就先产生了声波，而声波正是听觉的适宜刺激。在空气中运动的声波通过耳廓收集后，经过外耳道首先作用于鼓膜，由此引起的鼓膜振动又传向听小骨系统，并推至内耳的卵圆窗，然后推动耳蜗中的液体，又引起正圆窗膜的振动，毛细胞顶端的毛与盖膜按触而被刺激，产生同声波同频率的电位变化，再刺激神经末梢，发出听神经冲动（即动作电位），经过听神经到达大脑皮层颞叶上回，最后引起听觉。

为了使听觉得以有效产生和听觉功能得以正常发挥，记者采访时应当注意下述事项：

1. 悉心“闻”取线索

如果说记者的耳朵与平常人有什么不同的话，就是记者的听觉主要是用以获取新闻的。老记者说：新闻是“闻”来的，也正是说的这个道理。因此，作为一个有责任心的记者，无论是在采访交谈中，还是在平时的节假日走亲访友、上下班及出差的车船中，皆应悉心用耳注意周围人的交谈，从而获取新闻线索。著名记者李普战争年代写就的许多名篇，就是他在担任随军记者、常随刘伯承、邓小平一起散步而从首长口中听来的；闻名全国的典型人物张海迪的首次报道，也正是新华社山东分社记者宋熙文在一次偶然机会中听来尔后追踪采访出来的。

2. 适时调节音强

有关实验证明，人的听觉器官对每秒十六至二千次的振动产生的声音能发生听觉的反应，其中以四百至一千次振动的声音的感受性为最大，而在每秒十六次以下和二千次以上的振动，无论其强度如何也听不到声音，再者，若是音强超出了一百四十分贝，便会在耳膜上引起压疼觉。因此，记者在采访中则应注意：

（1）自己所处位置不能离采访对象太远，否则就难以听清对方所述内容。如举行记者招待会时，有经验的记者都抢占离会议主持人最近的位置，恐怕不仅仅是为了看个仔细，也为了能听个明白。

（2）采访对象叙述时，出于主客观原因，声音可能过轻、节奏过慢或是声音过响、节奏过快，这都可能影响听觉的感受性，为了采访效果，记者应适时、礼貌地要求对方进行调整。

（3）尽可能不在分贝过高、声音嘈杂的环境中采访，特别是个别访问，应建议采访对象换个环境静心交谈。若是遇上实在回避不了的分贝过高的采访场合，可采用在耳朵里塞上预先特备的棉花球等简易做法，以减弱音强。

3. 着力训练听力

在有些人看来，听力是自然就有的，听别人说话是不吃力的，因而听力用不着训练。殊不知，真正要把别人的话听好，是得下工夫的，其吃力程度一点不亚于看和说。老记者一般都有这样的深切感受，即真正要从别人的说话中听出“声”来，绝不是件易事，故在平时从不敢忽略听力的训练。要使自己的听力功夫过硬，记者当着力抓住下述两个方面的训练：

一是专心。采访中，只要是专心听采访对象说话的记者，一般都有这样的特点，即不但用心倾听对方的语音声调，而且用心思考每句话的情感、含义与价值；紧追对方的思路，甚至超出对方，即当对方下一句话来出来之前，记者在努力猜测、思索，边听边回味、小结、分析对方所讲的内容，是否准确和符合实际，同时产生联想，从而提出新的问题，将采访引向深入；边听边对所听材料迅速进行整理、归类、编码，从而把最有价值的材料记在心里或笔记本上，并据此深刻提炼新闻主题，为谋篇布局作积极的准备。

显然，要有效体现听的这些特点，并不是每个记者都能处理好的。有些记者听力虽属正常，采访时所摆的架势也好像是专心倾听，但总爱犯两个方面的毛病：其一是“走神”，即思想常常开小差，想些与这次采访写作无关的事情，结果使一些有价值的材料从耳边滑过。其二是“太专”，即事先划定框框，什么该听、什么不该听，框框早已圈定，结果，采访只是“两耳不闻‘框’外事，一心只听‘框’内话”，致使许多有价值的材料得了个充耳不闻的结局。例如，据陈燕飞本人所述，她几乎跟听有采访她的记者都谈到，“我之所以敢下水救人，是因为我从小学时候就学会了游泳，进厂后还当过二年救生员。如今，我做了一件好事，人们把我说成是英雄，但我还是我，一个普通纺织女工。”但对这些朴实无华的感人话语，几乎没一个记者听进去，写作时仅从习惯的“框框”里挑了几句“闪光”的豪言壮语替代，结果，给人们塑造了一个可敬但不可近、不可信的典型。最后，还是上海《青年报》一位青年记者给人们补上了这一缺憾。由此可见，真专心与假专心有着本质不同，其采访效益也有着天壤之别，故记者一定得练成真正专心听讲的功夫，否则，既浪费了采访对象的时间和精力，对自己也无半点益处。

二是虚心。作为感觉器官之一的听觉，是与大脑密切联系并受其支配的，听觉与其他感官一样，只有与大脑形成有机联系，才能有效地发挥其功能。成熟的记者往往总能自觉地意识到这一点。他们一般都具有虚心倾听的态度和谦虚好学的习惯，并总善于在采访中给采访对象创造出一种畅所欲言的气氛。即使有时他们并不完全赞同对方的意见或观点，但仍以平等的态度和商讨的口吻同对方交换看法，而决不会好为人师，动不动就设法堵住人家嘴巴，弄得人家不敢开口。实践证明，遇上这样的记者，采访对象就乐意配合采访，尽心倾吐记者所渴望求之的新闻材料，记者也能得到更多、更为丰富的真实的材料。

与此相反，不太虚心的记者往往是对方还没说上几句时，就好表现自己，或是百般挑剔人家的讲话内容，或是抢过人家的话题，没完没了地大发议论。这无疑是堵塞言路，也等于捂上了自己的耳朵，最后，遭受损失的还是自己——人家无所讲，记者也就无所听。可以打这么一个比方：虚心听的记者，往往能起鼓风机的作用，能使采访对象心中的信息之火越烧越旺，不虚心听的记者，则是起灭火器的作用，使采访对象心中的信息之火招致扑灭。

顺便说一说，记者平时应当注意对耳朵的保护。耳道中进了虫、水或其他异物，要及时排出；不要养成频繁挖耳的习惯；不要长期在嘈杂的环境中生活；对听力有影响的药物要尽可能避免使用。只有注意平时的用耳卫生，听力才能保持正常。否则，听力将招致损害：即使体魄再健康，其他感官再健全，因为耳朵成了“摆设”，采访也是搞不好的。

第六节　坚持当场笔录

何谓记录？记录是将已经发生的事件或已知的事实及时文档化并妥善保存。

一、记录的方式

1. 心记

记者在现场采访时，将所见、所闻的真人真事的材料强记心中。

2. 画记

①画事物位置的方位图；

②画发展过程的方位图；

③画各种器物的草图；

④画人物相貌的速写。

3. 录音记录

就是用录音机或录音笔作采访记录。一些重要事件和人物，特别是人物专访常用录音记录。

4.笔记

记者采访时，将所见所闻所感的真人真事的材料，通过手中的笔，记录在采访本中的记录方式。

（1）记笔记的形式：

①详记：有闻必录 .

②简记：记重点的、有意义的、主要的事实和内容或一些易忘的材料，如数字、人名、地名、物名、精彩的语言等 .

③缩记：可使用一些自己创造的简便的符号代替繁杂的词句。如：社会主义——社～；坚持四项基本原则——坚四～等。

④略记：记大意、梗概。

（2）笔记的记录内容：

①记眼睛所见的有特色的事物（看到）。

人：外貌特征、衣着服饰、神情举止。

物：形状、颜色、特点。

景：采访现场的环境、布置、陈设的特点。

天：气候特点对新闻事物的影响。

地：现场的地理、环境、条件对新闻事件的影响。

②记录被采访人陈述的语言（听到）。

记重点材料，即事件的起因、转折、及产生的后果，主要情节、有典型意义的细节。

记人物的思想和见解、有个性的语言原话。

记下全部重要讲话，如领导人讲话、记者招待会的讲话。

记下易忘点，如数字、人名、地名、物名。

记下背景材料，如记者的所思、疑问点及其联想（想到）、谈话中感到不清楚及有出入的地方。

二、记录的格式

（1）每页纸的左边或右边留出1/3空白。记采访对象说话时的表情、动作、现场情景、也记自己的疑问、思考或感悟，还可以在整理记录时写下相关的旁注。

（2）记录时，要分清段落，最好一个意思记一段。主谈者的谈话与旁人的插话要分开。

（3）重要的记录，最好是做单面记录，这样便于随时查阅和过后保存。

（4）记录时，尽量用双色笔，以便随时画出重点，或做上各种标志。

怎样才能记得又快又好?

①平时多练、苦练，提高书写速度。

②记录时可以自由挥洒，顺其自然。

③有的内容可以跳着记，如，一首诗就记题目，一段现成话就记开头、结尾。

④创作一些速记的土办法，如："社会主义国家"可写成"社国"，"瑞雪兆丰年"可以写成瑞雪~，"节约与浪费"可以写成节约~。

俗话说，"好记性不如烂笔头"。所以在采访中即使你有先进的录音工具，还是需要将重要的内容，通过笔记录下来的，这样能加深自己对采访内容的印象，对后期组稿有很大的帮助；其次，时不时地记录也是对采访者的一种尊重，代表着你对他的认可和肯定，所以坚持现场做笔录很重要。

第六章　新闻采访的深入与收尾

第一节　注重深入采访

在新闻采访过程中，最为忌讳的就是仅仅看到事物的表象，没有深入挖掘，以为采访任务就完成了，于是仓促成篇。凡是有过新闻实践的人都知道，作为一个新闻专业主义者，面对一个新闻事件时，绝对不能只看表象，只是和一般的现场看客注意到和发现到一样多的内容，你一定要有一双鹰一样的眼睛，狗一样的鼻子，你要能看到新闻事件和新闻人物后面更多的具有新闻价值的东西。这就是新闻采访要深入，只有深入了才能挖掘出更有意义、更有价值的新闻。可是，怎么样才能深入呢?

一、悉心抓住特点

思维的广阔性要求人们，要认识某一事物，既要善于抓住问题的广阔范围，进行创造性的思考，同时，又要抓住个别的、具体的细节，因为这些个别的具体细节往往是事物的本质和规律的鲜明体现，也即是事物的特点所在。凡事物都有特点，即此一事物与彼事物的相异之处。比如说，一个班级的40多位同学，虽然年龄相当，专业一样，知识背景差异不大，可是由于人生经历、家庭背景、社会环境和人际关系的差异，导致每一位同学的价值观念、情感方式、人生态度的很多不同。如果让同学们采访自己的同学，针对不同的同学，可以抓住最为突出的有别于别人的特点。比如说给学生上课的每一位老师，比较容易抓住他们各自不同的特征，例如语言表达的特色、动作特征、衣着特征、授课的逻辑等等，可是，如果让学生写一篇老师的报道，如果只是写出上面的那些东西，则为一个失败的报道。为什么呢？因为只是看到了人物的一些表象特征，没有深入到人物的思想与心灵，透视到人物的情感特征、思维特征、价值观倾向和学术趣味、美学趣味。如果写出一个老师的这些内在的特征，说明这样的观察是细致的、深入的，才能抓住每一位老师具体鲜明的特点来。还比如泉州丰州一座山，如果去采写一篇旅游采访，一般的人看了之后，也许会大失所望，因为山不高，景色也没有好的，只是有一些刻了文字的石壁，要知道，这就是丰州这块景区的特色所在。这些摩崖石刻记录了几百年的航海大事，联合国社科文组织的人前来考察发现了很多其他地方所没有的史料，阿拉伯人来到这里，同样发现很多他们民族的史料。这么一座平平凡凡的小山头，却吸引了全世界文化学者的目光。作为记者前去报道，就要抓住这些特点，这些其他风景区所没有的特点。抓不住特点，新闻就不会有价值也不会出彩。可是，怎么样才能抓住特点？这里介绍三方面的方法：

（一）要看准形势抓特点

在新闻报道中，经常遇到这样的情况，同样性质的新闻事件在一个阶段不是新闻，可是如果放在另外一个时段就是新闻了。比如说一个医院有一个护士做了很多感人的事迹，可是在一般的时候，这样的事情很难成为新闻，如果是护士节到了，这个人物与事件就具有很大的新闻性。现在有很多节日，媒体新闻在策划新闻时，总是围绕这个方面来进行新闻策划，不依附这些节日，有些新闻报道出来了就不会成为新闻，甚至会让人觉得困惑、滑稽。比如节水日、天文日、环保日、记者节、教师节、父亲节、母亲节、情人节诸如此类，这些节日有政治方面的、经济方面的、文化习俗方面的、情感伦理方面的等等。比如，记者发现广大青少年不愿意学习历史，历史知识的空白已经到了触目惊心的地步，这样的事件一般情况下报道的意义不大，不会引起社会的关注。要使这样的事件成为新闻事件，就要把握好时机，看准形势。如果说今年中日关系比较紧张，日本右翼的势力在恶意篡改历史真相，于是你选择 9 月 18 日或 7 月 7 日这一天推出你的新闻报道，由头是通过到街上任意采访公民或者到学校采访大中学生，也许很多人已经记不得这个日子是什么日子了，以此为由头展开，其新闻性就会增强，引起的社会关注度就会高。这种看准形势抓特点的深度采访方式，就像到果园去摘果子，有的已经熟了，必须摘下来，有的还是青涩的，要等待时机。

（二）通过比较抓特点

很多事物没有比较就很难抓住特点，只有在比较中，事物的特点才会凸现出来。比如说泉州和西安都是国家首批公布的24历史文化名城。如果你只是看了这两个城市的其中一个，你也许无法抓住这两个城市的不同特点，只有都看了你才会明白，这两座城市虽然都是历史文化名城，都有很多历史古迹，都有厚重的历史感和文化感，可是，在文化内涵上却是具有明显相左的存在形式。所以有了“地上看泉州，地下看西安”的说法。

所以，我们加入记者的行列展开自己的记者生涯时，面对新闻事件和人物一定要学会在比较中发现特点。在不同的时段采访同一个新闻人物，要把这个人物进行纵向比较，找出他不同阶段的不同表现或特征。这一点其实不难，比如说，同学们高中阶段、大学阶段和走入社会阶段都有不同的社会角色要求，你的表现也不会一样。如果是一个新闻事件你不仅要和同类事件进行横向比较，还要进行前后纵向的比较，在比较中，新闻事件的特点就会鲜明凸现出来了。

（三）选择角度比较

选择角度比较就是把大的、总的报道思想与题材，选择一个最有特色的切面、切入口，然后深入挖掘，以小见大，通过具体、鲜明的事实表现主题。这是因为事物是由各个方面的诸多因素构成的，看问题的角度不同，对事物的认识程度就有深浅。因此要使新闻报道给人留下难忘的印象，记者就应该善于选择最佳的角度去反映事物的特点。比如1991年夏季，江苏、安徽等省发生特大洪灾，一段时间内，抗洪救灾成为新闻的热点，成千上万的报道应运而生，可是报道的角度与主题几乎千篇一律，就是在特大灾害面前，有党在，有组织在，一切问题都能解决，然而这些报道都是直接正面报道这个主题，宣传的气味太重，缺乏深刻的感染力。可是有一个报道《高考史上的奇迹：

江苏9万考生特大洪涝灾害中无一缺考》，在角度选择及深刻反映主题上则是令人拍案叫绝。你想，如果是放在正常年份，这个没有什么，可是这是在特大洪水面前，没有党和组织的领导和关怀，根本做不到这一点。记者没有从正面去说教，而是通过这个角度的选择，党的光辉形象自然而然喷薄而出了。因此在选择角度时，要做到：

要比。即要求记者在明确报道思想和详尽占有材料的基础上，先试选几个角度，然后逐一比较分析，看哪一个最能体现特色和主题。

要小。角度，就是一个角，一个侧面，不能贪大求全，面面俱到，只有这样，新闻报道才能集中突出，深刻具体，并能收到以小见大，一叶知秋之效。否则，就空泛浅薄。

要异。即避免雷同、效仿，要精于避熟，要敢于独创，标新立异。只有这样，新闻的特点才能抓好、体现好。

二、悉心抓住本质

当今时代，新闻报道既要讲速度、时效，也要讲深度、厚度。人们看、听新闻不仅要知道“什么事情”，也要探究“为什么”和“怎么样”。因此就要求记者要充分发挥思维的深刻性，深入到事物的本质中去，揭示事物的根本原因及其后果，增强新闻报道的力度、厚度和深度。也就是说，人们对只能报道新闻表象的新闻与记者已经不满意了。人们更加感兴趣的是新闻背后的新闻。这是《新闻调查》和《焦点访谈》节目之所以受人们欢迎的深层次原因，当然现在人们也逐渐冷淡两个节目了，主要原因就是它们已经没有像以前那样深刻和直面一些重大的新闻事件了，人们开始喜欢凤凰卫视的深度报道节目了。为什么呢？就是因为他们对新闻事件透视具有一针见血的力量，能够让你看到更具有深刻表现力的新闻事实与细节。然而，怎样才能抓住事物的本质呢？

1. 对问题要想得宽一点、远一点

即记者调查的面要广一点，思考问题要远一点。没有广度，就难有深度。

无数事实证明，记者如果只是看到、想到事物的某一个局面和眼前，手头只有一些零碎的材料便急于动笔，而不再从更大范围和更深远处考虑问题，那么新闻报道就反映不了事物的本质，就不能触及时弊，也容易陷入片面性的泥潭。从本质上说，采访的深入和本质的挖掘，主要是动脑筋的结果。可以列举《周末视点》之《抗冰启示录》的例证，泉州电力系统远赴福建南平、江西抗灾，给我们一个什么启示。

2. 对问题要钻得透一点、深一点

即记者对问题要钻研得透彻、深刻些，要在收集大量新闻素材的基础上，经过感性认识到理性认识的多次反复，把假象的材料给予剔除，直到把问题的本质挖掘出来，而不是浅尝辄止、似懂非懂，让一知半解或误解代替认识。西方记者对这个问题讲得既透彻又幽默：采访时当傻子并非蠢事。不要怕说我不懂，如果不懂装懂，日后可能会付出代价。

许多老记者都懂得，对事物和问题要钻研得深透，采访中不能轻易满足所得材料，也不能轻易宣布采访结束；谈话提问时，不能一针见血的话，也要打破砂锅“问”到底。

三、自觉克服有碍深入采访的思想障碍

这些思想障碍主要表现在：

（1）盲目自满。明明只是接触一些皮毛，获得了一些表层的材料，对事物的本质还没有真正认识，却自以为差不多了，稿子可以凑合了。例证：《晋江锅炉爆炸案》。

（2）追求数量，忽略质量。因为记者的奖金是与工作量挂钩的，所以记者满脑子装的只是指标，只是满足于每一个月多发几篇稿子，于是就忽略了在深度上、质量上下功夫，这样势必不求甚解，粗制滥造。

（3）怕苦畏难，不愿下基层。以泉州电视台为例，记者不愿意到市县区，特别是安永德采访，因为要跑很多路，没有好处捞，不如市区跑一跑，省时、省力。

（4）先入为主。采访只是硬套框框，不尊重客观实际，毫无灵活性的思维品质可言。

（5）重实践，轻理论。实践证明，记者的理论修养越好，深入实际就越易发现、提出和解释问题。若是仅凭经验办事，则往往产生想深入却不知该如何深入的问题。这是理论修炼不够的结果，因此，记者要注意学科知识的丰富和理论知识的学习。

第二节　仔细验证材料

记者采访得到的材料仅仅是新闻素材，需要对这些新闻素材进行进一步地去伪存真。也许同学们会说，自己采访所得的材料怎么还会有不真实的情况呢？我们知道，客观事物是错综复杂的，加上采访对象或多或少受到心理情绪、表达能力、周围环境等各种主客观干扰因素的影响以及记者采访技能的不熟练等等，都可能影响初步采访所得到新闻素材的真实度，更为重要的是，很多采访对象故意捏造事实，以期达到被报道的目的，因此，在提供新闻事实时，故意放大、缩小或遮蔽一些新闻事实。就是一般的群众，也逐渐参加到这个造假队伍中来了，因为媒体竞争加剧，往往重金奖励提供新闻线索的一般受众，于是缘于经济利益，新闻造假不时发生。这种情况，在今天已经是司空见惯了。因此，记者有必要对所得材料进行再斟酌、再验证和再思考。

一、以记者的智力进行验证

对一些新闻事实，记者根本不需要重新采访或扩大采访人群，只要是单纯凭借记者本人的知识背景、社会经验以及逻辑推演，就可甄别真伪。譬如，记者对采访对象提供的某个数字认为过大或过小，对某个细节、事实觉得不合情理或实际，此时，就可现在头脑里用以往积累起来的知识、经验，进行逻辑推论。同学们，如果注意现在新闻媒体还经常出现什么 70 以上老太太怀孕的新闻，什么科学组合动物基因和生物基因制造新物种的新闻。这些新闻也许在人类的未来真的会发生，可是在人类科学还没有发展到那时阶段的情况下，所有的这些新闻只能是无稽之谈。只要记者拥有一般的科学常识，这样的假新闻就能完全杜绝。

二、通过再次采访进行验证

在新闻采访实践中，经常遇到这样的情况，一些采访并不是一次就能够完成的，需要第二次，有的还要第三次。当然要尽量规避这样的情况出现，可是只要有新闻报道必要，就应该认真执行。不过，记者要牢记的是，如果说初次采访是排斥那些不是新闻的事实，那么后边再进行的采访就是那些不是事实的新闻。

一般而言，只要找到新闻源和新闻当事人，新闻材料就能得到验证。但是有的情况并不是一直这样，即找到了新闻当事人，并不等于接近或找到新闻源。比如说，曾经有一篇新闻，就是安溪进行茶王赛，一斤茶叶卖到了几十万元。第一次采访新闻当事人，得到这个数字，我就深表怀疑。可是，新闻当事人提供一些权威认证机构的认证材料，让你不得不信服，可是，依照一般的逻辑和常识进行推理，又觉得不可思议，于是，又打电话向很多人了解，特别向一个老茶师了解到，20 世纪六七十年代最好的茶叶和最差的茶叶之间，相差的价格最多只是几倍，像这样相差百倍、千倍的情况，如果纯粹以茶叶为衡量指数，根本不可能出现这种情况。后来才弄清楚，这纯粹是商业炒作的结果。当然，这种情况还是比较少见的，一般而言，只有再次找到新闻源或者扩大调查新闻当事人，根据不同的采访对象，然后进行比较，新闻事实就会水落石出了。

实践证明，在许多情况下，要求记者将上述两种检验方法结合起来交替使用，方能最大限度地验证材料的真伪，最大可能地接近新闻源。

在验证材料问题上，西方新闻界的认识同我们没有本质区别。他们强调：要把事实差错消灭在采访阶段，要求记者在采访中始终保持高度的警觉并要求伴随以质疑的习惯，一种反复核实事实的愿望。在验证材料时，他们主张“三角定位法”，即如果要确定一个事实的真实、准确程度，要通过三个信息来核准。譬如，记者若是采写一篇关于经济犯罪的报道，仅是得到犯罪人本人亲口承认的事实还不行，还得去找警察或监察、司法部门，要求他们提供第一手的材料予以佐证。此外，记者还得访问专门从事经济工作的人员，请他们协助验证这些犯罪事实的可能性和可信性。上述三个方面获取的事实若是一致的，这个经济犯罪事实可以予以确定，若只是缺一个“角”，即缺一个信息源，就不予以确定。

应该特别说明的事情是，媒体如此通过“三角定位法”确定新闻源的方法，几乎还很少有人自觉经常使用。说句不客气的话，很多新闻都是假新闻，有时候，甚至是媒体人自己造假。这是一种十分不良的新闻行为，作为一个新闻工作者，一定要自觉抵制这种行为，让自己真正成为一个有良心的新闻人。

第三节 迅速整理笔记

应当强调，每次采访活动告一段落后，记者不管有多么疲劳，都应当尽力克服，并毫不迟疑地立即整理采访笔记。

因为在采访中，虽然你已经作了记录，可是由于时间的紧迫性，你的采访笔记可能漏掉了一些重要的细节，或者你的字迹过于潦草，根本已经无法辨认，如果你及时对你的采访记录进行清理，由于采访的过程刚刚过去，生动的记忆还会立即再现，这样，重要的细节遗漏就会得以还原，潦草的字迹也会在内容上重新得到确认。因此，记者应当自觉地在采访活动告一段落后，迅速将所得材料其中包括笔记材料，也包括心得材料，或是修订，或是补记，然后一并编码、归类。那么，怎样整理笔记呢？总结中外记者的实践，大致可以分为以下几个步骤：

（1）通读笔记，回忆整个采访过程，将心记的内容迅速用文字插入同类的笔记材料旁，并纠正、修订难以清晰辨认的笔记内容。

（2）再初步整理笔记材料，标出页码，并在可能用的材料旁作上自己熟悉的标记等。

（3）根据确定的新闻主题的需要，对材料分门别类，着力使笔记变为写作提纲。最好用不同颜色墨水的笔，将材料根据其归属的部分，分别标出不同类别的序号，如1、2、3、4，或是甲、乙、丙、丁，或是A、B、C、D等。

“应迅速整理笔记，不要等笔下的飞龙走蛇变成没有意义的死龙僵尸”；“没有绝对不忘的东西。要趁早动笔，把精湛、细致的采访素材写在纸上进而变成文章，越快越好”。这些都是中外记者的经验之谈。实事求是地说，现在很多在业记者，没有人养成事后整理采访笔记的习惯，往往给自己带来写作的麻烦，如果以后做记者，要规避这种不良嗜好，养成优良的职业习惯，这样会使你受益无穷。

第四节 积累剩余材料

记者每次采访所得的材料，真正用在新闻报道里的只有一部分，许多材料则暂时派不上用场。此时，记者应当结合平时的资料积累工作，善于把这些不用的材料积累、储藏起来，以供日后使用。

也许有人会说，现在已经是网络时代了，需要查什么材料只要输入关键词，海量信息与材料就会井喷而致。的确，互联网一定程度上免除了积累和查阅资料的烦琐与痛苦，可是，并不是所有材料都可以在互联网上找到的，比如说，你是某媒体的记者，你具体负责一两个部门的采访报道，这些材料有的是你亲眼所见，根本还没有人让这些材料上网，这些属于未公开的材料，还是需要自己积累的。

这里举一个例子，用以说明积累材料的重要性。某媒体有一位记者，他是暨南大学新闻系毕业的，就是一个十分注意积累资料的人。这个人个子矮小、其貌不扬，起初来到电视台不仅受到一些老记者的轻视，就是一些领导也根本不看好他。可是这个人毕竟是新闻科班出身，专业素质比较高，其新闻能力逐渐显现出来，尽管这个人有一些人格缺陷，可是由于他专业能力强，逐渐赢得领导、同事的重视，现在已经升到一个重要的领导岗位。这位记者善于积累材料，不仅是字面的材料，还有图像材料。所有这些材料，他都分门别类地归纳整理，不仅自己使用起来方便，就是同事向他借用，他也是随手拿来，以致后来新闻中心几乎每一个记者都向他借过图像资料。因为这一点，他建立了良好的个人工作关系，逐渐成为新闻中心的业务骨干，这位记者之所以这么善于积累资料，变废为宝，就是他受过这样的专业训练，知道积累材料的重要性。如果以后进入媒体这个行当，一定要注意养成这样的习惯。或许，还能给你的人生带来其他的便利。

第五节 认真提炼主题

所谓新闻主题，即指新闻事实所提出的主要问题及其表明的中心思想，它是贯穿一篇新闻的主导思想、主脑和灵魂，是决定新闻的思想意义和指导作用的根本因素。新闻主题与一般文章主题的概念基本相同。通俗地讲，即指作品拥护什么，反对什么，肯定什么，否定什么，要解决或说明的主要问题是什么，等等。

一次成功的采访，一篇质量高、价值大、思想指导性强的新闻作品，无一不同新闻主题选择、主题提炼息息相关，正如古人所说："文章成败在立意。"

主题的源泉是生活，是生活的本质。主题是从生活中概括升华出来的思想和观点。新闻主题是从采访及其所获材料中选择、提炼出来的，反过来又统率采访、写作及所有材料。因此，新闻主题又可称为采访写作的"统兵之帅"。

长期以来，在对新闻主题的认识上，有两个问题争论颇大：

问题一：一篇文章究竟允许有几个主题？

有人认为，一篇文章可以有两个或两个以上的主题并存，或称为"第一主题、第二主题"，或称为"明主题、暗主题"。许多人在刚刚开始做记者的时候，也曾陷入这样的困惑里，认为一篇新闻稿一个主题太简单，于是总是弄两个主题，一个是主要表达的，另一个是次要表达的。以致新闻稿经常被枪毙。

一篇新闻只能有一个主题，这是新闻报道的一个原则。这是新闻实践中，大家心照不宣的一个原则。这个原则的确是有道理的。这是因为，主题即中心，有了中心，文章就集中、深刻；反之，多主题即多中心，中心多了，文章还谈何集中、深刻?

可是，在新闻采访实践中，往往会遇到这样的问题，即面对某个人或某件事，确实存在两个或两个以上的主题，遇到这样的情况，怎么来处理呢?当然“一个主题”原则，不能放松，可以采取这样几个办法处置:

(1)忍痛割爱保精华。即记者将所得材料与主题，同一个阶段的新闻导向以及党和政府的中心工作、编辑部的报道宗旨相对照，看哪个主题及材料与其吻合，吻合的即报道；不吻合的就毅然决然地抛弃。

(2)一分为二分别发。即记者面对两个主题若是与某一阶段的新闻报道热点、党和政府的中心工作及其编辑部报道宗旨都吻合，那就将它们分开，写成两个单篇发表。

(3)做系列报道。即记者是觉得某一个主题及材料舍弃可惜，但与另一个主题及材料分别组成单篇发表又暂时欠丰满、欠成熟，那么记者则先选择丰满、成熟的主题及材料发表，另一些主题及材料则暂时存在放在手头，并密切注意其发展，待成熟时，再予以发表。这叫系列报道。还有一种情况就是，报道一个人、一个地区或一个事件，需要详细报道的也可作系列报道。这样的报道在目前的媒体中经常使用，甚至已经成为一种普遍现象。

问题二：采访阶段究竟要不要选择、提炼主题?

有人将采访与主题割裂开来，认为采访就是跑材料，选择和提炼主题只有在动笔写稿时才考虑。这样的思想是千万要不得，这有时会让采访者陷入十分被动、尴尬的境地。一般说来，选题和提炼主题，在采访前的策划阶段就已经开始了，特别是在网络特别发达的今天，搜集材料十分方便，对于一个新闻的采访，在还没有动身之前，一般记者就要提前准备了。比如说，记者要到宁夏去采访泉州去的援夏干部，在去之前，要查材料(叙述略)首先确定一个大致的选题方向，即要报道什么内容?这是第一步，仅是一个模糊的方向。必须在实地采访中才能进行。如果在采访实践中，发现了更值得报道的主题，那么你还可以改弦更张。也有的情况，是边采访边选择、提炼主题。

在日常的采访中，几乎所有的记者都是采用这种方法，只有在遇到重要的或者重大的新闻采访时，才会提前进入，查资料，预先有一个采访大纲。不过，对于一个刚刚进入媒体的年轻记者来说，提前进入是有必要的，不能学习老记者那样，到了新闻现场脑袋才开始动起来，新记者要想达到这样的功夫，就要从最基本的地方开始。

1. 选择主题要避免哪些现象

第一，主题选择偏杂。主题繁杂，势必含糊不清，报道就不深不透。有这样一个例子，可以很好地说明这方面的问题：

复旦大学昨扑灭一场火灾

昨晚8时许，市建204工程队在复旦大学校园内的一处工棚突然起火，校内广大师生和驻沪某部七连指战员、消防队奋力扑灭了这场大火。

起火以后，这个学校的生物系、物理系、化学系学生首先从教学楼和大礼堂冲突来赶到现场扑救。附近正在看电影的驻沪空军某部七连指战员见到火光后，跑步赶到现场，师生和指战员、消防队员一起，经过十分钟的奋战，终于扑灭了这场大火。这次事故的主要原因正在调查中。

这篇不到200字的新闻，主题可以有三个：一是反映军民奋勇扑灭火灾，这就要侧重记叙指战员和师生的动人事迹；二是批评学校消防队工作较差，这就要补写诸如消防队员赶到后，一刻钟内找不到救火用水龙头等细节；三是描写火灾扑灭的意义，有物理实验室的储氢间，如果氢气瓶爆炸，后果不堪设想等。上述三个主题任选一个，配置适当的材料，新闻报道就会有意义、有深度，而不是流于一般的消息报道。显然，这是记者没有选择好主题、采访时没有有效挖掘材料所致。

第二，议论成分偏多。有些记者不善于通过事实表达主题，而是用议论甚至打断空乏的议论直接说明主题，这就使报道缺乏说服力。刚刚从业不久的记者，善于犯这样的幼稚毛病。同学们要切记的就是，不要随便发议论。中央电视台《焦点访谈》节目的栏目主题词就是“用事实说话”，如果你留心这个节目，就会发现，虽然《焦点访谈》是大型新闻评论节目，可是通篇很少有评论，只有结束语主持人才出来说两句，而且说得比较含蓄，话语也不多。媒体要相信观众的判断力，只要你的事实清楚，观众自然能够分清你所要表达的东西，无须记者或主持人跳出来表演。除非有些新事物的意义比较重大，一般群众一时还没有意识到，不发议论不足以说明事物的本质，也难以使主题升华，那么记者可以少量发几句精辟而准确的议论，一定不要收不住嘴巴。

2. 怎样选择主题

要提炼好主题，首先要选择好主题。现实生活既丰富多彩又纷纭复杂，为记者的报道提供了丰富的题材与主题，但不是所有这些题材和主题都是可以报道的，这就要求有所选择，选择时要注意这些要素：

（1）政治上重要。所谓政治上重要，是指具有方向性或对全局有影响的、有一定政治思想高度和政策思想高度的主题。具体而言，即它与全国形势紧密相连，对实际工作和生活有普遍指导作用或教育意义，是现实生活中的主要矛盾，是时代的精神和主流。

（2）为受众所注意。所谓为受众所注意就是回答和解决广大人民群众普遍关注的问题。例如，抑制物价上涨、反腐败等问题。

（3）涉及最迫切的问题。所谓最迫切的问题就是指人们议论纷纷，希望尽快有明确回答，有较强的时间性、指导性的问题。

3. 怎样提炼主题

在选择好主题的基础上，怎样才能提炼好主题呢？所谓提炼好主题，就是指记者在占有了大量材料并初步选择了主题以后，开始了认识的第二阶段，即由感性认识上升到理性认识，这种上升或飞跃就叫提炼主题，也称为深化主题。具体地说，选择和确定主题，只是形成新闻的序幕或雏形。若要把新闻事件反映得更深刻，更有思想性和指导性，还必须对材料进一步去粗取精、由表及里地综合分析，提示新闻事实中具有普遍意义的思想观点，并在此基础上挖掘事物的本质思想，必要时还要补充采访，这就是对主题的提炼和深化。提炼主题通常依据两个因素：

第一，对全局了解的清晰度。

应当说对全局了解得越清晰，主体提炼起来就越顺手，因而也就越深刻。可以举例：2008 年全国农运会在泉州召开，那么作为地方主流媒体的泉州电视台和泉州晚报，该是如何报道呢？新主题该怎样提炼呢？这就要求有全局的清晰度。农运会根据当时的国内外形势和运动会本身的提点，提出“快乐农运，绿色农运”的报道方向，有了这样全局视野，具体新闻主题的报道就非常容易把握了。

第二，对材料的认真有序的综合分析。

记者在掌握了大量材料以后，必须对其进行认真有序的综合分析。综合分析的好坏，是主题提炼好坏的关键。

所谓的综合分析，通常是指让事物反复地在头脑里经历着从概念到判断再到推理的逻辑思维活动，通过这种思考、联想、启发的逐渐积累、扩大和丰富，最后引起认识的飞跃和升华。这种思维过程的具体步骤是：可以对材料和问题从纵的方面分成几个阶段，横的方面分成几个部分和角度，然后与全局情况及报道思想联系起来思考、比较，看看各具什么特点，能说明一个什么共同的问题。这个特点和共同的问题搞清楚了，主题也就能得到较好的提炼。比如对人物的报道：一个新闻人物可能有很多优点，可是不能面面俱到去写这个人，怎么办呢？可以把他的优点同周围其他人进行比较，找出他最为突出的优点进行报道。

4. 深化、提炼主题要注意哪些事项

第一，不要强行硬化。提炼、深化主题必须紧密结合形势，要符合党的方针路线，又要符合事物的原貌。也就是说，必须以事实为前提，事实本身原来所具备的中心思想，是符合形势和政策要求的，才能进行提炼。绝不可把非本质、非原貌的东西，添油加醋地去硬性迎合形势的需要，这就不叫提炼深化了，而叫强行硬化。

第二，不要分散空泛。主题一定要集中具体，不可分散，不可面面俱到四面出击，什么都要讲，就可能什么都讲不透，文章就空泛，就无力量可言。

第三，不要雷同浅薄。主题要提炼得鲜明深刻，不能流于一般，更不可轻易雷同，否则，就容易显得浅薄。而要做到鲜明、深刻，善于通过事物的个性来体现共性，则是关键。如一位老记者说得那样：报道的主题常常是共同的。如果有好坏，差别就在于作者是否用新的材料说明它，用新的方式表现它，用新的感受去充实它，用新的观点、新的角度去统率它。我们的任务就是在共同的东西之间，发现和表达新的、有特点的东西。

第七章　特殊方式的新闻采访

第一节　隐性采访

一、隐性采访的内涵、作用及分类

隐性采访，也叫“暗访”，是记者不公开自己的职业身份，或者不暴露自己的真实采访意图的一种新闻采访方式。记者打入黑社会组织，进入赌窝、犯罪团伙内部等不法活动现场，或对一些单位和个人进行检验式采访时，常常使用这种采访方式。这种采访方式是在特殊情况下进行的，主要是为了防范坏人对记者的危害；或防范受访者弄虚作假，以了解公开采访难以采集到的真实情况。隐性采访运用的主要手段是观察，因此它不会改变或破坏认知对象，它不会破坏原有的空间与结构；加之，隐性采访时，采访主体与采访对象之间通常处于一种纯自然的交往之中，能够保留事件的本来面貌，采访到真实可信的事实。

尽管隐性采访备受争议，但在实际操作过程中却被记者经常使用；这是因为它具有其他采访方式所不可替代的作用。隐性采访的作用主要表现在三个方面。一是不会引起采访对象的心理变化和行为变化，从而有助于记者了解并掌握真实、可靠的第一手材料。二是不会因采访意图与采访对象的利益相左而遭拒绝，从而有助于记者把握采访的主控权，尤其是能把握批评性、揭露性采访报道的主控权。三是能够排除种种干扰，全程体验事件的来龙去脉，对事件的感受也更深切，对事件的认识和理解也更深刻，增强了新闻的说服力和现场感。根据记者介入新闻事件的程度和方法，隐性采访又可分为观察式和介入式两种方式。观察式隐性采访是记者以一个旁观者、记录者的身份，在暗地里不动声色地观察、采制新闻信息。2000 年 12 月 25 日，上海

《新闻晨报》刊登了记者王高翔的报道《用过的针筒被捡走了……》。报道详细记述了12月18日到20日的3天时间里，记者每天深夜守候在一家医院门外，目睹了如下画面：每天，这家医院的20多袋医疗垃圾中的药盒、针管、手术手套和橡皮管等被拾荒者分拾、收走，跟踪这批医疗垃圾的去向，记者还发现了垃圾的买主……在这种采访过程中，记者只是以旁观者、记录者的身份出现，不会有较多的争议。而介入式隐性采访是指有意隐瞒或改变身份，作为当事人直接介入事件本身，并用偷拍偷录等方式获取新闻。也就是记者在采访对象不知情的情况下，以一种参与者的身份“介入”所要采访的事件。这种采访方式常常会因侵犯“人权”而引发新闻官司。所以，一定要慎用。隐性采访在今天已成为记者深入采访、调查事实真相的一种重要方式；同时，随着传播科技的进步与发展，隐性采访工具的多样化、现代化，其使用范围越来越广。这里要注意的是，隐性采访实施过程中常常会涉及一些法律问题。就我国的宪法和法律来看，一般认为隐性采访可以利用的法律依据主要是新闻自由权、满足公民知情权和舆论监督权三项。但这种隐性采访方式使用不当就会引起法律上的纠纷，较常出现的有：侵犯公民隐私权、肖像权、名誉权等，这些权利是公民的合法权益，受法律保护，记者是无权侵犯的。

二、隐性采访适用的范围

新闻采访，一般应在被采访者愿意并且知情的情况下进行，而隐性采访则是记者的一种单方面行动，对采访对象而言则是一种侵入式采访。为此，新闻学者陈力丹提出质疑：“新闻工作者不是密探，新闻媒体的基本职责是报道公开发生的事实。记者的专业水平主要体现在获取新闻的能力方面。而现在，新闻工作一定程度上变成了类似公安系统的侦察工作，那就改变了新闻媒体的社会职责。”

与此同时，在新闻采访实践中，隐性采访也常常引发法律纠纷。鉴于这种情况，记者在使用隐性采访前，必须明确隐性采访的使用范围，即什么样的情况可以用隐性采访，什么样的情况不可以用隐性采访。新闻学者徐迅指出：

只有当采访选题涉及公共利益时，运用暗访与偷拍手段才是必要的，这是隐性采访最常见也是最重要的理由。她进一步明确表述了隐性采访的“三公原则”，即：公共场所、公务人员、公务活动。三者应当同时具备，缺一不可，由此构成了“公共利益”的完整内涵。依据我国的具体国情、社情和法律的有关决定，隐性采访一般在以下几种情况下允许使用：

（1）媒体进行舆论监督、批评报道，披露了某些行业不正之风、不法分子的违法行径等。如：1997 年 11 月 25 日中央电视台《焦点访谈》栏目播出的《“罚”要依法》，采用隐性采访的方式，披露山西省潞城县境内 309 国道上交警乱罚款的行为。再如，2000 年湖南经济电视台记者偷拍到湖南嘉禾高考舞弊事件的全过程，引发社会舆论对作弊者的强烈谴责，也引起当地政府部门的高度重视，下决心整顿当地考风。还有，2005 年 3 月 21 日，中央电视台《每周质量报告》栏目记者暗访江苏省徐州市南郊徐村几家食用菌厂加工作坊，揭露这些作坊加工金针菇时违规添加有毒原料的情况。一些产生较好社会效果的隐性采访，其所报道的暗访事件大部分都属于此类。记者特别是电视记者大量利用隐性采访的方式，对社会上的丑恶现象、不正之风以及违法行为、犯罪活动等进行揭露、曝光，一定程度上发挥了舆论监督的积极作用，有效维护并促进了社会秩序的正常化。

（2）深入了解某些社会人群的生活状况、生存状态。这也是适应使用隐性采访的一大领域和范围。比如，为透视中国城市中乞丐群体的生存状态，2002 年，武汉《楚天都市报》记者占才强和《人才信息周刊》记者高汉民，乔装打扮潜入乞丐堆，历时 40 天，获取第一手资料，写成一部长篇纪实文学《卧底当代丐帮》。与此相对应的是，近两年来新闻界对进城务工的农民兄弟给予了高度的关注，掀起了为民工“讨薪”的高潮，也有许多记者深入农民工生活、工作的场所进行暗访体验，以真实了解农民工的生存状态。

（3）采访先进典型事迹和正面人物，有时候也可以运用隐性采访。亲历体验的采访方式，既可以验证其真实性，又可以收到意想不到的传播效果。《人民日报》驻宁波记者站站长何伟在总结其采写的通讯《一拨就灵解民忧——宁波市海曙区“81890”求助热线见闻》时，对隐性采访这一方式发表了如下见解：“为了验证‘81890’这个典型，我观察跟踪了两年。在别人向我推荐宁波求助热线81890时，该热线已运转好几年了。说实话，各地这热线、那热线，眼花缭乱，稍加推敲核实大都有名无实，所以对这个典型一开始并没上心。一次偶然的机缘，我抱着一试的心态拨打‘81890’求助，服务之好，给我留下了深刻印象。看来，‘81890’，‘全天候、全方位、全程式’的服务承诺并非心血来潮。可这高难度的承诺，靠什么兑现？好奇心驱使我重新拾起了这个曾经忽视的选题。”“这种方式比起简单地罗列事实，描述状况要生动、真实得多。”当然，即使是正确报道，隐性采访这种方式也不可滥用，否则也会陷入违背法律或道德的境地。1998年8月25日，南方某报在头版刊登《本报记者在上海街头报警》的新闻，称记者为测试上海警察的快速反应能力，冒充外地旅客以被抢项链为由拨打“110”报警。警察赶到后，发现是一场骗局，当场就要拘留参与暗访的记者，在上级有关部门的协调下，事态才得以平息。

三、隐性采访的要求

记者在使用隐性采访这柄“双刃剑”的时候，必须千万注意，小心谨慎：隐性采访只能换位不能越位，只能维权不能侵权，只能适度不能过度。总的说来要注意以下几点：

（1）采访前要做充分的准备，尤其要考虑清楚可能出现的问题与危险。在隐性采访时，首先要注意如何降低危险度、如何避免发生侵犯隐私权的官司。然后再考虑如何更好地获得现场画面和同期声。隐性采访所面对的对象，主要是批评性、揭露性报道的对象，其中不少是社会的不法分子、敌对分子，甚至是亡命之徒。这种采访往往带有一定的危险性。因此，采访前准备工作极其重要。比如：隐藏身份是否合理，打扮成什么身份合适，如何“装”得更像，是否会露马脚等。与此同时，要力求采访成功，还要注意两点：首先，准备好特定的隐性采访工具，如微型摄像机、无线话筒、超长焦镜头以及记者的乔装工具等。《国家安全法》第21条规定：“任何个人和组织不得非法持有、使用窃听、窃照等专用间谍器材。”这就是说，隐性采访只能使用专用的新闻摄录设备，而不能使用专用的间谍器材。其次，采访前最好先与当地的公安、工商、海关等相应执法部门联系，配合行动，这样有助于从法律上保障采访活动的顺利进行。另外，隐性采访记者必须学会自我保护，善于在完成采访任务的同时，使自己不会受到伤害，包括身体、心理与法律责任等方面的伤害。

（2）要严格遵守法律、法规。首先，记者要懂得不是什么人与事都可以成为隐性采访的对象的。凡是进行批评性、揭露性的隐性采访，其采访报道对象必须是违反有关法律或法规的，或者是严重侵犯公众利益的，同时必须是不属于法律禁止公开的信息。我国的法律对媒体报道设立的禁区有国家机密、商业机密、保护未成年人及保障妇女权益方面等，凡涉及这些内容的报道，记者必须慎重，甚至要予以保密，这也是记者在行使权利时必须履行的义务。其次，记者在隐性采访中改换自己身份的做法无非是一种临时“换位”，但不管采用哪种换位方式，都要切记记者始终不能“越位”。记者可以换位成普通人，乔装打扮成过路人、顾客、乞丐之类，以此来掩盖记者的真实身份。但是，有些身份是不能假冒的，如：人大代表、政协委员、政府工作人员、警察、法官、检察官、工商管理人员、税务工作者、军人，这些身份、职务国家法律规定不得假冒，如果假冒要负法律责任。记者不能装扮成政府工作人员，借处理政事获取政府新闻；不能装扮成司法工作人员，借审理案件获取法制新闻；不能装扮成军事机关人员获得军事资料、取得军事新闻。一句话，记者不能装扮成国家公务人员，以行使公务的名义获取新闻。因为国家公务人员是代表国家行使公共权力的人员，其身份和职务具有法定性、特定性。有位记者在一次采访某部门拖欠员工工资时，为了采访的“方便”，他带着偷拍机，含糊其辞说自己是省人事部门的工作人员，结果民工们闻讯从四面八方赶来，要求政府部门解决问题。记者这一越位举措不但授人以口实，而且在问题没妥善解决时，民工也迁怒于记者。这种假扮不但有招摇撞骗之嫌，还使新闻的可信度大大降低。还有些身份是不能去充当的，比如暗访色情、毒品、偷盗等违法活动时，记者就不能亲历“三陪”、亲自“吞云吐雾”，甚至亲自扒窃再报道。记者有舆论监督的权利，但是不能因此而做出违反法律与社会道德的事情。某电视台一位记者为了让观众了解盗墓者究竟是怎样盗墓的，竟“乔装打扮打入盗墓者内部”，与盗墓者一起从西汉古墓“取出”13件文物，之后又将这些文物买下，“捐给”陕西省文物局。在这一事件中记者没有意识到，其行为实际上是共同犯罪，构成了盗掘古墓罪。记者首先应当，是有良好法律道德观念的公民，没有实施法律禁止的行为的特权。

（3）记者进行隐性采访要讲职业道德，要有社会责任感。隐性采访不光有法律上的禁区，还有社会公德方面的禁区。目前的隐性采访中，的确出现了一些不和谐的音符。在一些隐性采访所做的新闻报道中，我们常常可以看到一些记者不讲社会公德、社会良知的恶劣表现。比如，2004年1月9日，某都市报刊登了一组特别醒目的照片，直击广州一群扒手作案的过程。躲在暗处的记者将扒手在光天化日之下施行扒窃、得手之后扬长而去的“精彩”瞬间记录在案。这种纯客观的视觉冲击确实吸引了大批读者的眼球，满足了受众“百闻不如一见”的好奇心。然而令人瞠目结舌的是，第二天某网站上，竟然刊发了小偷拿着报纸对着照片做自我欣赏的照片，这组标题为《小偷见报竟自赏照片，“开工”行窃时毫不紧张》的图片新闻，是对都市报昨日图片新闻的追踪报道。未署名的记者抓拍到了头一天作案被曝光的小偷拿着报纸对着照片自我欣赏的镜头，并再一次目睹小偷们向观众挥手致意，打车离去。还有，某电视台在一条《道路泼洒油渍，路人纷纷摔倒》的消息中，把摄像镜头伪装起来，用隐性采访的方法在路边捕捉、抓拍，甚至用调侃的语言戏说在镜头前摔得四仰八叉的老大爷、伤筋断骨的小女孩、前仰后翻的摩托车。如此报道，自然产生不良的社会反响，理应受到谴责。

（4）隐性采访中严禁任何“诱导”。“假扮”和“诱导”是一对孪生兄弟，两者很难截然分开。这里所谓的“诱导”，主要是指记者在和采访对象打交道的过程中，故意设置“圈套”“陷阱”，从而诱使对方上当受骗甚至犯罪。从行为学的角度来分析，记者在隐性采访中的语言和行为的主动与被动是“假扮”与“诱导”重要的分水岭。在暗访不法行为时，记者尽量不要主动。有的记者采访卖假发票的情况，就假扮成购买发票者，问“有假发票吗？”有的记者暗访“三陪”现象，一进娱乐场所就问“有小姐吗？”等等，这样的情况屡见不鲜。这属于典型的记者主动。如果对方问“需要假发票吗？”“需要小姐吗？”等，则属于对方主动，记者被动。记者被动的情况下，一般不会有“诱导”违法犯罪行为之嫌，可以避免道德与法律上的困境。

（5）隐性采访最好与显性采访结合使用，并及时与当地政府、公安部门取得联系，争取帮助；报道刊播的同时最好要向受众提供正面的有效防范不法行为的有用信息。如上文提到的中央电视台《每周质量报告》节目记者对江苏徐州市南郊徐村一些不法分子非法加工制作金针菇罐头的暗访，记者在掌握大量有力证据后，报告给当地质监、执法部门，徐州铜山质监局随后进行联合执法检查，查封了那几家非法金针菇加工企业。节目播出时，主持人还现场采访了国家质监总局市场准入处负责人，请他介绍了正规生产金针菇的企业生产加工流程，并表示目前市场上 80% 的食用菌罐头产品是正规厂家生产的；同时透露从 2005 年 7 月 1 日开始，所有罐头产品进入市场必须加贴 QS 标志，无 QS 标志不许生产、流通，大家可以放心食用。节目中，还同时播出了正规厂家生产食用菌的流程场面。这样的新闻既让观众看到假冒伪劣受到了严厉打击，又向观众介绍了识别真假金针菇的简便方法，使观众不致因为节目中的假冒伪劣产品而对食用菌的消费心生戒备。

（6）在实践中要注意积极探寻隐性采访的合理合法方式。关于记者在实际操作过程中究竟应当如何处理隐性采访与道德、法律的冲突，目前新闻界已形成了一些业内人士认可的原则、规范和公约：①公共利益原则。隐性采访的出发点和目的应该是大多数人的公共利益。②别无他法原则。即可以运用显性采访的，尽量不用暗访的手段。③场合的公共性原则。④减少道德损失原则。即在掌握了许多内幕与细节之后，不该和盘托出公布于众，而应尽可能省略一些细节，将潜在的有害后果减少到最低程度。在隐性采访的正确使用上，中央电视台《新闻调查》栏目组的记者带了个好头。他们就此确定的信条是："无论如何，秘密调查都是一种欺骗。新闻不是欺骗的通行证，我们不能以目的正当为由而不择手段。秘密调查不能当作一种常规的做法，也不能仅是为了增添报道的戏剧性而使用。只有同时符合下述四条原则，才能采用秘密调查：第一，有明显的证据表明，我们正在调查的是严重侵犯公众利益的行为；第二，没有其他途径收集材料；第三，暴露我们的身份就难以了解到真实的情况；第四，经制片人同意。"

第二节　体验式采访

一、体验式采访的内涵与作用

体验式采访，也叫参与式采访、亲历式报道，是指记者参与到被采访的事实之中，用亲身体验和感受来了解和掌握新闻事实的一种新闻采访方式。较之隐性采访，体验式采访更多地运用于报道正面事件与人物。因此，这种采访方式更强调记者与采访对象之间的一体化，要求记者深入到事件中或采访对象的生活中，去亲身感受、感觉、体验，从而获取第一手的新闻素材，了解事实的本真面目。人民日报社记者金凤曾说过一句精辟的话："采访，不仅需要从外边向里边看，有时候需要从里边向外边看。"所谓"从里边向外边看"，就包括记者要进入事件之中，也就是亲身体验。

著名记者范长江早年最辉煌的一笔，就是他对中国西北角的实地采访。1935 年 7 月中旬，范长江以《大公报》特约通讯员的身份出发开始他的西北之行，历时 10 个月，行程万里，深入西北，一边考察采访，一边了解红军，研究红军。采访期间写出的通讯在《大公报》上连续刊登，引起社会极大反响。它打破了国民党宣传机器所散布的红军即将被消灭的谎言，为红军引来了亿万双关注的眼睛。范长江的西北之行可以看做是中国新闻记者体验式采访的早期范例。体验式采访能够让记者获得生动的现场材料，掌握不易为人掌握的资讯，增加新闻报道的权威性、可信性、可读性、观赏性。正如麦尔文·曼切尔在他的《新闻报道与写作》中所言："在体验式的观察中，记者放弃了他们客观的、超然的观察者的角色，参加到他们采访的活动中去，他努力同人们打成一片，尽量使他采访的活动继续自然地进行着。……一些记者认为，没有这种深入的亲身体验，他们描写的人就会成为硬纸板做的人儿。”体验式采访一方面有助于发挥记者的主观能动性，使记者的主体意识得到提升；另一方面则有助于提高采访材料的可信度和感染力。体验式采访是记者经过“体验”真切地感受采访对象，对采访对象认识、把握会更准确、更深刻；记者参与到所要采访的事实中去，采访的材料便是记者所见所闻所思的东西。从信息传播的角度来说，体验式采访减少了传播体系中由他人转述这一多余环节而带来的信息损耗，提高了信息的“保真”度。

二、体验式采访的适用范围

体验式采访的方式是多种多样的。从采访的内容来看，体验式采访一般可分为两种方式：一种是“社会”类的体验式采访，即记者针对某种社会现象或社会问题进行的体验式采访，也叫做“调查”型体验采访；另一种是“生活”类的体验式采访，即记者为了更真切地了解采访对象的实际生活而进行的体验式采访，也叫做“打工”型的体验式采访。而从记者的职业身份和采访意图是否为采访对象知晓上看，体验式采访一般又可分为这样两种方式：一种是“公开”型的体验式采访，即记者公开向对象表明身份并告知真实的采访意图的体验式采访，这种采访方式适用的对象一般属于正面报道；另一种是“隐蔽”型的体验式采访，即记者向对象隐瞒自己的职业身份和采访意图而进行的体验式采访，这种采访方式，类似前文所述的参与性的隐性采访。体验式采访主要适用于以下几种情况：

（1）涉及人民群众切身利益的社会热点问题以及批评性、揭露性或有争议的敏感问题。这类问题受到社会广泛关注，但又因为种种原因一时不能得到很好的解决，通过记者的亲身体验，了解到事实真相后，社会舆论的监督与压力有可能使问题向好的方向发展，并最终得到解决。这种情况下的体验式采访类似于隐性采访，或者说有的时候它是与隐性采访同时进行的。比如，2000 年，《深圳晚报》记者涂俏连续三天在罗湖口岸混在一群靠乘坐出租车赚钱的城市游民当中，体验、感受他们的生存技能；2001 年 5 月初，《新闻周刊》刊出的《海口色情交易大曝光》一文中，作者经过长期暗访，揭露了海口市形形色色的地下色情交易活动，引起当地警方的高度重视。这类报道中，记者所运用的采访方式便属体验式采访。

（2）反映新时期的新人新事、新风尚和社会正义等。俗话说，要知道梨子的滋味，就要亲口尝一尝。体验式采访就是解决尝一尝的问题。20 世纪 80 年代初期，记者范敬宜采写的新闻名篇《夜无电话声早无堵门人，两家子公社干部睡上了安稳觉》，便是一篇体验式采访的代表作。当年范敬宜到辽宁康平县两家子公社采访，由宣传部的干事陪着在那儿一住几天没发现什么新闻线索，到了第三天睡觉醒来，他对宣传干事说："我可发现大新闻了。这三天，我们接到过一个电话没有？一个也没有。这就是大新闻。""我知道，像这样的穷困乡，在过去晚上电话很忙，不是大搞形式主义，催进度、要报表，就是上访、吵架，越穷的地方越出问题。"公社秘书说，承包以后，老百姓日子好过了，事情就少了。于是，范敬宜就写成了这篇 400 字的报道。假如没有在公社办公室守三天电话，范敬宜的这篇新闻是绝对凭空想象不出来的。前面提到的人民日报社驻宁波记者站站长何伟采写的通讯《一拨就灵解民忧——宁波市海曙区"81890"求助热线见闻》，也是典型的反映社会正义之风的体验式报道。

（3）反映某些特殊人群特别是生活在社会底层的弱势群体的生存状态。如何了解社会大众特别是弱势群体的生活状况，反映他们的精神风貌，为他们争取平等的权益，是近年来新闻媒体关心的话题。许多媒体记者就是通过体验式采访深入普通民众的日常生活，获取鲜活的新闻素材。2002 年 2 月新华社播发"走近民工"系列报道，采访中几位新华社记者与民工同吃、同行、同劳动，他们有的与搬家公司的民工一起为别人搬家，有的与赴京打工的民工兄弟乘火车硬座一路同行 2000 公里，有的在建筑工地上与民工同劳动。由于身体和感情一起向民工贴近，体验到了都市人想不到的种种屈辱与愁苦，承受了种种都市人不曾遭遇过的白眼和刁难，真切感受到了民工们不愿说、不敢说、不知怎么说的伤与痛。因此，在报道中，字里行间就自然流露出为这一群体说话的声音，体现了媒体的人文关怀，拉近了读者与民工的距离，为解决城市民工问题起到了积极的作用。2003 年春运期间，新华社几名记者分别到民航、铁路、长途客运站等交通运输部门，与一线职工一起工作一天。他们有的做检票员，有的当机场安检员，有的则成了问询员。从 1 月 21 日起，新华社连续播发了《我当机场安检员》等一组报道，受到了媒体和读者的广泛好评。北京一家媒体称这组报道“增加了报道的亲和力和可信度，为人与人之间的理解搭起了桥梁，起到了很好的引导舆论作用”。

三、体验式采访的要求

同隐性采访一样，体验式采访也属于非正常采访方式。为了保证体验式采访的顺利进行，采访过程中要注意以下几点：

（1）确立选题，并树立正当的采访动机。首先要有个好的选题。体验式采访的选题一定要严谨，应该是当前受众关注、感兴趣的新闻事件，而且是正在“进行”之中的新闻事件。其次要有个正确的采访动机与目的。运用体验式采访方式，记者参与、介入新闻事件，只是为了更好地发现、挖掘出新闻价值，而不能人为地去“催化”新闻价值。否则，借记者的参与、介入，随意“制造”新闻，导演“新闻”，势必使体验式采访走上歧路。有的记者用“体验”的方法，故意谎报假案，以此来对公安局的 110 报警电话进行测试，并以此作选题进行报道；有的记者假扮“刁民”有意去“考验”服务行业的服务质量，并据此采写报道。诸如此类的所谓的“体验式采访”，都是不尊重客观事实的表现，是必须坚决反对的。另外，记者还要明确自己的采访目的，并对采访对象或内容有个基本的了解，要熟悉相关政策规定，掌握必要的相关知识，准备的问题也应充分。

（2）选择好体验范围与体验对象。体验范围在实践中有三忌：一忌高精尖技术部门，二忌保密部门，三忌犯罪禁区。体验对象要选择跟记者所要采访的事实有直接关系的当事人、事件的直接参加者或目击者，或者是了解、熟悉某一方面情况的人。记者实施体验式采访前，一定要对所要体验的范围与对象有所了解。如：要采访纺织女工，就要对纺织女工的整体情况有个了解，尤其要注意现实生活中纺织女工下岗较普遍的事实，了解其心理、行为等一般状况。这样，对纺织女工有了整体印象后，再深入具体单位具体人作体验式采访，自然方便、顺利多了，采访的进程也会加快。

（3）要善于调控情感。体验式采访中，记者参与、介入事件现场，势必会因体验、感受而产生情感上的变化；尤其是面对一些群众反映强烈的社会问题，记者的责任感、使命感往往会“油然而生”，探求事实真相的决心会更坚定。这时，要十分注意正确处理好情感的倾向性和新闻采访报道的客观性之间的矛盾，防止偏离客观立场，陷入“倾斜的新闻”的泥潭。为此，记者在体验式采访中要力求使自己的情感与尊重事实的客观性相融合，切忌让情感去“改造”事实或对事实赋予错误的导向。

（4）体验式采访的记者要注意把握好自己的角色。首先，要以真诚的态度融进采访对象的角色中，把自己当成这一真实的角色，以与对象同一的角色生活、工作、表达。如：若要体验打工者的艰辛，就必须像一个打工者那样去参加劳动；若要体验保险推销员的角色，也必须像他们那样不厌其烦地一家一户敲门。如此这般方能对这些工作有一个亲身感受。其次，记者在体验式采访时，也不能忘记自己的本职工作是新闻记者，是来采访的，体验的目的是为了发现问题，真实地反映实际问题。因此，记者要注意“钻进去，跳得出”。体验的过程中，记者的身份变了，但职业角色不能变，使命不能忘。不能被具体的人和事“牵着鼻子走”，从而陷入“当局者迷”的境地，甚至参与到一些违法犯罪活动中去。要把微观的“体验”与宏观的思考结合起来，从而提高“体验”的层次和水准。第三，亲历体验固然是为了向公众告知事实“是什么”，但不能仅仅停留于此，还要做理性的思考，探究事实“为什么”的问题。因此，体验式采访不能浅尝辄止，在亲历现场走近事件后，还要研究分析，做一些理性的探索，通过思考后的眼光、视角，探索现象和问题后面隐藏的本质。这样才能尽到一个记者的职业责任和社会责任。

第三节 电话采访

一、电话采访的内涵与特点

电话采访，就是指记者借助电话，与访问对象交谈，从而获取新闻素材的一种新闻采访方式。随着新闻传播事业和传播技术的发展，电话采访已成为媒体经常采用的一种采访形式。运用电话采访，可以帮助记者迅速及时地了解到已经或正在发生的新闻事件。尤其是广播、电视媒体，电话中被采访者的声音是主要信息来源，可以构成节目内容，并且电话同期声保持了声音的“人”的个性特征，具有现场见证性，因此常常将记者同采访对象的电话访谈直接录下来播发出去。目前不少新闻媒体中还经常使用电话连线采访的方式，使记者不用出发就能同时了解到出现在不同地方的信息。在一些重大公共事件、突发事件的新闻报道中，不少记者就是使用电话连线这种方式进行采访的。如：2003 年 5 月，首批“非典”患者入住小汤山医院。5 月 10 日上午 11 点，《东方时空》栏目的“时空连线”记者就用电话连线采访了当时被互相“隔离”的小汤山医院的院长、医生和患者，了解现场情况。

与一般的面对面采访相比，电话采访具有快速、方便、轻松、自由的特点。如：2004 年雅典奥运会期间，湖南人民广播电台交通频道派出记者陈勇到奥运会现场作报道。每场重要的比赛结束后，记者都要通过电话与后方的主持人沟通，并将比赛现场的情况用电话直接报道，让听众及时、迅速地了解到比赛结果。电话采访的另一优势在于：作为现代通信工具的电话，今天已进入千家万户，特别是手机的出现，人们在日常生活与工作中使用与接触电话的频率更高了，因此，运用电话进行采访，无论何时、何地，都能随时找到需要采访的对象，及时进行采访。电话采访的另一个优势则在于其潜在的“心理亲和力”，电话采访既可以减轻或者免除一些采访对象因怕见“生人”或不便出面而带来的紧张与拘束，也可以卸下一些记者在采访中因社会地位等差异所造成的“压力”。

当然，电话采访也存在一些无法避免的短处。如：由于缺乏面对面的交流，电话采访的记者和采访对象间难以产生情感上的“共鸣”，记者对采访对象的心理状态及其谈话内容难以做出准确的、科学的判断和把握。另外，由于缺乏像个别访问那样在“通话”时间长短上的自由，双方交流难以达到具体、深刻的地步，记者得到的材料难免肤浅。

二、电话采访的适用范围

与其他特殊采访方式一样，电话采访也有其特定的适用范围。一般而言，以下几种情况采用电话采访比较合适：

（1）在国内外重大时事和重大突发新闻事件的报道中，采访者离被访对象遥远又暂时不具备到达现场的条件。比如，1999 年 5 月，北约导弹袭击中国驻南斯拉夫大使馆，香港凤凰卫视对当天中国大学生在各地美国驻华使领馆前的抗议示威活动进行了现场直播式的电话采访。主持人在香港的演播室中通过电话采访北京、上海等地的现场记者。当电话接通到上海领事馆的现场时，正好现场发生了大学生焚烧美国国旗的过激行为，主持人马上在电话中要求现场记者描述场面，并要求现场记者对大学生代表进行了采访。在整个电话采访中，观众一直可以通过电话清楚地听到现场的声音，间接地感受到现场群情激愤的氛围。2003 年 3 月 20 日，美英联军向伊拉克开战以后，中央电视台《焦点访谈》、凤凰卫视《海湾最前线》等节目都通过电话连线及时接通了他们驻伊拉克、叙利亚、科威特、美国、英国等国的记者，向他们询问相关情况。中国国际广播电台由于没有能够联系到自己的当地报道员，便利用电话采访了在巴格达的一名听众（化名法蒂玛），在战斗打响后推出了专题报道《来自巴格达的声音》，使国内听众在第一时间听到了来自战争现场的真实声音。中国国际广播电台的这个伊拉克战争系列报道还获得了第十四届中国新闻奖。2003 年 4 月 1 日，香港明星张国荣从香港中环文化酒店 24 楼跳楼身亡，震惊全亚洲，各地媒体很快搜集到与他合作过的许多电影演员对此事的反应，大多采用的是电话采访的方式。2003 年 10 月 15 日，“神舟”五号载人飞船发射升空，中国第一位航天员杨利伟乘坐“神舟”五号飞入太空。由于发射现场控制记者人数，上海电视台记者无法进入现场，便在 15 日晚上 6 时 30 分的“新闻报道”节目中，通过电话连线采访在北京指挥控制中心的上海专家，了解最新情况。

（2）对社会热点问题作广泛的调查、核实，或对一段时间以来报道过的新闻事件进行跟踪报道、回访。新闻媒体进行舆论监督、批评报道后，可以用电话采访的方式，对已报道过的问题进行回访，以了解问题是否得到解决。另外，记者需要核实、补充某些情况，或者向有关人员、专家咨询意见时，也可运用这种电话采访的方式。还有，对于外界和社会上流传的一些谣言或不明真相的事实，需及时发布新闻予以澄清或证实时，记者也可以借助电话向有关部门负责人或权威人士进行访问。从新闻实践看，在这几种情况下采用电话采访的方式，一般都能取得好的效果。北京日报《今日关注》筹备期间发生的一件事可以作为例证。当时接连有媒体报道“中国第一本专门讲恐怖故事的刊物——《夜故事》将于今年底明年初在北京面世”，记者觉得这是条新闻，有挖掘之处，然而记者经过追踪采访发现，这本在当时尚未出笼即被炒得沸沸扬扬的“恐怖杂志”，极有可能是非法出版物。记者电话采访了《夜故事》的“出版单位”云南时代风采杂志社，没想到该社主编杨可一听就说：他们社根本没有、也未打算出这本东西，他们看了有关报道，正为此事恼火呢。另据该社一位编辑说，确曾有人与他们联系，要办这样一本恐怖杂志，但被他们拒绝了。记者随后电话采访了云南省新闻出版局，该局报刊处一位负责同志马女士说：他们先是在北京市场发现了格调低下的假冒《时代风采》杂志，然后发现有媒体在炒作《夜故事》。马女士称，《时代风采》

是有统一刊号（CN53-1036）的正式出版物，他们从没有在新闻出版部门注册登记过《夜故事》，可以肯定地说，《夜故事》属非法出版物无疑。由于媒体称《夜故事》将在北京编辑出版，为此，记者又电话采访了北京市新闻出版局负责报刊出版发行的同志，得到的答复是：没有接到要出版《夜故事》这样一本杂志的申请。如果未经许可，有这样一本在北京编辑发行的杂志流向市场，那可以断定是非法出版物。《北京日报》2000 年 12 月 16 日发表题为《北京不出〈夜故事〉》的消息，迅速被十数家媒体转载。

（3）作为隐性采访的一种，向采访对象隐瞒身份，以获得真实的情况。曾经某报搞了个“接电话，看效率”的电话采访，就是坐在办公室打电话，用亲历的方法了解国家机关的工作作风。比如电话打给 A 部，两分钟没人接，报道就写“A 部两分钟没人接电话”。电话打到 B 部，铃响两声，对方便有回音：“你好！ B 部。”报道便据此作了记录。有些部门接电话时，态度很生硬，说话很不中听，报道也忠实作了记录。然后，报社原文照登，标题就是《接电话，看效率》。在整个报道过程中，记者不表明自己的身份，而是利用电话检测受访者的工作状态的方法，从而真实地反映实际情况。

三、电话采访的要求

记者运用电话采访，通常有以下几个要求：

（1）做好采访准备，提高采访效率。事先要认真、详细地拟好提问提纲，通话时简洁明了，直奔主题，尽量在短时间内完成所有预定的采访任务。除隐性采访外，还应当注意尽量在采访之前与采访对象取得联系，征得对方同意，并预约好通话时间。

（2）保持通话的原貌，对对方的讲话内容及语气、语调、用词等要准确把握，防止误解、曲解。

（3）做好事后的核实工作，重要的、作为新闻报道样式的电话采访，应尽量做好录音，防止发生误差。

（4）语气谦逊、随和，态度诚恳，与采访对象的交流要在平等、自由、轻松、愉悦的情境中进行，防止因为沟通问题使采访对象中止交流，或不愿说出真实的想法。

（5）注意通话时的细节问题。这些细节包括：①打电话前准备好采访对象的姓名、电话清单，选择合适的时间，避免上班高峰期或采访对象忙碌之时进行电话采访。②通话开始时先作必要的自我介绍，并说明你打电话的原因。③提问简要、明了，问题间尽量有过渡。④通话时要在声音里加进友好的微笑、自信与活力。⑤要注意做好记录对方的答复，甚至他的语气、笑容，尤其要注意核实数字。⑥通话结束时要表示谢意，并表达继续保持联系的愿望。⑦采访稿出来后，最好复印给对方，请予以核实。

BBC 驻北京特派记者列举了电话采访的几个技巧，可以作为一般情况下进行电话采访的注意事项，当然，重大突发事件和现场直播时进行的电话采访不属此列：养成随时记录的习惯；报出本人的姓名和单位名称；确定对方是否具有合适的通话时间；表明自己打电话的目的；避免与旁人交谈；道歉应该简洁；不要占用对方过多时间；如果想留言请对方回电，切记要留下自己的电话号码，这是最基本的礼仪；妥善组织通话内容；注意自己的语言；适时结束通话。

第四节　互联网新闻采访

随着计算机的普遍应用和各种数据库的出现，20 世纪 80 年代末，在美国和一些西方发达国家产生了电脑辅助报道（Computer Aided Reporting），简称 CAR。这种全新的新闻报道方式主要是借助在线服务进行新闻采集，借助公共或私有的数据库进行数据的收集与分析。上世纪 90 年代以后，这种报道方式成为新闻记者寻找和发现新闻报道人物和事件的线索，制订报道思想和选题以及加强与受众联系的新工具。美国哥伦比亚新闻研究生院和纽约米德博格协会近年对 3400 名新闻从业人员的调查表明：上网作为获取新闻线索和进行新闻采访的手段，其地位已仅次于报纸记者的面对面采访和杂志记者的电话采访。互联网已成为记者发现新闻线索、查找相关资料、核对新闻事实的又一日常工具。互联网的迅猛发展为中国新闻传媒使用互联网进行新闻采集活动提供了相当的便利。中国新闻实践的现实状况是：一方面记者使用互联网进行新闻采集的频度不断增加，另一方面社会公众已经开始接受互联网新闻采集这种新颖的方式。

一、互联网新闻采访的内涵与特点

（一）互联网新闻采访的内涵

对于互联网新闻采访的内涵，可以从两个方面来理解：一是为互联网媒体新闻发布而进行的采访，即把互联网当作一种发布新闻的媒体；二是在互联网上进行采访，即把互联网看作一种采访的工具，利用网络进行新闻采访。这里所讲的互联网新闻采访就是这种互联网上采访，即指记者在网上通过“电子邮件”（E-mail）这一信息传递载体向特定的对象进行采访，或者以“邮件列表”（mailinglist）、“新闻讨论组”（usenet）、QQ 等形式向不确定的对象群进行采访，也可以是由记者借助电脑网络进行资料检索、数据查询等“静态”采访。目前，网上采访的结果，一般用作在传统媒体（报纸、广播、电视）上发表新闻报道，也有的直接用于传统媒体在互联网上所开办的网站。

（二）互联网新闻采访的特点

网络媒体的传播特点及优势在于：交互性、大容量、即时性、超大覆盖力、可检索性等等。互联网上新闻采访也相应具有某些区别于传统的新闻采集方式的特殊性，概括起来主要表现在以下几个方面：

1. 采访工具的多样化与数字化

随着技术的进步与发展，网络新闻采访所采用的采访工具也在不断改进，主要是全数字化的计算机网络，以及可以与这一网络相通的一系列全数字化的新闻采访和传输工具。这些数字化的工具主要包括硬件和软件两个部分。硬件主要有：笔记本电脑（现已出现无线笔记本电脑），数字录音机和摄像设备，数码相机，大容量的便携式存贮设备，调制解调器，PC 卡电话和 IP 电话，可与计算机网络连为一体的卫星电话（小型卫星移动站，重约 2 公斤）。此外，还有可以用来浏览网页和收发电子邮件的手机型电脑 WAP（Wireless Application Protocol）和掌上型电脑 PPC（Palm Personal Computer）等。软件主要有：Windows、Word/Excel/Photoshop、CuteFTP、IE、电子邮件、BBS、新闻组、邮件列表、聊天工具 ICQ、WWW、联网数据库、搜索引擎、Netmeeting、Telnet 等。运用这一整套功能强大且齐全的数字化网络新闻采访工具，可以快捷而高质量地完成新闻采访任务。由此可见，互联网上采访完全可以做到信息采集工具的多媒体化，既有静态的文字和图片的采访，又有声音和动态视频的采集和摄录，是一种多媒体的全方位采集新闻素材的活动。每逢重大新闻事件发生时，新闻记者或专业的网络记者总是先用数字摄像机和数码相机拍摄下事件发生的场景，然后开始用文字处理系统、图像处理系统、非线性编辑系统等软件进行文字新闻的写作，同时还可以制作视频报道和声音报道。

2. 新闻采访范围的全球化和便捷化

互联网具有全球性，利用互联网进行新闻采访也具有全球化的特点。对于一些不能、不宜或因距离太远而无法进行现场采访的新闻事件，记者可以通过互联网在办公室或家中进行全国性或全球性的实时采访。如通过电子邮件、新闻组和邮件列表等进行文字采访；通过语音信箱、网络电话等进行口头采访；通过因特网的 Net meeting 等进行可视化的面对面采访；或通过 BBS 等聊天系统进行同步采访等。互联网上所进行的采访还是一种实时、便捷的采访。传统采访因距离阻隔等原因需要数天或数月才能完成甚至无法完成的采访工作，在网络中数秒或几分钟之内就可以完成。如新华社记者熊蕾曾利用电子邮件在一周之内采访了美国、英国、日本、瑞士、加拿大等国的 10 位科学家。在采访过程中，有的采访对象当天就回了信。由此次采访而写成的报道后来被刊登在美国的《科学》杂志上。

3. 信息资源的丰富性与资料选择的自主性

网络及其数据库和光盘是可供新闻工作者开掘利用的巨大信息资源库。网上有大量文献可供查询，掌握了上网检索的记者和编辑，实际上拥有了一座世界最大的流动图书馆。运用某些功能强大的搜索工具（如搜索引擎等），记者可在这一数字化图书馆中方便地检索到某一题材的背景资料，快速获得所要的新闻资源，还可对数据进行更深入的发掘。一位年轻记者从《北京晚报》上看到一条消息，说德国人巴蒂斯（Bates）所收集的有关南京大屠杀的一些资料存放在耶鲁大学神学院，于是他通过雅虎找到了这些资料，并发现了一个专门传送巴蒂斯手记原文的站点。这位记者通过邮件与该网站联系，第二天便获得了所需信息。

二、互联网新闻采访的作用与要求

（一）互联网新闻采访的作用

互联网新闻采访的目的就是利用网络所具有的技术与传播优势，为采访活动服务。因此，在互联网上采访的作用主要有以下几种：

（1）了解最新信息，把握最新动态。

（2）拓展新的新闻来源，寻找新闻线索。

（3）进行网上访谈、调查，了解人们对某些问题的看法。

（4）搜集背景资料。

（5）用电子邮件采访到因其他原因不能当面采访的重要人物。

（二）互联网新闻采访的要求

网络传播的特殊性，决定了互联网采访必须注意的一些特殊要求：

1. 增强鉴别新闻真实性的能力，防止假新闻或新闻失实

网络传播在影响日益扩大的同时，也使网络信息失去有效的监控而难免片面、偏激甚至虚假。为此，记者的网上采访更需要在准确度和真实性上严格把关，对于来自网上的资讯，更应审慎鉴别。互联网上采访最常见的问题就是采访对象的可靠性与采访内容的真实性问题。近两年《新闻记者》杂志每年评选的十大假新闻中，大部分是通过互联网传播的，有些甚至是首先从互联网上传播开来的。因此，在互联网上防范假新闻，较之传统媒体而言，任务更重，难度更大。

2. 掌握多种采访方式的“合成”使用，增强采访报道的说服力

与面对面的直接访谈以及记者现场观察等采访不同，网上采访时，记者无法看到新闻事件的现场，也体察不到对象表情的变化、语调的转变等，因而在现场感和事实细节等方面必然有所缺失。为此，网上采访要求记者应当有意识地创造条件采取其他采访方式予以弥补，以增强采访报道内容的说服力和感染力。2004 年 7 月底，江西一家地方媒体的记者对当地一个诈骗股票小投资者数年的企业进行了采访，但遇到了不小的压力；于是，他们将信息发到了互联网的 BBS 上。《中国证券报》记者顾惠忠看到这一信息后，马上与他们联系，找到了一些受骗的当事人，还得到了法院即将开庭审理有关民事诉讼的信息。据此，记者又到江西实地采访，揭出了与前几年发生的“兰

州证券黑市”性质不同但问题同样严重的又一个“证券黑市”。另外，一些有关当前公众热门话题的采访报道，记者可在借助网上采访获得一定数量的公众反应的同时，选择其间有代表性的公众作面对面的直接访问。这样既可以使记者获取更具体、更全面的采访材料，又可使记者增强直接的采访体验。

3. 注意网上知识产权的保护

网上采访使记者在信源、新闻背景知识以及有关资料的获取方面赢得了便利，但记者要切切注意不能因此而过分“沉迷”于借用甚至滥用别人的成果，以防侵犯对方的知识产权。如：使用有关“汇编成果”或“数据库”的资料，以及转引别人的文章，要征得对方同意，并注明信息来源等。

三、互联网新闻采访的主要形式——电子邮件采访

（一）电子邮件采访的优势

由于网络传播的特点与优势，电子邮件采访具有以下一些优势：信息传递快捷高效；所需费用低廉；保证信件送达；给予被采访者更多的自由与尊重；可以传送文本、图像、音频信息；打破时空限制，可以同一时间采访所有想要采访的对象。

1999年《财富》论坛上海年会召开前夕，上海东方广播电台记者通过因特网采访了美国通用汽车公司总裁瓦格纳、戴尔电脑公司总裁戴尔等出席会议的企业巨头，并在论坛开幕当天的早新闻节目中播出了题为《要想争雄世界，必先逐鹿中国——网上采访跨国集团总裁》，以其时效性、新颖性在听众中引起了较大的反响。这是互联网上新闻采访的一个成功案例。

作为新一代通信工具，电子邮件最主要的优点在于它打破了时空界限，用户能自由、便利地接收信息。通过电子邮件与采访对象交流，缩短了记者与采访对象的空间距离，节省了采访时间。在国外，记者早已开始利用电子邮件进行采访，美国《新闻周刊》1995年就公布了其网上地址，鼓励用户通过电子邮件评论杂志并提供新闻线索，《财富》杂志还同时开始使用电子邮件进行专访。近年来随着互联网的发展，国内记者也纷纷开始尝试使用电子

邮件进行新闻采访。如当年美籍华裔科学家杨向中博士克隆出五头牛犊的消息见报后，《文汇报》记者想就此写一篇人物专访。于是，记者通过互联网，很快进入康涅狄格大学的网址，用电子邮件表明自己的身份，并列出了详细的采访提纲。两天后，杨博士从荷兰参加国际会议回到办公室，便马上用电子邮件回答了采访提纲所提出的问题，还发出了他在实验室的工作照片。

（二）电子邮件采访的要求

记者使用电子邮件进行采访时要注意如下几个要求：

（1）用邮件发出问题时，主题一定要醒目，甚至要有点“触目惊心”，这样才能吸引采访对象的注意。邮件主题一定要写明记者所在媒体名称或注明记者的采访意图，以免邮件被采访对象误认为垃圾邮件而不予理睬。

（2）邮件正文开始之前，可以加一点简单的对自己媒体的介绍，让对方了解他将要面对的媒体和受众，这样做也是对采访对象的一种尊重，就像面对面采访时的自我介绍一样。

（3）电子邮件尽可能多发，做好“广种薄收”的准备，特别是当某些社会热点问题出现时，为了采访到更多、更广泛的对象，了解他们对这些问题的看法，就有必要多准备一些消息来源。

（4）对采访到的信息要有较强的鉴别能力和勤于核实的精神，对于个别不太清楚的问题，或是特别典型的回答，必要时还应当利用电话或当面做补充采访，以防虚假信息或者遗漏掉重要情况。

（5）注意网上知识产权的保护，在采用与刊发时一定要注明信息来源。

尽管互联网拥有强大的资源库和得天独厚的技术优势，但网络传播的特点决定了互联网上新闻采访毕竟不是一种主流的新闻采访方式。传统的采访主体与客体之间面对面的交流是任何技术也替代不了的。记者在互联网上与采访对象进行通信或交谈时，也失去了耳闻目睹新闻现场的机会，这与“新闻采访一定要到现场”的原则是相违背的。长此以往，会导致视觉和听觉等采访功能弱化，影响新闻事实的准确性和生动性。而且，在记者利用网上资源下载某类信息时，往往难免出现虚假信息或失真现象。另外，网络技术的发展速度之快使一般的记者难以跟上技术发展的步伐，成为技术的奴隶或者技术的受害者。如此等等。这一切都告诫网络时代的新闻记者，在使用互联网进行新闻采访时一定要考虑是否符合当时的情境要求和事件特征所需，不可盲目使用互联网上采访的方式。

第八章　新闻传播要素研究

第一节 新闻传播者

没有新闻传播者就不可能有新闻传播，新闻传播者是新闻传播链条中的关键一环。本章从新闻传播者作为新闻信息的“把关人”“拟态环境”的构建者、“公共议题”的设定者等方面思考新闻传播者的主体性。深入研究新闻传播者的三种职业角色——鼓吹者、旁观者、参与者，以及这三种职业角色所包含的不同职业理念。对新闻传播者的职业权利进行论述，新闻传播者应该拥有的权利大体上包括采访权、编辑权和报道权、监督与批评权、隐匿权等。

一、新闻传播者的职业特征

新闻传播者指的是传播新闻信息的人。现代社会，传播者更多情况下是属于一定政党、集团并掌握先进传播手段的机构，因此，他们是“组织化的个人”。在新闻传播活动中，传播者传播信息决不像运送货物那么简单，他们担当的是感知信息、选择信息、表象信息和物化信息的复杂工作，传者的主体性体现于对信息的选择、过滤和加工的过程。

（一）新闻信息的“把关人”

大千世界中，每天发生的大大小小的事件难以计数，而人的接受能力有限，报纸的版面、电台电视台的播出时间也有限，事无巨细，面面俱到的“有闻必录”肯定是无法做到的。李普曼说：“报刊就像探照灯的光束一样，不停地照来照去，把一件又一件事从黑暗处带到人们的视阈内。”（李普曼《舆论学》中译本，华夏出版社，1989 年 7 月版，240—241 页）探照灯“照亮”某事物的过程，也是该事物被选择的过程。所以，新闻传播者在把新闻信息传递给接受者之前，首先有一个选择信息的步骤。传播学中的“把关人”理论（gatekeeper）研究的就是新闻传播者的信息选择问题。1949 年，怀特与美国某地方报纸的编辑合作，进行了为时一周的调查，在这一周中，编辑共收到来自三家通讯社，长度为 11910 英寸的电讯稿，他选用的只有其中的 1297 英寸，大约占 1/10，其中约 9/10 的内容都被把关过程所淘汰。由于传播者是“组织化个人”，把关也是一种组织行为。记者把关决定哪些新闻素材可以写成新闻稿，编辑把关决定哪些新闻稿可以刊播，部主任、总编把关决定哪些内容属于重要新闻等。那么，“把关人”们是否可以像主妇到超市采购物品那样随心所欲地选择和剔除信息呢？确切地说，把关的标准既有传播者的主体因素，也有更多的客观因素；既受传者内在条件制约，也有政治、经济文化等外在条件限制。一般认为，新闻选择的标准包括新闻定义、新闻价值、新闻法规、宣传价值等，像许多把筛子对信息进行筛选和加工。无论使用哪一把筛子，手持筛子的人——新闻传播者的主观因素都是非常重要的，他的世界观、价值观、文化水平、兴趣爱好等都可能影响新闻选择的结果。

（二）“拟态环境”的构建者

“拟态环境”（pseudo-environment），也称“假环境”“虚拟环境”，是美国著名新闻工作者李普曼提出的，他的这一理论也是建基于现实环境“太大、太复杂，变化得太快，难于直接去了解它”。“我们没有条件去对付那么多难以捉摸、那么多的种类、那么多的变换的综合体。然而我们必须在那种环境中行动，我们必须先把它设想为一个较简单的模式，我们才能掌握它。”（李普曼《舆论学》中译本，华夏出版社，1989 年 7 月版，10 页）所谓“拟态环境”就是我们所说的信息环境，它不是对现实环境如同镜子般的反射，而是由传播者和媒介选择一些象征性事件并进行加工后提供给人们的一种重新结构化的环境，或者说是由传者和媒介绘制的一幅“文化地图”。李普曼是在批判的意义上描述这个“拟态环境”的，他指出：“我们必须特别注意到一个共同的因素，这就是在人与他的环境之间插入了一个拟态环境，他的行为是对拟态环境的反应。但是，正因为这种反应是实际的行为，所以它的结果并不作用于刺激引发了行为的拟态环境，而是作用于行为实际发生的实际环境。”（Lippmann，Walter，PublicOpinion，Macmillan，NewYork，1956，P15）现代社会越来越复杂和丰富，人不可能亲身经历或接触每一件事，也就无法完整体验现实环境，只能通过媒介——实质上是传播者建构的“拟态环境”来认识这个世界并作出反应。如果传者构造的“拟态环境”与现实环境差距过大，会极大地影响受者对世界的把握、判断和行动。从这个意义上说，作为群体的传者肩负的是“真实地重造环境”的重任，他们的把关行为一旦失误，会给受者和社会造成无可估量的损失。

（三）“公共议题”的设定者

“议程设置功能”也是传播学的重要理论贡献之一，这一理论的逻辑起点与“把关人”“拟态环境”等是一致的。它更注重研究的是，在纷繁复杂的社会现实中，到底有哪些事实是重要的，值得重点关注，又有哪些事实是不那么重要的，可以放在次要地位关注，而哪些事实甚至可以不去关注。美国传播学家 M.E. 麦库姆斯和 D.L. 肖的研究发现，人们对重大问题的判断与大众传媒反复报道与强调的问题之间存在一种高度的对应关系，他们由此认为：“大众传播具有一种为公众设置‘议事日程’的功能，传媒的新闻报道和信息传达活动以赋予各种‘议题’不同程度的显著性（salience）的方式，影响着人们对周围世界的‘大事’及其重要性的判断。”（郭庆光《传播学教程》，中国人民大学出版社，1999 年版，214 页）也就是说，新闻传播机构不能让人们“怎样思考”，但可以让人们“思考什么”。在一段时间内，传者可能会通过媒介抛出一些他们倾向于认为重要的“公共议题”，使人们街谈巷议、津津乐道。越来越受到传媒重视的新闻策划实质上就是传者及媒介为公众设定“议题”的方式之一，也是最能发挥传者主体性的新闻传播活动方式之一。需要注意的是，新闻传播者和媒介并没有随心所欲为公众设置议程的权利和力量，在选择“议题”的时候，“议题”本身在社会政治、经济、文化环境中凸显出来的重要性和受众对它的可能的关注程度是此“议题”

能否入选与被重视的最重要的因素。

新闻传播者无论作为新闻信息的“把关人”“拟态环境”的构建者还是“公共议题”的设定者，他们的主体性都是有限的。任何一个新闻传播者都不可能仅凭主观意愿和个人好恶去把关信息、构建环境、设置议题。换言之，新闻传播者在暂时、微观、个别、次要的领域有较大的权利，可以决定报道什么，不报道什么，怎样报道，但在长期、宏观、总体、重要的领域，他们总要受到来自社会方方面面各种因素的制约。新闻传播者的主体性总是有条件的、相对的，不是无条件的、绝对的。老新闻工作者范敬宜非常羡慕京剧表演艺术家盖叫天能在八仙桌下打完一套猴拳而不伤及桌腿，从某种意义上说，新闻工作者总是在“戴着镣铐跳舞”。那种认为新闻传播者就是被动地“有闻必录”的观点和那种认为传者可以随心所欲地选择和报道新闻的观点都是对新闻传播者主体性的错误认识。

二、新闻传播者的权利和义务

权利，指公民或法人依法行使的权力和享受的利益。在各国的宪法中，新闻出版和言论自由都被视为神圣的“第一权利”。新闻传播者职业权利的法源应来自于公民的言论自由权和知情权，也就是说，新闻传播者的职业权利是公民权利的延伸。职业的新闻传播者依法拥有的权利主要有：采访权、编辑权、报道权、监督与批评权、隐匿权（为消息来源保密）等。

（一）采访权

采访权有消极权利和积极权利两个方面：一是在公开场合和约定场合，记者有自主采集、访问的权利，他人不得干预；二是对负责特定的信息公开义务的主体，记者有索取信息的权利（魏永征在“新世纪新闻舆论监督”学术研讨会上的发言，《中华新闻报》2001 年 12 月 25 日第 5 版）。

关于记者采访权的依据存在不同观点。有人认为，记者的采访权是与生俱来的，当他们作为国家公务人员担负起发布新闻的责任时，便拥有了采访的权利。也就是说，采访权是记者作为国家公务人员所拥有的特权，这种特权是政府权力的延伸。所以，采访和报道权与其说是一种权利，不如说是一种权力。另一种意见认为，采访权在中国没有作为一项授权性规范在法律上加以规定，它是从公民的言论出版自由权中延伸出来的。新闻工作者是公民，他们和他们所在的媒体是服务于公民的言论出版自由的，为满足公民的表达权和知情权才拥有采访和批评的自由权。记者不享有行政、司法等国家公务人员的特权（陈力丹《谈谈记者的采访权利和责任》,《新闻传播》2001年5期）。从这一思路出发，有人提出，既然“采访权来源于知情权，知情权来源于言论自由，所以采访并不是记者才拥有的特权。人人皆有言论自由，人人也就皆有采集信息的自由”（魏永征在“新世纪新闻舆论监督”学术研讨会上的发言，《中华新闻报》2001年12月25日第5版）。

应该说，前一种观点带有较浓的计划经济时代的思维特征。在计划经济体制下，信息处于被国家权力垄断的状态，作为稀缺资源被有计划地配置和供给。采集信息的权利——采访权自然也成为稀缺资源，不可能人人拥有。市场经济不仅对信息的需求量增大，而且需要信息的公开、透明和快速传递，信息的垄断地位应该被打破，公民的知情权也应该得到最大限度的尊重。我们同意采访权从法源上来源于言论自由，新闻工作者的职业身份不同于国家公务人员，更具有平民化的特征；新闻工作者的职业权利也与国家公务人员所拥有的职权不同，不享有“特权”。但是，由于我国的新闻体制处于计划经济体制向市场经济体制转型的过程中，很多观念上被认可的东西在实践中仍然遇到重重阻力。新闻工作者有时权利大，权力小；有时又权力大，权利小。

近年来，在考古发掘方面有偿转让新闻采访权的事件引起社会各界的争议。如江苏卫视和《南京晨报》买下江苏泗阳汉墓发掘报道，湖北卫视独家买断九连墩汉墓的报道，浙江卫视买下雷峰塔发掘的转播权，中央电视台买下老山汉墓的发掘报道。不管文物部门出于何种考虑（如补充文物保护经费的不足等），对于重大考古信息，公众不仅有权知道，而且有权通过不同的信息渠道全面地了解。也就是说，公众不仅有知情权，而且有选择权，否则，信息发布渠道的垄断可能造成信息可信度的降低。

2002 年 7 月 26 日，兰州市公安局致函当地 6 家媒体称，个别记者因采访不深入，出现一些严重失实的报道，有损公安机关和人民警察的形象，开出一份 16 名记者的“黑名单”，禁止各分、县局和市局公安机关各部门接受“黑名单”所列记者的采访。此举被称为中国新闻史上闻所未闻的怪事。而兰州媒体坚决否认有报道失实现象。警方是否有权拒绝记者采访？是否能单方面认定报道失实？都是值得思考的问题。首先，兰州警方是一个公共机构，是负有特定信息公开义务的主体。公共机构不仅无权拒绝媒体采访，而且对记者的采访没有选择权，否则就是对新闻采访权的侵害，实质上侵害了公众知情权。其次，新闻媒体的报道有没有失实，也不能由警方一家说了算，应由法院等机构认定。

这类对新闻采访权的粗暴剥夺和侵犯还包括各地屡屡发生的记者被打、被围堵和被抢夺摄像机等事件，看来在我国，新闻传播者的权利亟须被保护。新闻法规的不健全和社会对新闻传播者权利的陌生和漠视是这类现象一时难以消失的主要原因。

（二）编辑权和报道权

编辑权指新闻传播者独立对新闻信息进行选择、处理和取舍的权利。报道权指新闻工作者自由选择报道内容和报道方式的权利。编辑权和报道权在西方被称为“内部新闻自由”或“编辑部新闻自由”，主要针对的是当媒体内部编辑方针和媒体所有者的某些要求发生矛盾时，编辑部工作人员拥有对稿件的最终取舍和处理权。这种权利实际上是新闻传播者的“新闻报道权”和媒体老板的“媒体所有权”“媒体经营权”的分庭抗礼，以区别于媒体主要用来对抗政府管制的“外部新闻自由”。

在 20 世纪，不少西方国家的新闻工作者都进行过争取“内部新闻自由”权利的斗争。1919 年，日本私营报业的编辑记者提出：“股东不得干预社论内容，报道应建立在编辑管理从资本中分离和独立的基础之上。”1947 年，日本报纸发行人和编辑协会通过决议，认为报社职工有权拒绝老板指令但又有碍公共利益的报道。从 1954 年开始，法国和意大利等欧洲报纸都掀起争取报道权运动,反对老板干预报道,提出报道什么和怎样报道的权利属于编辑部。美国有 39 个州明文法定内部新闻自由的权利，另有 11 个州虽无明文，但承认内部工作人员有一定程度的自主权。（童兵《比较新闻传播学》，中国人民大学出版社，2002 年版，269—270 页）“内部新闻自由”也是媒体实行“编营分离”的依据之一，英国《泰晤士报》因最早把编辑权、报道权和所有权分离而成为“编营分离”的典范。当然，在媒体集中化、垄断化愈演愈烈的今天，被纵横交错的公司体制和“整体营销”理念所围绕的当代西方传媒也越来越难以保障传播者的内部新闻自由。比如，伊拉克战争中，曾获得过普利策新闻奖的资深记者彼得·阿内特就因与东家全国广播公司（NBC）的报道方针不符而被开除。

中国新闻媒介的完全国有性质规定了中国新闻传播者与西方同行在“内部新闻自由”方面享有的权利有所不同。改革开放以来，媒体自主权和以往相比有了很大提高，“编营分离”也成了新形势下媒体改革的方向之一。随着政治体制改革和新闻体制改革的深入，媒体从业人员拥有的编辑权和报道权将会进一步扩大。

（三）监督与批评权

这是一种新闻传播者通过新闻媒体对权力机构及其工作人员以及社会公众人物的行为公开报道、评论和批评的权利。它的法律来源仍然是公民的言论自由权，它的法律依据是我国宪法第 35 条和第 51 条。确切地说，它是新闻传播者代表公民对政府权力机构等公共组织和公众人物进行监督和批评的权利。

在计划经济时代，这一公民权利很大程度上也为行政权力所垄断，新闻媒介和新闻传播者很大程度上代表行政权力本身，对权力机构内部的不良现象提出批评、惩前毖后、以儆效尤。这种“批评”由于带有权力色彩，显得威力强大，解决问题灵光。

20世纪90年代以后，《焦点访谈》等舆论监督类节目开始“淡化”新闻批评的官方色彩或权力色彩，增强平民色彩或权利色彩。节目的主创人员力图在政府和百姓之间寻找一种共同话语,既能为百姓代言,又不给政府添乱。但这类节目带有的特殊权力背景使新闻工作者不知不觉中承担了“青天”的角色,不仅曝光事件、批评现象,而且希望能够通过这种曝光和批评解决问题。《焦点访谈》的编辑记者常常在节目播出时担心“问题如果解决不了怎么办”。过分迷恋于“青天”神话，媒体“越权”“越职”“越轨”的事件时有发生。

进入21世纪，媒体职能发生变化，中国新闻从业人员也开始重视自身的专业身份。央视新闻中心一位编辑在接受采访时说：“解决问题实际上不是媒介的责任，这是中国电视在发展中遇到的一个特殊现象。相信随着社会的发展，媒介扮演这样的角色将会越来越少。”其实，媒体或新闻工作者的监督与批评权是不具有强制力的，具有强制力的是行政或司法部门的权力。从这个意义上说，新闻工作者的监督与批评权是一种“软权力”。

（四）隐匿权

隐匿权又称“秘匿权”“消息来源保密”“保护新闻来源”等。指新闻传播者不公开消息提供者具体情况的权利。其主要的法律依据还是来自公众知情权，当记者与不愿公开身份的消息提供者之间建立的“契约”被破坏后，最大的受害者是公众。因为公众从此无法了解那些通过公开方式无法获得的信息。但是，这一权利并非被各国法律认可，更多作为新闻业普遍认同的行为准则存在。比如美国记者工会1934年制定的《记者道德律》，英国新闻记者学会1963年制定的《英国报人道德规范》，法国全国新闻记者联合会1966年修订的《报业道德信条》，加拿大法文报人协会1964年通过的《报业廉正章程》等，都规定了为新闻来源保密的内容（蓝鸿文《新闻伦理学简明教程》，中国人民大学出版社，2001年版，122页）。

由于新闻工作者的隐匿权不像银行工作人员、律师、医生的隐匿权那样受到多数国家法律的保护，这一权利至今很难得到保障。英国法官丹宁勋爵认为："只有一种职业有可以不向法院提供消息来源的特权，这就是律师职业。""法庭要求他（记者）透露消息来源乃是履行一种公共职责。"（丹宁勋爵著，李克强等译《法律的正当程序》，群众出版社，1984年版，24—27页）不少学者认为，关于新闻取材来源隐匿的问题，已经超出法律领域，而涉及伦理、惯例甚至民主等的关系。它主要是一种记者与被采访者之间信任维系的东西，或是为了保护受害人的名誉，或是为了保障采访安全，体现了对采访对象的合理要求的尊重。与隐匿权这一行业伦理或准则相冲突的主要是法律规范。在西方，记者以承担法律责任来对抗逼迫他说出新闻来源的法律要求的做法并不少见。

1978年7月24日，《纽约时报》记者法尔勃因拒绝法官裁示交出采访笔记和录音带，以藐视法庭罪被判入狱40天。《纽约时报》也因支持记者的行动被判罚金20万美元，法尔勃说："如果我放弃了采访笔记和录音带等资料，我将毁损了我的职业人格，并丧失了新闻同业的信誉。更重要的，我这种做法无疑是公开宣布，时报这份最有声誉的报纸已不再是任何人可资信赖的对象。"（李子坚《〈纽约时报〉的风格》，长春出版社，1999年9月版，340—344页）在1958年的加兰诉托里夫人案中，作为新闻工作者的托里夫人也因为拒绝透露消息来源而被判定刑事藐视法庭罪并判处10天监禁（程宗璋《论新闻取材来源隐匿的法律问题》，《新闻与传播研究》，2002年3期）。

当法律和行业伦理发生冲突的时候，应以公共利益为重。新闻传播者的隐匿权不应是一种绝对的权利，应该是一种有限的权利，或者说是一种"可削减"的权利。因为这种权利一旦被滥用，可能会造成伪装消息来源，或利用匿名恶意攻击等更加败坏新闻传播者声誉的事件。

由于我国的新闻实践和司法实践中尚缺乏关于隐匿权的案例，伦理规范中也缺乏关于隐匿权的条款，这一"可削减"的权利还不太被我国新闻传播者所熟知。在新闻法规和新闻伦理健全之后，它可能将会进入中国新闻工作者的视野。

（五）新闻传播者权利与责任的统一

任何权利都不是绝对的，自由与责任，权利与义务从来都是统一的。公民在享受公民权利的同时必须承担公民义务，同样，新闻传播者在享有职业权利的同时也必须承担责任。首先，新闻传播活动必须在法律的轨道上进行，这是一种“他律”，也可以说是一种硬性的责任规定。其次，新闻传播者还必须遵守新闻职业道德规范，这是以新闻伦理为核心的“自律”规范，也可以说是一种软性的责任规定。

新闻自律和新闻他律对新闻传播者的职业权利形成一种制衡力量，有力地规范着新闻传播者的职业行为，制约传者职业权利的滥用。新闻传播者也应意识到，在履行职业和社会赋予自己的权利时，还要担负起职业和社会赋予的责任。

三、新闻传播者的职业素质

职业观（professonal ideology）指的是社会中的多数人对某一特定职业的根本看法和态度，也是某一职业的从事者将社会对其职业的角色期望内化为自我意识而形成的职业角色意识，海外有学者译作“专业理念”或“专业意理”。社会生活中职业化程度越高的职业，人们对其从业者的角色认定也越明确。如医护人员被称为“白衣天使”；教师被视为“园丁”“红烛”等。这种主观意识或态度一旦形成，会在很大程度上影响和支配人们的职业行为，特别是当一种职业观内化为从业人员价值体系的一部分时，往往表现出很强的自主性，据一些西方学者的研究，有时候这种自主性可能达到与职业组织力量相抗衡的程度。

（一）鼓吹者、旁观者与参与者

新闻工作的特殊性决定了不同时代、不同体制、不同新闻观念、不同价值取向的新闻工作者有着不同的职业角色和观念。通过考察新闻职业化的历史和现状，我们把新闻工作者的职业角色和观念概括为三种：鼓吹者、旁观者、参与者。必须指出，这里的三种概括属于描述性概念，不含价值判断色彩。

从新闻传播职业化的历程看，“鼓吹者”是最早形成的一种职业观，也是一种不够“职业化”的职业观。我们知道，近代报纸是伴随着17、18世纪英法资产阶级革命诞生的，因此它们一开始就被新兴的资产阶级用作政治斗争的工具。与此相对，封建专制政府先是制定严格的管制政策，以限制报刊的出版发行，随后便学会自己办报或利用报刊来维护其统治。因此，正如新闻史家业已指出的那样，传播新闻和信息起初只是报刊的附带功能，政治宣传和政治鼓动才是其主要功能。当资产阶级获取部分权力，阶级地位得到相应巩固时，内部的矛盾和纷争也随之开始暴露。“政党报刊”正是这种矛盾和纷争的产物。坚持所属党派的立场、宣传所属党派的观点和主张、捍卫所属党派的利益，是政党报刊的共同特征。可以说，政党报刊把早些时候政治性报刊宣传鼓动的功能推到了极致，报刊完全成了各种政治喧嚣的机器、党同伐异的工具。“鼓吹者”正是在这样的历史背景下产生的一种新闻职业观，其典型特征是将报刊的性质界定为某些政治实力集团的“喉舌”，把报刊的主要功能集中于宣传一定的思想观点。18世纪美国国会派政党的一个首领宣称：“我的报纸就是为同我观点一致的人办的。我不计盈亏，不管你（读者）爱不爱看，我就是宣传自己的观点。”（转引自陈崇山《受众本位论浅析》，载《新闻纵横》1993年3期）值得注意的是，在各国新闻事业发展初期，都程度不同地出现过一批很有影响的政治性报刊或政党报刊。这无疑是“鼓吹者”作为一种新闻职业观得以普遍存在的实践基础。绝大多数政治性报刊都积极倡导鼓吹者的职业观，包括无产阶级党报。在无产阶级党报理论中，这种职业观得到了更加系统、全面的阐发，并通过报业实践不断巩固和加强。概括起来，持鼓吹者职业观的新闻工作者坚持认为：报刊或媒介是为自身以外的目的而存在，它们必然要服务于一定阶级、一定党派或一定集团的政治利益；新闻工作者实际上是政治宣传员和鼓动员；他们在具体的新闻工作中应该始终保持坚定的政治立场和鲜明的政治态度。

与此相反，“旁观者”则认为：媒介有其自身的目的，这就是通过提供信息服务来获取利润；因此新闻工作者应该站在客观中立的立场上记录和报道事实，他们实际上是社会环境的守望者、社会信息的传播者。这种职业观诞生的历史背景是19世纪30年代出现的“大众化报刊”。大众化报刊开西方现代报业之先河。这类报刊起初一般为个人所办，没有什么政治背景和党派后台，因此要想很好地生存下去就不得不小心避免介入政治斗争或党派纷争。此外，追求大量发行以赚取较大利润也是它们生存和发展的前提。而尽可能站在客观中立的立场上记录和报道事实则可以产生一石二鸟的效果。客观中立的立场既能使自己避免得罪某些实力集团，又能扩大报纸的发行量，从而为报纸赢得利润。正如曾任美国约翰逊总统新闻秘书的乔治·里迪分析的那样：“意识形态浓厚的报纸，其销路必然局限在赞同这种意识形态的一小批抱有党派偏见的人范围以内，而销路如此小的报纸是不可能盈利的。”正是“大众化报刊”所奉行的一套实用主义方法奠定了现代新闻事业的基本工作原则，作为一种职业观的“旁观者”是这些基本原则的有机组成部分，其典型特征是将报刊的性质界定为社会大众的“耳目”，把报刊的主要功能集中于传播新近发生事实的信息。

如果把“鼓吹者”视为“正题”，“旁观者”就是“反题”，而“参与者”则是“合题”。它承认报刊的意识形态属性，但不主张把“新闻纸”（newspaper）变成“观点纸”（viewspaper）；它认为报刊不可能不反映传播者的思想观点，但这些思想观点必须实事求是，经得起事实的检验；它主张新闻传播必须报道新闻和时事，但不认为新闻工作者能完全置身于社会生活之外；它提倡新闻报道要真实、客观、公正，但同时又要求新闻工作者深入群众、深入生活、深入实践。列宁曾指示自己的报刊：“少一些政治喧嚷，少发一些知识分子议论。多接近生活。”（《列宁全集》第3卷，人民出版社，1959年版，第602页）马克思指出：“报刊只是而且应该是有声的、人民（确实按人民的方式思想的人民）日常思想和感情的表达者。……它生活在人民当中，它真诚地和人民共患难、同甘苦、齐爱憎。它把它在希望与忧患之中从生活那里倾听来的东西，公开地报道出来；它尖锐地、激情地、片面地（像当时激动的感情和思想所要求的那样）对这些东西作出自己的判决。”（《马克思恩格斯全集》，中文1版，第1卷，人民出版社，1971年版，第187页）

（二）三种职业观的价值取向

不同的职业角色意识带来不同的职业理念，不同的职业理念必然拥有不同的价值取向。简单地说，鼓吹者最主要的价值取向是政治取向。新闻工作者自身不具有独立的力量，只能依附于特定的政治力量和党派力量，或者干脆就是政党的一分子，成为政党的宣传工具。在其职业活动中，政治利益高于一切；在其人格构成中，政治人格占较大比例。所以，鼓吹者与其说是新闻人，不如说是政治人，他所承担的主要角色是“政党喉舌”，职业赋予他最重要的品质是信仰而不是怀疑。

著名报人普利策说：“倘若一个国家是一条航行在大海上的船，新闻记者就是船头的了望者。他要在一望无际的海面上观察一切，审视海上的不测风云和浅滩暗礁，及时发出警告。”这就是旁观者的职业内涵——充当“社会耳目”。当媒介工作者的身份为旁观者时，其基本的价值取向是以新闻为本位。与鼓吹者相比，旁观者的职业化程度有所提高，不再是政治人，而是新闻人。但是，旁观者所遭遇的角色冲突和伦理拷问却比鼓吹者来得更加激烈。鼓吹者由于是政党的一员，必须服从政党的纪律，信仰政党的思想，因此不会有“报道还是不报道”“履行职业义务还是遵守社会道德”的两难选择。但是，本质上属于自由主义者身份的旁观者却要遭遇“上帝死后”的价值质询，当“客观”“中立”成为对“善恶之辩”的价值悬置，当置身事外成为对社会公道与人间正义的无情遮蔽，有痛感的旁观者不能不陷入怀疑和困惑之中。南非记者凯文·卡特就遭遇了这样的伦理冲突。作为1994年普利策最佳新闻摄影奖的获得者，凯文拍摄了一张照片：画面上是一个饥饿的、奄奄一息的苏丹小姑娘，旁边站着一只同样饥饿但对小姑娘虎视眈眈的秃鹫。凯文在拍照还是救人、顺从职业角色还是皈依社会角色之间选择了前者，留下了一张富有新闻价值的图片。获奖两个月后，他自杀了，遗书中写道："我真的非常抱歉。"

恩格斯曾经指出，新闻工作者职业最大的短处是由于不参与社会实践，又要去报道社会实践，难免把自己都还没有搞清楚的东西当作事实报道，所以，容易"使人浮光掠影"（《马克思恩格斯全集》，中文1版，第37卷，人民出版社，1971年版，第319页）。参与者的职业理念一定程度上克服了旁观者的缺陷。人文—社会取向成为参与者主要的价值取向，所追求的是对社会的人文关怀、道德关怀和现实参与。参与者把自己看成社会的一分子，承担起对社会、对人类的责任，明确新闻传播的最终使命是促进社会的民主、文明、进步、发展。因而，既要真实、客观地传播信息，又要维护正义，坚守良知，成了参与者自觉的价值追求。此时的新闻工作者不仅是公共传播者，更是负责任的公共传播者，他既是大众社会的"耳目"，也是社会大众的"喉舌"，归根到底担当了"社会良心"。

若在功能品性上区分三种价值取向，可分为"实践理性"和"精神理性"。实践理性以实践为目的，注重的是将思想转化为现实，以历史的具体性，实践的策略性与操作性为特征；精神理性以人类社会的终极目标为目的，试图超越历史的阶段性和现实的具体性，因此以理性的普遍性和永久性为特征。但是，"思想"和"实践"常有巨大落差。就党报理论而言，它在精神理性的层面上也是为最终建立一个大同世界服务，马克思认为新闻事业的目的是探求真理（赫伯特·阿特休尔著，黄煜、裘志康译，《权力的媒介》，华夏出版社，1989年版，第106页）。列宁作为一个革命实践者，为适应特定历史时期的革命需要，将马克思的精神理性转化为实践理性，提出报刊三大作用说，形成了媒介的政治取向。自由主义报刊理论最初也是植根于"天赋人权"和"理性至上"的精神理性，力求实现"意见的自由市场"和"真理的自我修正"。但在实践理性中，自由主义为市场自由主义取代，"理性至上"被"金钱至上""利润至上"所取代，形成了媒介的经济取向。媒介的人文—

社会取向从精神理性的角度看带有终极关怀的性质，转化为实践理性后，更多的带有社会责任的性质。

建立什么样的职业理念，关键在传媒工作者的价值选择。马克斯·韦伯认为：“一切有伦理取向的行为，都可以是受两种准则中的一个支配，这两种准则有着本质的不同，并且势不两立。指导行为的准则，可以是‘信念伦理’也可以是‘责任伦理’。”（马克斯·韦伯著，冯克利译，《学术与政治》，三联书店，1998 版，第 37 页）“信念伦理”是不问后果的，只是“盯住信念之火，不让它熄灭”，“责任伦理”则强调为自己的行为的后果承担责任。在行动领域，韦伯强调后者的优先性。就新闻工作者较成熟的职业观而言，旁观者信奉价值中立的普世主义信念伦理，参与者注重的是为职业行为承担责任，为社会正义和社会道德承担责任的责任伦理。

（三）三种职业观体现的传受关系

新闻传播者的三种职业理念分别拥有三种典型的“理想受众”或“期待受众”。在鼓吹者眼中，受众是被宣传者或受教育者。此时传播者往往有一种“天下为师”的启蒙主义心态，对受众的态度是居高临下式的“我启你蒙”“我想让你知道什么”“你必须知道什么”“你应该知道什么”。这种明显的“传者本位”或“传者中心”立场常常较多地表现出组织传播的特征，传播方式主要是由上而下的宣传和灌输。受众只能被动接受，很少主动参与。这种不平等的传受关系虽然也能让受众获得知识、接受教育，但单向灌输的方式容易使受众厌腻。

对旁观者而言，受众就是“大众”，或者更直接地说，这个“大众”在商业社会就是新闻信息的消费者。传播者为把自己的信息产品推销出去，考虑更多的是“大众喜欢什么”“大众需要什么”“大众想知道什么”。这是一种“受者本位”或“受者中心”的立场，更具大众传播的特征。传播方式容易变成片面迎合而非引导受众的消费需求。只有参与者把受众当作“公众”看待。传播过程中，传播者和受众都是主体，力求建立一种双向沟通的、积极的、平等的传受关系，这是一种“传受平等”的立场，在更高层面上回归了人际传播，传播方式是一种在公共话语空间进行的平等交流。传者和受者同样作为参与者进入传播过程，传者充分理解和尊重受者的不同需求，同时对受者进行引导。以网络为代表的新型媒介无疑具有这种“去中心化”的特征。

在商业性媒介那里，表面上看，媒介工作者将大众视为衣食父母，千方百计的满足大众的“知晓权”，实际上，大众作为媒介产品的消费者的身份使其并不能获得真正的自由。西方大众消费文化的研究者发现，在文化流通领域存在“格雷欣”法则，即价值不高的东西会把价值较高的东西挤出流通领域。正因为大众传媒是“就低不就高”的，所以媒介工作者兜售给大众的往往都是按利润最大化原则生产的商品，迎合的是大众浅层次的感官需求，而非人们真正需要的东西。从这个意义上讲，大众传播仍然是不平等的传播方式。把受众当作公众，才能体现一种较为平等的传受关系，传者尊重受者的独立人格和自我意识，尊重受者的不同文化需求，在尊重的基础上相互对话和交流，而不是片面地灌输或一味地迎合。

纵观新闻传播史，鼓吹者—被宣传者的传受关系较多表现在党营媒介中，旁观者—消费者的传受关系多表现在私营媒介中，而参与者—公民的关系更多体现于公营媒介之中。

当媒介的主持人和经营者是某个政党或团体时，也即“政治家办报”时，自然把媒体当作政党的喉舌，也自然会要求从业人员把鼓吹本党利益作为至上目标。因而，党营媒介无形中成为政党权力的延伸，党营媒介的工作者也无形中相当于党政工作者。在党营媒介工作者的职业素养中，对“党性”的要求高于对诸如“客观”“全面”“平衡”等其他素质的要求。人大舆论研究所 1997 年在全国范围内进行的《中国新闻工作者职业意识和职业道德》的调查表明，中国新闻工作者对于“报道要全面”的认同比例与“真实”“客观”等要求相比有较大下跌，认为有其重要性的指数为 7.69；而对于“报道要平衡”的认同指数则为 5.75，有高达 43.7% 的人认为它对我们“不重要”或“不太重要”

（喻国明，《中国新闻人——我国新闻工作者职业意识与职业道德抽样调查总体报告》，选自《解构民意——一个舆论学者的实证研究》，华夏出版社，2001年版，第189页）。在被调查者中，党员占总数的53.1%。长期的党报工作传统和经验，使我国的新闻工作者养成了把观点立场正确与否置于是否“全面”“平衡”之上的报道习惯。

当媒介的主持人和经营者是私人老板时，也即“企业家办报”时，媒体主要成为赚钱的工具。因为新闻媒介变成了企业，媒介产品变成了商品，媒介主持人自然视赢利为目的，追求利润最大化。为了获取经济利益，新闻工作者必须超然于各种党派之外，保持中立态度才不致得罪价值观不同的消费者，因为“政治上的中立就是商业上的赢利”（赫伯特·阿特休尔著，黄煜、裘志康译，《权力的媒介》，华夏出版社，1989年版，第153页）。

当新闻媒介属于全体公民所有时，新闻事业就是一种公共传播事业，其社会利益高于经济利益。欧洲的广播电视业大多采取公私并举的双轨制运行模式，公营台始终是与私营台相抗衡的力量。公营台“对社会政治文化发展的追求高于商业利益，维护西方民主制度、保障公众利益高于对收视率的追求”（李良荣，《当代世界新闻事业》，中国人民大学出版社，2002年版，第93页）。此时的新闻工作者作为社会政治文化生活参与者的职业理念表现在媒介内容上，使得严肃、高雅、健康的新闻时事、社会教育节目成为主流，满足不同受众乃至少数人的需要成为可能。这一点在英国的BBC、日本的NHK、意大利全国广播公司、德国广播联盟等公营台表现尤为明显。但是，20世纪末，伴随全球经济私有化的风潮，广电业也出现了私有化浪潮，公营台在与私营台的竞争中优势不再明显，反而渐渐处于劣势。

（四）三种职业观与主流报道方式

自新闻事业产生以来，新闻报道方式层出不穷，但可称之为“主流”的报道方式并不多。由于鼓吹者承担的主要职责是宣传，体现在报道方式上，就是典型报道以及言论；由旁观者的职业理念则引申出既饱受争议，又常胜不衰的报道方式——客观报道；与参与者的职业理念相适应的则是以调查性报道、解释性报道等为代表的深度报道方式。

在美国的便士报产生之前，政党报刊居于报业主导地位。经济上的不独立和政治上的依附性，导致了报刊内容上的单一性，为政党鼓吹的言论占据重要地位。但这种“观点纸”只是昙花一现，很快便被以登载新闻为主的大众化报纸所取代。典型报道崛起于苏联和我国的社会主义报刊，它是社会主义条件下的一种特定的新闻报道形式，它的实质是为无产阶级政治服务的新闻特写。典型报道最典型地体现了新闻工作者作为“鼓吹者”的身份，通过饱含深情地歌颂英雄、赞美英雄，以激励和鼓舞人民投身革命事业。但随着时代环境由一元向多元发展，代表着整齐划一的时代大合唱的报道方式开始让位于多声部歌唱式的报道形式。典型报道走向式微，言论也开始淡化以往强烈的意识形态色彩，而加重了现实色彩和社会色彩。无论言论还是典型报道，都是政党报刊宣传的主要方式，在我国，它们曾经培养出穆青式的一代名记者，但在今天，仅仅善写典型已不大可能成为“名记”了。

客观报道，既是一种报道方式，也是一种新闻理念。不管这个概念是如何饱受争议，它对于新闻专业主义的建构还是功莫大焉。在此概念产生之前，新闻工作者缺乏一种明确的职业操守、职业伦理和职业准则。因为政党报刊工作者必须跟从政治的指挥棒，自身缺乏相对的独立性。而大众化报刊则带来了两个胜利：“新闻”对“言论”的胜利和“事实”对“意见”的胜利（Michal Schudson，〈Discovering the News〉，P60，Basic Books Ins.，1973.）。在此之后，客观性成了世界各国新闻工作者的职业规范，它与真实、全面、公正等概念一同成为新闻专业主义的重要内涵。由客观性理念延伸出的客观报道形成了一整套规范的写作模式和操作技巧，比如准确、清楚、简洁、平衡等。是否符合客观报道的原则，成了衡量新闻工作者专业化水平的尺度和标准。这些原则迫使新闻工作者在进行新闻报道时不得不置身事外去冷静、理智地打量事件、记录事件。客观报道时代的记者正因为对事实拥有一种信念，对自己的职业身份和报道方式也拥有一份自信。他们认为事实是可以认识的，世界是可以认识的，“无冕之王”的封号由是得之。但是，20 世纪 50 年代关于美国参议员麦卡锡的报道使客观报道受到质疑，记者不加分析地罗列事实，有时不仅不能引导受众发现真相，反而会误导受众。客观报道过于规范的操作方式也阻碍了记者个性的彰显，容易产生匠人而非“名记”。美国的一位编辑指出：“大部分报纸都只雇佣记者的眼睛和耳朵，而不雇佣他们的大脑。”（罗恩·史密斯著，李青藜译《新闻道德评价》，新华出版社，2001 年版，第 67 页）

“如果说，客观报道的基本要求是‘实事’，那么，深度报道的本质要求就是‘求是’。”客观报道以报道“事件”为本，深度报道则以解析“问题”为本（喻国明《深度报道：一种结构化的新闻操作方式》，选自《媒介的市场定位》，北京广播学院出版社，2000 年版，第 334—335 页）。深度报道本身并非一种特定的文体方式或报道体裁，它是一群文体类型的总称（参阅芮必峰、姜红，《新闻报道方式论》，安徽大学出版社，2001 年版，第 280 页）。深度报道关注的重心不再是客观报道的“What”，而是“Why”和“How”。在西方，20 世纪中后期兴起的解释性报道、调查性报道都属于深度报道的范畴；在我国，20 世纪 80 年代以后出现的“大特写”、多维组合报道、立体报道等也属于深度报道之列。深度报道的产生跟时代和社会生活的丰富性与复杂性导致人类既有的“文化版图”大面积失效有关。在信息的汪洋大海中，人类个体反而像一只失去坐标的小船，失去判断能力，记者袖手旁观地记录事实已无法满足时代的需要，“中立但肤浅”的立场也难以抵达“真实”。深度报道的出现，突破了“一人一事一报”的模式，通过对信息的组合达到使信息增殖的目的；同时，深度报道打破了“客观性”的神话，“事实”与“评论”“分析”不再水火不容，而是水乳交融。深度报道对新闻工作者提出了更高的要求，记者的身份由“记录员”变成了“调查研究人员”，由新闻事件的旁观者变成了新闻事件和时代生活的参与者。

第二节 新闻传播媒介

一、新闻传播媒介的产生和发展

（一）新闻传播媒介的产生

20世纪以来的100年，是世界新闻传播事业飞速发展的100年。这100年来，随着科学技术的不断发展，继报纸、期刊、通讯社之后，广播、电视和互联网相继问世，新闻传播的媒介日趋多元化，新闻传播的手段日趋现代化，“地球村”变得越来越小，新闻传播事业对世界政治、经济和文化的影响变得越来越大。新闻事业如何发展，能不能发展，怎样发展？这些问题都与媒介技术有着密切的关联。

新闻事业是从事新闻传播活动的行业。在《系统理论新闻学》一书中，作者认为：“新闻事业，是人类新闻活动发展到一定历史阶段的产物。我们通常说的新闻事业，就是报社、通讯社、广播电台、电视台这些新闻机构的总称，更确切地说，是这些机构、工作人员及其传播活动的总称。”

何谓媒介技术？其定义是：主张从媒介技术的角度来考察媒介对人和社会历史的影响，并认为媒介技术对人和社会历史的影响是巨大而深刻的。

新闻事业是从事新闻传播活动的行业。而媒介是进行新闻传播的手段，新闻事业的发展基于媒介形态的演变。两者之间表现出相辅相成的互动关系，按照《新闻学导论》中的说法，“报纸、广播、电视合称新闻事业，又称大众传播媒介，简称大众传媒。大众传媒是集合名称，与此相对应的单称是新闻传播媒介，又简称新闻媒介，简称传媒”，并且作出了进一步的注解：“在西方各国，大众传播媒介包括报纸、广播、电视，书刊、电影、戏剧。在中国，大众传播媒介习惯上只包括报纸、广播、电视。”

事实上，在19世纪30年代之前，虽然已经出现了职业新闻机构，但是新闻信息的传播量、传播频率、传播速度和传播范围尚不足以深刻影响社会大众。

从19世纪30年代起，以美国《纽约太阳报》《纽约先驱报》《纽约论坛报》、法国巴黎《新闻报》《世纪报》、英国伦敦《每日电讯报》为代表的大众化报纸和以哈瓦斯社、沃尔夫社和路透社为代表的新闻通讯社的问世，标志着新闻事业时代的到来。

下面简单介绍几种传播媒介以浅析其与新闻事业的关系。

报纸是一种印刷媒介，报纸的出现是世界新闻事业发展的一个重要里程碑，19世纪中叶开始，报纸开始实现大众化，在当时，大众化报纸是新闻事业的主体和标志，可以说，无大众化报纸便无新闻事业可言。这也是英美两国新闻事业长期执世界牛耳的原因。

电视的出现是传播领域的一大革命。与书籍、报纸、杂志、电影、广播等其他大众传播媒介相比，电视是比较年轻的成员。它以现代电子技术作为传播手段，具有声画并茂、现场纪实、接近群众、贴近生活等独特的传播优势，产生着强大的社会影响。成为当今世界最强有力的大众传播媒介，真正发挥了声像兼备、传播迅速的现代化新闻报道工具的作用。

电视是当今社会的第一媒介，它的社会影响超过了其他的任何媒介。世界传播大师麦克卢汉著名的传播理论“媒介即信息”充分说明了这一点。由于电视具有直观化、形象化和直接传播的特点，对社会的负面影响也比其他的媒介来得更为直接和深刻。和其他媒介相比，不良电视节目给社会的负面影响更为直接。

所谓电视新闻，就是运用现代电子技术，通过电视屏幕，形象地向观众传递新闻信息的一种手段，既传播声音又传播图像。具体地讲，它是通过电视摄像、记者采访、镜头设计、拍摄、剪辑、写解说词、配音这几个程序来完成。

它可以系统地、形象地报道事物发展的过程。电视新闻是电视各种新闻性内容和新闻报道形式的总称，是一般电视台节目的骨干和主体。

进入 20 世纪 90 年代后，世界上出现了一股卫星电视技术、数字技术、网络技术等高新技术占领电视新闻传播领域的浪潮。电视直播卫星、数字电视、移动电视、数字式转播车、高清晰度电视、多声道立体声伴音电视、各种音像记录器材以及图文电视纷纷从实验室步入社会生活，给电视新闻传播带来了巨大的影响。新闻事业得到了进一步发展。

电视技术是一个复杂庞大的体系，其中，有的技术对电视新闻的发展是非常关键的，会极大地改变电视新闻传播的面貌。而有的技术只是起一种修修补补的作用。以电视新闻重大技术为标志，电视新闻的发展分为四个阶段：第一阶段（1958 年至 1973 年）是黑白电视阶段；第二阶段（1973 年至 1984 年）是彩色电视阶段；第三阶段（1984 年至 20 世纪末）是电视新闻立体传输阶段；第四阶段（20 世纪末至今），高新科技数字技术、卫星技术给电视新闻传播带来了翻天覆地的变化，特别是数字技术，对电视新闻传播各个环节都产生了巨大的影响。

随着网络技术的兴起，电视新闻开始利用国际互联网进行节目的传播。电视新闻的传播日益网络化。

网络出现得最晚，从 20 世纪 80 年代末被引进到现在只有二十几年的历史，被称为继报纸、广播、电视三大媒介之后的第四媒体，作为一种新兴的重要传播媒体，得到各国的广泛关注。网络新闻事业是随着互联网被用于新闻传播活动而产生出来的一种崭新的新闻事业，也是从媒体角度区分出来的一种新型的传播形态。

随着互联网时代的到来，新的媒介技术重新构建了新的时间和空间。互联网本身的优越性如资源的丰富性、信息传播的快捷便利性以及传者与受众之间的双向互动性等是传统媒体不具备的，现代网络传媒的重要特性还在于它有益于公众对社会政治生活的参与，通过互联网这一新兴媒介渠道，公众一定程度上拥有能够表达和传播观点的公共空间。

不难看出，新闻事业是随着媒介技术的进步而发展的，每出现一种新的媒介，新闻事业都会得到难以估量的发展。而新闻事业的发展又会促使新媒介的产生，它们之间所呈现的是一种互动关系。媒介技术的进步正是人类新闻事业发展的缩影。

（二）新闻传播媒介的发展

1. 以口耳、体态为媒介的个体的物质性的单一传播

远古时代，人类从灵长目到早期猿人的进化过程中，由于生产力水平极其落后，生产工具也只有一些简单的石器，正在向猿人进化的人类祖先每天都处于抵御野兽、与恶劣的自然环境的斗争中，他们要为生存而奔波、战斗。为此，他们群居生活，并随时需要互相进行沟通，交流信息。而由于当时人类大脑还无法进行复杂的思维，喉、舌、唇等也还不具备发出人语的功能，于是出于遗传、本能及生存的需要，他们只好运用彼此可以理解的尖叫、呼喊及手势、面部表情和肢体语言来表达自己的想法和意见。这种原始的个体间传播代表了人类特定时期传播需要，信息传播处于一种接近于物质性和动物性的本能传播阶段，传播也属于人类生存的本能需要。

2. 以语言为媒介的群体性传播

在距今 4 万年前左右，人类语言基本形成。带有人类思维色彩的主观传播行为开始产生并逐步发展。人类传播开始从简单的口耳、体态向以语言为传播媒介的群体性传播发展。有了语言，人类就可以更加方便地记忆、传递、接受和理解信息，也就可以准确地表达要传播的内容。任何个体也就可以向集团群体传播信息。而氏族公社的产生和发展使人类社会性的群体性传播开始盛行。这一时期，信息传播的内容得到了拓展。人类的生活、生产经验、习俗文化等也可以传递给后代。歌谣、谚语等语言形式把四季变化规律、种植农作物经验等信息也以口口相传的方式一代代传承下去，从而成为这一时代的典型的新闻信息产品。

3. 以文字为媒介的面向大众传播时期

大约 5000 年前，在古代埃及、两河流域和中国的一些地方开始产生图形文字。公元前 4000 年，在古埃及出现了世界上最早的象形文字。公元前 3500 年前后，我国殷商时代出现了中国最早的文字——甲骨文。最初的文字刻在竹简，兽骨，青铜器，或布、帛上。但文字载体的笨重、昂贵限制了文字的传播。公元 105 年，我国东汉宦官蔡伦发明的造纸术，使文字传播速度和广度得到了提升，到唐朝，我国产生了官场手抄报纸——邸报。到公元 15 世纪中期，德国工匠约翰·古登堡发明了金属活字印刷术，从而人类开始把文字印刷在书籍、刊物、公报上向社会群体传播，知识与信息也就以前所未有的速度在普通民众中传播开来。同时，信息与知识也得到最大限度的保存。报纸的发行，使文字为媒介的新闻信息传播广度得到了前所未有的拓展。1609 年德国出版了世界上现存最早的周报《报道与新闻》，1660 年德国出版了世界上最早的日报《莱比锡新闻》。19 世纪末 20 世纪初，正当世界主要资本主义国家从自由资本主义向垄断资本主义过渡的时候，产生了 19 世纪 30 年代的“大众化”报纸。1833 年，《纽约太阳报》在美国纽约街头低价销售，成为世界上第一份成功的大众廉价报纸。人类从读书识字的技术中获取生活、生产能力和达到娱乐的目的并达到了交流经验、积累和学习知识的需求。书籍和报纸逐步融入人们的生活，并成为人类传播新闻信息的主要工具，促使以文字为媒介的平面传播逐步走向繁荣和成熟。但这一时代的社会传播仍然局限于有文字阅读能力的群体中。

4. 以近代科学技术——初级电子技术为媒介的立体传播阶段

录音机和照相机、录像机的产生使人类的听觉和视角功能得到了保存，并可以突破时间和空间的限制，电台和电视台的产生使人类传播开始进入立体传播阶段。1920 年，世界上第一家广播电台 KDKA 在美国匹兹堡正式播出。1936 年，英国广播公司在伦敦郊外的亚历山大宫正式开播，成为世界上第一座电视台。这一时期，人们可以同时运用听觉和视觉来接收音画俱佳的信息，传播媒介进入立体阶段。这些立体传播媒介，特别是电视这一综合文字、声音和画面的传播媒介，使得人类接受新闻信息变得更为便捷，也就成为人类接触社会、接受教育和娱乐的最重要工具。

5. 以现代科学技术——数字网络为媒介的大众传播时代

1979 年，世界上第一座移动电话通信系统在美国芝加哥开通，手机通信产生。20 世纪 60 年代末期，互联网的前身美国陆军网络 APRANET——先进网络基础结构产生，1994 年 4 月 20 日，我国正式接入国际互联网。现在，当照相机、摄像机和手机结合，当数码相机和家用数码摄像机进入平常百姓家中，当电脑网络进入千家万户，一直被动接受新闻信息的大众终于拥有了记录和发布新闻事件信息的工具。这使得任何人都有可能在新闻事件发生的第一时间从现场向全世界发出画面、声音和文字消息。新闻事件的现场记录必须等待专业记者到来，新闻信息纪录、传播一直依靠媒体记者的时代宣告结束。而随着科学技术的进一步发展，手机的摄影、摄像和接收功能不断完善。手机开始综合电视功能、提升摄像质量，成为一个微型的新闻现场直播和音视频文字接收工具；车载电视将和轿车一起全面普及；电子眼的全面推广使公共场所的动态事件处于 24 小时全天候监控中，必要时可随时进行新闻事件的现场直播和录像重播。液晶壁挂电视将遍布世界的每一个公共场所。至此，一个社会大众参与传播和为社会大众传播的大众时代终于到来。有趣的是，目前时兴的手机短信和网络交流，正是原始社会人们既做传播者又做接受者的自然平等的原始状态在现代社会的高层次的体现。这种传播以其传播信息的迅速和信息发布的自由性和平等性而备受社会大众青睐，博客和 BBS 留言、网上评论的出现满足了社会大众追求新闻信息平等交流的欲望。手机传播除了收发方便、快捷迅速、互动性强等特点外，更重要的是实现了随时随地的传播和接收新闻信息。而随着手机技术的发展，手机的接收新闻信息的功能将得到不断加强，变得随时随地。手机将综合目前的电脑功能，成为一种新的新闻媒介和完善的新闻信息发送的传播工具，从而推动大众传播走向成熟。

这一时代，新闻信息的传播和接收学习已经成为社会大众生活的一个重要内容，人类代与代之间的经验、知识的传承开始变得多样化。社会大众共同参与新闻信息的采集、传播和接收成为社会平等的一种标志。而这也正是这一时代区别于前一时代和以往所有时代的显著特征。

6. 电子传播时代

从以上的传播媒介分析中我们不难发现，一直以来，人类的传播都是由人类自己或者人类借助科学技术完成的。就是在传播最发达的大众传播时代，新闻信息传播活动中，电子设备等科学技术只不过是人类传播的辅助工具。人类才是新闻信息采集、编辑和发布的主体，也是传播媒介的主体。但到了电子传播阶段，人类在新闻传播过程中将退居后台，并逐步成为纯粹的新闻信息的接收者和传播作品的享受者。电子传播时代，电子技术设备成为传播媒介的主体，新闻信息的采集、编辑、发布将全部由电子机器完成。

二、报纸的传播手段及传播特点

报纸是以刊载新闻和时事评论为主要内容，以散页的形式定期连续向公众发行的出版物。作为一种历史悠久的新闻传播媒介，报纸具有独特的传播手段和传播特点。所谓传播手段，是指信息传播的符号，即物质承载形式。报纸的传播手段主要是文字和图片（包括版面）。文字是对语言的记录，属于语言符号系统，具有语言符号所具有的基本特征。这种特征包括：第一，任意性，即符号的“施指”（声音形象）和符号“受指”（概念）之间不存在自然的、必然的联系，而是任意的联系。第二，符号施指以线性关系呈现。符号施指在语言中是一种声音，必须依时间顺序接连出现。当语言变成文字时，这种线性关系就更加明显。因此，语言符号能够条理清晰地表述抽象而深刻的道理。图片是一种非语言符号，而非语言符号的指代关系和表述关系之间具有必然性。同时，非语言符号可以通过多渠道、非线性传播。因此，非语言符号比语言符号更真实、更生动。第三，以语言符号的线性传播方式能够吸纳读者的想象思维。报纸的传播手段以语言符号为主，以非语言符号为辅，这就使得报纸既能表达抽象而深刻的概念，又能展示具体的事物，从而为读者提供宽广而深邃的阅读和想象空间，实现传播者与受众之间的良性互动。

上述传播手段决定了报纸具有以下五方面明显的传播特点：

第一，传播速度相对缓慢。和广播电视相比，报纸出版过程复杂，采写、编辑、排版、印刷、发行等缺一不可，报道新闻的速度不如广播电视迅速及时。另外，报纸以文字符号传递信息，对阅读者的文化水平有一定要求，直接受众不如广播电视广泛。但是，这种“缓慢”也是相对的。在一定的时间、一定地区和一定事件上，报纸的传播速度甚至相对地快于广播电视。在当今激烈的媒介竞争中，报纸既要发挥自身的优势，又要不断地随着科学技术的进步来克服自身的缺点。例如，2003 年 2 月 1 日美国航天飞机“哥伦比亚”号失事，正在欢度春节的广州市民大多数是通过《南方日报》在第一时间获悉的。这说明，新闻传播的速度不仅与新闻传播媒介的速度有关，而且也与受众收视习惯相关。就大多数正常工作、学习和生活的人们而言，他们对于报纸的依赖并不亚于对广播电视的热衷。

第二，便于深度报道。报纸主要以文字符号传播信息，便于对新闻事件进行深入的分析，还可以提供背景材料和相关历史知识，说明新闻事件的因果关系，预测新闻事件的发展趋势，从而帮助读者更深刻地理解重要新闻。广播电视产生以后对报纸的时效性形成了极大的挑战，于是报纸另辟蹊径，向深度报道、解释性报道、调查性报道等深度报道方向发展。这样就形成了广播电视以快取胜，报纸以深度报道见长的局面。2005 年 5 月 20 日，民政部网站发布广州市区划大调整的消息后，各类新闻媒介均作了及时报道。报纸因其出版过程复杂，不可能和电子媒介争夺第一报道者的光荣。但是，报纸特别是晚报可以充分利用自身优势，在深度报道上将文章做足。5 月 21 日的《羊城晚报》即以 6 个版面的篇幅推出了《广州行政区划调整》的特别报道，从历史、现实、区位比较、对老百姓生活的影响等方面，作了全面而深入的报道。这些报道与民生息息相关，受到老百姓的高度重视。报纸的这种深度报道优势，在民主法制社会逐步完善、民生新闻日益受到重视的情况下，会显得越来越重要。

第三，选择性强。所谓选择性是指新闻传播者和新闻接受者在新闻传播过程中所具有的多种选择的可能性从新闻传播者的角度来看，每当重大新闻发生之时，为了弥补与电子媒介在传播速度方面的竞争弱势，报纸采编者往往会通过加深新闻的内涵和扩展新闻的外延的方式深化对新闻的报道。这样，就使新闻得以深化和开展，从而能够全面满足受众需求。从新闻接受者的角度来看，报纸上所有内容以版面的形式呈现于读者面前，读者阅读报纸可以不受时间、空间和内容上的限制；从时间上看，读者阅读报纸可早可晚、可快可慢，完全可以根据生活和工作的节奏安排阅读时间：从空间上看，报纸便于携带和保存，读者阅读不受地点的限制和环境的干扰：从内容上看，读者阅读新闻可详可略，不必像接受广播电视新闻那样按时间和顺序一条一条地接受。

第四，便于传播者和受众之间的良性互动。受众的支持和参与，是新闻传播媒介生存和发展的基础。而且，各类新闻传播媒介与生俱来即具有信息传播与反馈的特性。例如，国际互联网之所以能够迅速发展，就是因为它便于受众与媒介沟通，其信息传播带有双向沟通、传授互动的特点。广播电视可以通过现场直播、观众互动等方式达到此目的。相对而言，报纸在这方面似乎稍逊一筹，其实这是一种误会。从根本上来说，以纸张为传播载体、以文字为主要传播符号的报纸，更具有与读者良性互动的天然优势。在自由阅读的过程中，读者充满着快乐，充满着创造，能够极大地扩充想像的思域。这样，报纸传播的信息在受众那里就得以重新创造和发挥，受众在心灵深处，具备和媒介实行良性互动的基础。在此基础上，受众会将自己对新闻信息的感受和新发现通过各种方式反馈给媒介，并参与和影响媒介的传播过程。据广州市团校青少年研究所对广州市中学生进行的一项阅读习惯的调查显示，随着时代的发展，青少年阅读方式有所改变。从狭义上来讲，阅读方式的改变是指从传统纸质书籍向电子书籍转变；而从广义上讲，阅读也从一种被动地接受信息向一个互动的双向传播的过程转变。有65.2%的被调查者表示，还是喜欢读传统纸质图书。2002年10月25日，《羊城晚报》发表题为《“都市阿炳”》的系列报道。街头“二胡艺人”杨某带着6岁的女儿卖唱乞讨学费的消息见报后，热心的广州市民纷纷致电报社表示愿意资助。但“阿炳”已不知去向，于是记者和市民一道寻找“阿炳”。最后，在中共广东省委领导的关怀下，问题得到圆满解决，“阿炳”父女带着广州市民的厚爱回家安居。这既是新闻人性美的一个范例，也是报纸与受众良性互动的生动演示。

第五，记录性和保存性强。报纸是纸质载体，“白纸黑字”，便于长期保存。报纸之所以能够长期储存和保留各种信息，主要是因为它以纸张为载体。和光电载体相比，纸张能够在相对长久的时间内保持信息的原始记录状态而不会失真。即使原始载体磨损后，人们仍然可以用相同的材料加以复制，如此循环下去。和自然界其他天然载体（如木材、石料、龟甲等）相比，纸张虽然不能历久不朽，但它容量较大，便于携带，能够在广阔的范围内、广泛的人群中传播和保留信息。另外，报纸的记录性和保持性强的特点也与它的信息接受者密切相关。和其他媒介的信息接受者相比，报纸的阅读者具有较高层次的文化水平。他们不但接受信息和利用信息，而且再度传播信息，是所谓的“意见领袖”。因此，他们可以在更广泛和更长久的时空之中传播和放大信息。就当下而言，信息的接受者和利用者是社会大众。就长久而言，信息的利用者和再度传播者是知识分子，即社会的精英。他们是人类文明得以承传和发展的真正载体，他们是历史的记录者和阐释者。从这个意义上说，报纸是现实生活的记录者，也是历史研究的珍贵资料。所以，人们常说的“报纸是历史的教科书”“今天的新闻就是明天的历史”，就是这个道理。

三、广播电视的传播手段及传播特点

艺术家陈望道先生说过：“语言的更广义，就是含有声音语、文字语和‘态势语’这三种。”并说“声音语是由声音和意义两个因素的结合构成的，自然离了声音不能存在，缺了意义也不能成立。但声音和意义的关系，却不像‘态势语’那样的直接”。如此看来《中国广播电视学》中关于“配音”的概念是比较准确的，也符合实际。它说：“广播电视配音，是指在话筒前进行的有声语言创作活动。”这个概念的内涵虽然缩小了，但是外延却扩大了。“有声语言创作活动”并没有排斥其他的传播手段，但必须是以有声语言为主要特征。同时，它没有对语言运用者的职业身份作出限定。那么，记者的现场口头报道是否也应看作“话筒前的有声语言创作活动”？由于概念的外延得到了合理扩展，它起码涵盖了配音员、主持人（包括嘉宾主持）、广播电视记者等在话筒前的有声语言创作活动，这将十分有利于学科的深入研究和进一步发展。

“主持”是人们在探求广播电视规律的过程中，寻找到的一种比较符合广播电视特点的节目形式。配音仍然是其中重要的传播手段，但并不是唯一的手段。如果只是用“有声语言创作活动”来说明主持行为显然是不够的。因为“主持”行为使用了包括语言和非语言在内的各种有效传播方式。它不只是播出的最后一环，而是需要协调和控制整个传播过程，所以实际上它更像是一位操持节目的“主人”。主持人的“配音”则像是一种叙述方式。我们可以把配音看作是一种语言艺术，而主持则是一种传播艺术，需要在传播过程中加以考察。但无论是配音还是主持，都是广播电视的传播手段，所以我们必须遵循共同的传播规律。

与传统的印刷媒介相比，广播电视在传播手段上呈现出更为生动丰富和快捷方便的特点。与报纸、杂志、书籍以静态文字、图像作为传播介质的手段不同，广播电视是以更具视听享受的声音、影像作为基本的表达媒介的。这种传播手段的应用使广电传媒具有了自己的传播特点：

广播电视传播的时效性更强。在现代化传播手段的支持下，广播电视的信息采集、处理与发布传播几乎可以做到与事实现场的同步。其次，广电传播的受众覆盖面也更为广泛。目前，我国已成为真正的广电大国。据统计，我国广播电视现在的覆盖率已达94.48%、95.81%。以13亿作为人口基数来折算的话，中国现在约有12.28亿和12.46亿人口在收听收看广播电视。我国广电传媒的受众层次分布也十分丰富和广阔，从儿童到老人，从文盲到高知，基本上都能无障碍地接收到广播电视传播的信息。大容量的信息、高自由的选择度让广播电视成为现代百姓日常生活中的亲密伴侣。

除了技术手段上的这些特点外，中国广播电视还呈现出自己明显的意识形态特点和体制化特征。作为中国新闻事业的重要组成部分，广播电视宣传工作毫无疑问地是国家上层建筑意识形态构成中的一分子。在国家哲学社会科学研究“九五”规划重点项目成果《中国电视论纲》中，对我国的电视事业性质做了如下界定：“中国电视事业是中国共产党的整个新闻事业的一个重要的有机组成部分，中国的电视台都是党和政府的新闻宣传机关，中国电视是党、政府和人民的喉舌……党性是中国电视事业的根本属性之一，是区别于资本主义电视事业的最显著的标志（广播也同样如此——笔者注）。”这一界定从根本上说明了中国广播电视事业的传播属性和新闻组织原则。从宏观建设的角度上来讲，以明确的目的和自觉的意图反映和引导社会舆论，贯彻传达中央的各项方针路线政策为社会主义现代化建设服务，为构建和谐社会氛围和生活环境服务就成为了中国广电传媒义不容辞的社会责任和传媒特点体现。坚持以正面宣传为主，把社会主义放在广电传播的首位，不断以科学的理论武装人、以正确的舆论引导人、以高尚的精神塑造人、以优秀的作品鼓舞人成为中国广电媒体宣传工作中不可偏废的有机整体。

以上从技术角度和意识形态上对我国广电传播的特点进行了简单归纳，下面再来看一下我国广电事业的经营管理体制。在一定程度上，这种体制也成为了我国广播电视传播业的显著特点。我国的广播电视业在发展初期，采用的是中央和地方并举的措施，重心在中央，以纵向管理为主。这同新中国成立初期广播电视本身所承担的传达政令职能是密不可分的，也表明了作为宣传部门的电台、电视台在那个时期的特殊社会地位和政治身份。20世纪80

年代以后，伴随着于1980年召开的第十次、1983年召开的第十一次全国广电会议的召开，原先以纵向管理为主的体制开始改变为“条块结合、以块为主”的行政管理模式。党中央1983年批转广电部党组《关于广播电视工作的汇报提纲》指明：省、自治区、市广播电视厅（局）受该省、自治区、市人民政府和广电部的双重领导，以同级政府领导为主。同时，省、自治区、市广电厅（局）的宣传工作，受省、自治区、市党委领导和广电部领导；事业建设受省、自治区、市人民政府和广电部的双重领导，以同级政府领导为主。此后，各地新建电台、电视台纷纷出现，在全国逐渐形成四级办广播电视、四级混和覆盖的局面。20世纪90年代以后，各省、自治区、市的电视节目开始上星传送，地方性电视台的覆盖率进一步提高，跨区域覆盖以致多台对全国进行混合覆盖成为世纪之交中国广电业发展的新特点。

在广电系统中存在的“双重领导”管理模式和和宣传工作、事业建设、行业管理“三位一体”的管理体制在实践中也存在着一些问题和不足。这些问题和不足成为制约中国广电在新世纪讲求进一步发展的障碍。比如，“双重领导”对地方管辖权的偏重使广电系统内部上级部门对下级部门的领导受到一定的制约，导致广电地方分块、零散化严重，不利于从全局出发对广电系统进行的区域性调整。“三位一体”的管理体制虽然可以最大限度地实现广电系统内部管理部门和业务部门之间的协调配合，但同时也存在着责权不明确、管理体制滞后的弊病。事实上，不管是哪种广电体制，作为其所在国家社会制度的一部分，都是难以摆脱其所在国的具体国情来单纯评论的。在中国，党和政府通过相关法律和规定保证广电信息传播意识形态导向的正确性，并对广电系统进行总体规划和宏观调控，这些都是为了确保其社会主义的事业性质和为人民服务的舆论功能。这直接反映在中国广电所承担的社会职能和发挥的社会功用上。

广播电视的社会影响力是巨大的，由于它们本身所具有的先天优势，广播电视新闻信息传播占据着现代社会中人们获知新闻信息主渠道的位置，这也是广播电视最重要的社会功能之一。2002 年 1 月，改版后的上海东方电视台就打出了这样的口号“天下大事，先看东视”，“看到我们就看到了新闻，看到新闻请想到我们”。不仅如此，通过新闻信息的传播和发布，广播电视还发挥着舆论导向的作用。时空限制小，对受众文化程度要求低的传播特点使广播电视在组织舆论上具有了最广泛的群众基础。在长期的新闻传播实践中，广电新闻舆论导向作用不仅推进了改革开放和市场经济建设事业的发展，为社会酝酿出了良好的氛围，而且也为中国的文化建设事业和社会文明程度的提高做出了贡献。在互动式的传播中，广电媒体成为党和政府同人民群众进行沟通的一座桥梁。1994 年 4 月开播的中央电视台《焦点访谈》栏目所具有的权威性、公信力都最好不过地说明了这一点。该栏目由于敢于为老百姓说话、敢于与不良社会现象做斗争而被广大观众称为“焦青天”，其“政府镜鉴、人民喉舌、舆论监督、改革尖兵”的广电媒介职能发挥得既充分又适度，不但有效地促进了问题的解决，为社会提供了宣泄情绪的通道，更重要的是以其鲜明的政治立场、快速的新闻时效、真实的报道原则树立了广电媒体的强大舆论威力。不但圆满完成了新闻信息传播的任务，更以其巨大的社会影响力彰显了广电媒体的社会责任感和历史使命感。

除了新闻传播和舆论引导的功能外，文化娱乐也是当代中国广电媒体所承担的主要职能之一，娱乐、休闲是生活不可缺少的一部分，无论是从心理学还是从生理学的角度来说，它们都是人们保持旺盛精力进行财富创造的必需条件。在中国目前的广电节目中，文化娱乐类节目总量超过半数，而且随着社会的发展和广电观念的更新，从传统到现代、从艺术经典到文化快餐、从阳春白雪到下里巴人，几乎所有的艺术种类和艺术样式都可以在广电中找到自己的身影。以雅俗兼容的品性、以变幻多姿的内容，娱乐类节目成为广电宣传中不可或缺的一部分，在隐性的表达方式中潜移默化地发挥着传播社会主义文化观念的职能。社会的思想、观念、科学、道德、政治、法律、宗教、价值标准、行为规范等都以间接的方式渗透体现在广电文化娱乐类节目的传播中。在过去的传播观念和节目形态中，广播电视和文化娱乐功能主要体现在音乐、戏剧、曲艺、晚会和电视剧中，而现在随着受众文化程度的普遍提高和新的传播方式的改变，互动性的文化娱乐类栏目也越来越多，人们从满足纯欣赏性的娱乐转向了对“自娱自乐”亲身参与式的追求上来。而广电娱乐类栏目由单一走向多样化的发展趋势也再次彰显了这类栏目的活力和受众对它们的喜爱。

现代社会是一个信息主导的社会，快节奏的生活让信息的流量和速度处于不断地提升中，获取和更新所需的信息成为现代人的一种急需。源于这样的需要，广播电视中的信息服务类节目也迅速蹿红。如北京交通广播所创造的奇迹，央视《天气预报》栏目所创下的最高收视率都显示出了其茁壮的生命力。“从广义上理解，即宏观看广播电视的服务性，凡不宜归入新闻、教育、文化娱乐节目的均可划入服务性节目，比如市场信息、天气预报、正点报时、广告；狭义上的服务性节目，特指实用的，能直接帮助受众解决工作、思想和日常生活中实际问题的节目，如‘消费者之声’、‘生活服务’、‘医生咨询’、‘律师楼外楼’等。”广播电视服务性节目所包含的内容五花八门，诸如烹调、保健、安全、交通、旅游、证券、房产、购物、市场分析、各类广告等几乎无所不涉。一些富有良好创意的广电服务性节目也往往能将新闻性、服务性和知识性融于一体，观众不但可以获知自己想知道的信息，而且还可以在有限的时间内获得尽可能丰富的信息。

从总体上看，广播电视所承担的新闻传播、舆论引导、文化娱乐、信息服务等职能都是服务和服从于全国建设大局的，在我国现阶段建设中，这主要体现为以下三个方面：

一是广播电视要正确反映和积极推动社会主义经济建设。在知识经济时代，广播电视在进行经济信息的收集、提供和解释上具有着得天独厚的优势和义不容辞的责任。中央人民广播电台、中央电视台和很多省、区、市的电台、电视台都开设有专门的经济频道，专门用来反映在经济领域建设中所出现的新情况和新问题，及时地沟通党、政府和人民群众在相关经济政策、路线、方针上的一些问题，为人民群众解疑释惑，为全国的经济建设顺利进行创造良好的舆论环境。

二是广播电视还承担着弘扬主旋律、提倡多样化的文化建设职能。这在广播电视中，主要体现为文艺类节目和教育类节目，利用生动活泼的艺术表现样式反映我国社会主义现代化建设进程中所取得的成就，利用高科技的媒体平台向社会提供学习进修的机会仍然是21世纪，中国广播电视业不可更移和推卸的责任。在这方面，中央电视台科教频道、中国教育电视台等都做出了很大的成绩，树立了很好的榜样。

三是广播电视还承担着为思想建设和政治建设服务的使命。思想建设与政治建设是关系到我国社会主义建设成败的关键问题，在思想建设上，广电宣传价值导向的对错直接关系到我国社会主义精神文明建设的成败，在政治建设方面更是如此。广播电视在这方面的工作历来为党和政府所重视。在各种思潮并起价值选择趋向多元化的今天，如何处理好思想政治导向一元化和价值取向多元化的关系，如何在坚持正面宣传为主的同时又能不断提高舆论监督的水平，都是现代语境下中国广播电视业必须直面相对和认真解决的问题。

广播电视作为宣传媒介，既要有宣传的意识也要有宣传的艺术，以发挥服务娱乐功能的同时，我们不能忽略它的“喉舌”性质。可是，在传播新闻、进行舆论引导时，我们也同样不能忽略它大众传播媒介的属性。如何在二者间寻找到一个最佳的结合点，把握好一个“度”，是我们不厌其烦地分析这个问题的最终目的。

四、网络媒体及其传播特点

相较于传统媒体，网络媒体在传播上的新特点在于：

（1）传播快捷，时间空间更自由。相较于传统媒体，网络媒体可以实现摆脱定时定点的传播，全天24小时在任何有网络的地方都可以不间断地传播。同时，网民数量庞大，且自主性强，一旦信息受到关注引起兴趣，就将得到广泛的转载，实现病毒式传播，传播一旦达到病毒式的效果，抛开其传播的快速不说，单说由受众自觉主动的传播信息这种方式，就为信息的最初传播者节省了不少的成本。特别是进入微博时代以来，热点话题的出现以及网络覆盖只需几小时就能实现，这种速度让传统媒体难以望其项背，而真正的传播者只是起了牵头的作用,真正的传播过程都是由受众自发主动完成的。

（2）富媒体，传播形式更多样。广播只有声音、报纸只有文字与图片、电视只有声音与画面。纵向来看，媒体的发展越来越好，技术也越来越先进，但是横向来看，若想看到全面的信息，不管是广播、报纸还是电视在传播形式还是会有这样那样的限制。而网络媒体的出现则将之前所有的传播因素合而为一，博纳众家之长，将声音、文字、图像全部包揽，使信息能以多种形式存在和交换，充分实现营销过程中的创造性和能动性。并且给了受众更多的选择，受众在接收到信息后可以选择“YES”或“NO”，也可以重复浏览自己感兴趣的信息。多样的信息载体也使得传播的信息更加生动形象具有吸引力，能够在第一时间抓住受众眼球，引起关注，从而进行更进一步的深入传播。

（3）定向人群，精准传播更方便。相较于传统媒体漫天撒网的传播方式，网络营销能将信息精准定位到目标受众，进行定向传播，重点捕鱼。搜索引擎、分类网站、地方论坛，网络上的各种划分形式，形成多重范围，使企业能够在其中准确找到自己的传播目标。同时在网络投放还可以做到实时监测，对数据进行统计与分析，根据得出的结果可以对传播策略进行实时调整。这样在精准的基础上就会更加“精准”，传播的效果相对于传统媒体来说也大大的提高了。企业主还可以将广告定向投放到想要的区域，结合恰当的时间和最广泛、最精准的目标消费者群体，三者合而为一，使得传播信息能够精准到人、“弹”无虚发，减少资源浪费，营销效果不容小觑。

（4）互动性，信息沟通更快捷。传统媒体传播是“你说我听”的模式，强制灌输效果当然不佳，且无法及时得到信息反馈。企业不知道传播信息是否到达消费者，消费者反应如何；消费者也只能接触到最基本的信息，想要深入了解却找不到方法途径，信息交流产生闭塞，许多宣传往往产生的都是昙花一现的效果。而网络营销则打破"有来无往"的限制，信息传播更加深入更加广泛，而且可以借助网络技术实现企业与消费者的直接对话，进行即时沟通，通过评论、投票、活动等等网络上常见的营销方式使企业与消费者双方信息更通达，企业营销也能及时根据舆情进行调整。同时采用网络营销在与消费者进行交流的过程中，让消费者能够产生企业有种"知无不言言无不尽"的感觉，这样也会增加消费者对企业和产品的好感度与忠诚度。

（5）资源整合性，整合传播更深入。传统媒体传播信息深度较浅，只能点到即止，受众无法深入挖掘、广泛了解。同时，企业投放的不同广告无法形成连接，更难与现实产品联系实现直接购买。而网络媒体则可以将企业传播的所有信息进行整合，将分散的资源进行集中，形成广泛联系。同时，网络广告的载体基本上是多媒体、超文本格式文件，只要受众对某种产品感兴趣，仅需轻按鼠标就能进一步了解更多、更为详细、生动的信息，从而使消费者能亲身"体验"产品、服务与品牌，再加上电子商务的出现，消费者还能在网络上直接购买产品，为虚拟与现实搭建桥梁。例如"限广令"之后，植入广告成为电视广告的新形式，但是怎么植入才能不引起观众反感，却是个让人十分头疼的问题，但这个问题在视频网站却能轻松解决。例如植入广告非常突出的《男人帮》，该剧在奇艺网播放时，观众只要用鼠标点击角色的衣物用品画面，就会弹出链接并链接到购买物品的相应网站，比起用台词宣传或者镜头暗示，高科技手段减少扰民性，促销却更有力。

（6）控制与管理，营销效果更直观。如何对投放的广告进行效果控制与管理一直是传统媒体的难题。有人说在传统媒体上做广告，"我明明知道我做广告的钱有一半被浪费了，可问题在于我不知道浪费掉的是哪一半。"事实上，在传统媒体中，大投入小收效，雷声大雨点小的广告不在少数，而且最后的所收到的效果往往让投资者也很迷茫，在传统媒体上做广告，总有一种“重拳打在棉花上”的感觉。网络营销则借助网站流量统计、网站数据分析、消费者情况分析等技术，能有效解决这一问题，帮助企业对传播效果有较为直观的认识，从而正确评估营销效果，审定营销策略。与传统媒体比较后，网络营销的优势显而易见，而且网络营销并不仅仅只局限于电脑平台。在手机不断“进化”的情况下，手机已经俨然成为“小电脑”，加之现在发展势头迅猛的平板电脑，更是成为了信息的“随身听”。

五、媒介融合及其发展趋势

互联网特别是手机媒体的迅猛发展对报纸、广播电视乃至图书出版等传统媒介的生存和发展带来了严峻的挑战。为了适应传播技术发展的要求，各类传统媒介纷纷谋求变革。经过为时不长的探索，目前各种媒介之间相互融合的趋势日渐显示出来。所谓“媒介融合”（media convergence），是指在互联网的基础上各种媒介之间相互依存、相互渗透、逐渐融合的发展趋势。它涉及媒介的技术层面、组织层面、制度层面和社会层面。

关于媒介融合的讨论，最早出现在媒介技术层面上。1978 年，美国麻省理工学院媒体实验室创始人尼葛洛庞蒂（Nicolas Negroponte）在《媒体实验室：在麻省理工学院创造未来》一书中描绘了“媒介融合”的蓝图（见图 8-1）。尼葛洛庞蒂用三个圆圈来描述计算机、印刷和广播三者的技术边界，认为三个圆圈的交叉处将成为成长最快、创新最多的领域，并且这三个圆圈呈现出叠加和重合的发展趋势。他认为媒介融合是在计算机技术和网络技术二者融合的基础上用一种终端和网络来传输数字形态的信息，由此带来不同媒体之间的互换性和互联性。

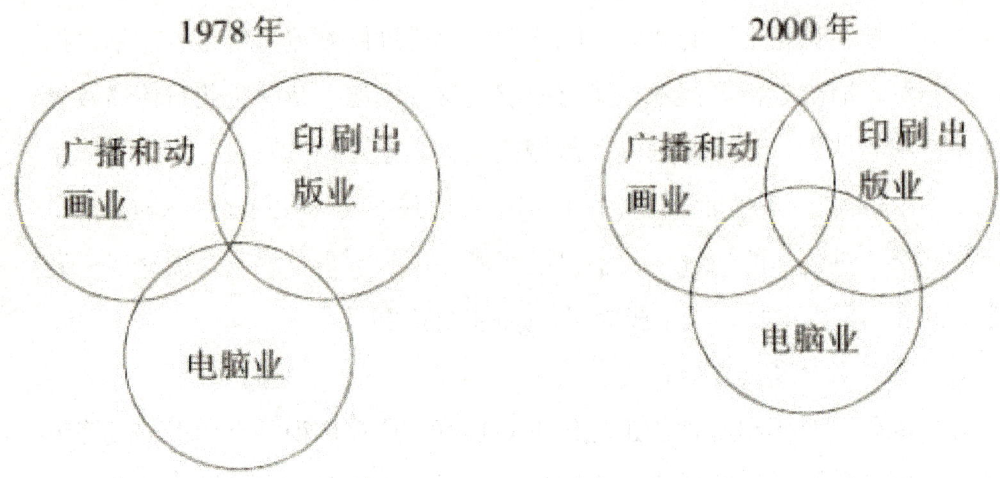

图 8-1 MIT 媒体实验室的汇聚结构

在此基础上，约翰·帕夫利克（JohnV.Pavlik）在《新媒体技术——文化和商业前景》一书中，明确指出："融合是指所有的媒介都向电子化和数字化这一形式靠拢，这个趋势是由计算机技术驱动的，并在网络技术的推动下变得可能。融合的出现对现有媒体秩序是一个意义深远的挑战，它为多媒体产品的发展铺就了发展道路。所谓多媒体，是指文本、图片、视频、声音以及这些元素的链接和交互的混合体。"

随着媒介融合实践从技术层面到媒介产品形态融合、新闻传播业务的形式融合、传媒系统的运作与组织结构的融合等，特别是涉及媒介所有权融合的时候，媒介融合就超越了单一技术融合走向"社会性的融合"。这种"社会性的融合"对新闻传播事业的整体面貌产生了根本性的影响。美国密苏里新闻学院的童于炎、乔治·肯尼迪、弗里兹·克罗普从传媒经济学的角度认为媒介融合是指大众传播业的一项正常的项目或者说是一个渐进的发展过程，它整合或利用处于单一所有权或混合所有权之下的报社、广播等电子媒体，以增加新闻和信息平台的数量，并使稀缺的媒体资源得到最优配置。在规模经济和范围经济的作用下，这些融合的媒介形式以及被重新包装的媒介内容，将提供给受众更大的信息量，从而实现领先竞争对手、获得盈利、提供优质新闻的目的，并最终在数字时代的媒体竞争中保持优势地位。团址述的概念从传媒业务的方面、组织管理的角度、传媒经济学的角度探讨媒介融合，涉及面广，除涵盖了“技术层面的媒介融合”的所有内容之外，还包括产品形态、业务操作、组织结构（特别是所有权）等方面的融合。因此，我们称这种超越了技术层面的融合为“组织层面的媒介融合”。

如果我们认识到媒介与政治、经济、文化、社会等的密切联系．那么，要使技术与组织层面的媒介融合成为可能就必须考虑社会对媒介融合实践的制约。因此，媒介与政治制度的协调、经济因素对融合的基础性限制、文化上对融合的认同与否等都对媒介融合产生极大影响。这种比较宏观的观察视角以瑞典的安德列斯·尼尔森等人为代表。他们认为媒介融合包括三个方面：①媒体业务与媒体本身的融合；②规制和规则的融合；③用户对媒体互动使用与参与的融合。在这三者当中，以“规制”最为重要，它涉及我国新闻传播事业的政策层面。因此，我们将这种涉及媒介持续、健康发展的政治、经济与文化等体制层面的媒介融合称为“体制层面的媒介融合”。

前面所论述的技术、组织以及制度层面的媒介融合都集中在传媒业的范围内，因此，这三种融合可统称为“传媒业的内部融合”。这种在传媒业内部的融合已不适合传媒业的新变化，主要表现在电信产业、IT 产业、电子产业等，都有进军传媒业的愿望，而且也确实存在进入的可能性。美国学者凯文·曼尼（Kevin Maney）在《大媒体》一书中提出“大媒体”（mega–media），即传统大众传媒业、电信业、信息（网络）业都将统一到一种新产业之下，称为“大媒体业”。以上的研究视角的内涵与外延都很广，把迄今为止所有新媒介的出现和发展的三个基础——电信网、计算机网和广播网都涵盖，这种融合若发生，则所谓传媒业的结构将被重新改写，所以现在的媒介分类也需要重新划分。因此，这种突破了传统传媒业的融合，可以看作是“传媒业的外部融合”，是一种全方位的融合，一种具有革命性意义的融合。由此，经过对媒介融合的技术、组织、体制与社会层面的分析，我们可以初步得出媒介融合的构成图，如图 8-2 所示。

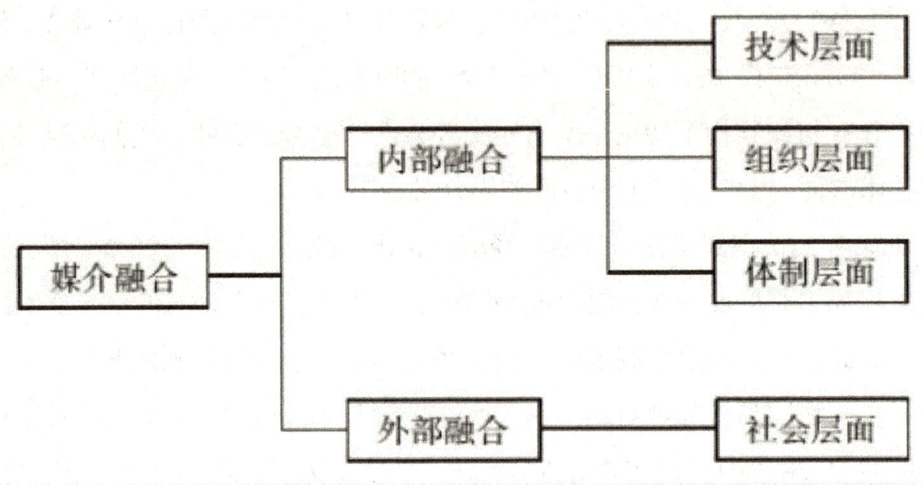

图 8-2　媒介融合构成图

第三节　新闻接受者

一、受众的含义及特征

受众简而言之就是指信息传播的接受者，包括报刊和书籍的读者、广播的听众、电影电视的观众，第四媒体网络的兴起使得受众的范围越来越大了。自大众传播学成为一门科学以来，谁是新闻传播活动的中心，一直是众多学者研究和讨论的焦点之一。早期的传播学者从宣传的角度出发，先后提出了“枪弹论”“强效果论”等理论，其实质就是把受众看作被动的信息的接受者，很明显，在这些理论中传播者是居于中心地位的。随着研究的发展，传播学者们发现受众并不是单纯的、被动的接受者，也不是同质的，不同的受众对于同一传播信息会产生不同的反应，受众在传播过程中的作用开始受到重视。

受众的特点真正实现从传者中心论到受众中心论的转变是在20世纪60年代。受众中心论的研究者认为，受众是传播的主动者，媒介是被动者。受众并不是消极地“接受”信息，而是积极地寻求信息为自己所用。这也就是所谓的受众本位意识论。

施拉姆曾这样解释：受众参与传播就好像在自助餐厅就餐，媒介在这种传播环境中的作用只是为受众服务，提供尽可能让受众满意的饭菜（信息）。至于受众吃什么、吃多少、吃还是不吃，全在于受众自身的意愿和喜好，媒介是无能为力的。换句话说：“这个理论假设的中心是受众。它主张受传者的行为在很大程度上是由个人的需求和兴趣来决定的，人们使用媒介是为了满足个人的需求和愿望。”除此之外，德国学者伊丽莎白·纽曼提出“沉默的螺旋”受众模式与理论，从而在新闻理论界确立了受众在新闻传播过程中的中心地位。

在实践上，西方新闻界也经历了一个漠视受众到重视受众的转变过程，甚至一度把受众中心论发挥到了极端，如黄色新闻的泛滥。西方新闻界先后通过行业自律和社会责任理论的提出，对新闻传播过程中的种种弊端进行限制和革除。无可置疑的是，受众在新闻传播活动中的中心地位已经牢牢确立了。西方新闻的传播观念对我国新闻事业的影响是方方面面的。

作为新闻传播的接受者，受众具有以下四个方面的特征：

第一，广泛性。新闻传播是面向社会全体公众的传播活动，其受众数量众多。从人群类别上来看，所有的社会成员无论种族、性别、年龄、职业都是新闻传播的受众或者潜在受众。从分布空间上看，凡是无线电波和电缆所及之处的人群都可以是新闻传播的受众。由此决定了新闻传播的受众是社会上各种人群中数量最大的群体。

第二，混杂性。由于人数众多，受众具有混杂性的特征。从结构类别上看，各种民族、各种性别、各种职业、各种阶层和各种文化层次的人混杂在一起，共同构成了新闻传播的对象。从空间分布上看，分散在世界各个角落的人们因为新闻传播媒介而抽象地联系在一起，使世界成为一个“地球村”。从接触新闻传播媒介的动机看，各种不同的受众对新闻传播的内容有不同的要求。这种混杂性使得新闻传播媒介很难满足所有受众的需要。新闻传播媒介必须进行准确的受众定位，以加强传播的针对性。

第三，独立性。由于受众和传播媒介之间以及受众与受众之间相互处于相对隔绝的状态，所以新闻传播对他们没有强制性，受众完全根据自己的需要、动机、态度和意志选择新闻媒介和信息内容。在这个意义上说，受众的信息收视状态是新闻媒介传播效果的判断者，受众是新闻传播事业的“上帝”。一切政治的商业的宣传欲取得良好的传播效果，必须利用新闻传播媒介，并且必须符合新闻传播的规律。

第四，隐匿性。在新闻传播过程中，传播者和受传者之间的关系是间接的和不确定的。从传播者方面看，他们对受众处于一种笼统和模糊的认识状况。从受传者方面看，他们中的一小部分虽然也直接或间接地参与新闻传播媒介的活动，但总体上对媒介是隐匿的。这就要求新闻传播媒介要经常开展大面积的受众调查，把握受众的总体特征和要求。

二、受众的分类

按照不同的标准，对于受众的分类可以有多种方法。例如，按照接触媒介类别的方式，受众可以分为读者、听众、观众和网民；按照接触媒介频率的高低，受众可以分为稳定受众和不稳定受众等。但是，如果从理论意义上（即从受众本身构成的不同要素上看）看，可对受众进行以下三种分类：

第一，按照受众的素质和在社会政治生活中所处的地位，可将受众分为积极受众和消极受众。孙中山先生曾经以社会上各种人群对待革命的态度，将他们划分为先知先觉者、后知后觉者和不知不觉者。这种划分虽不尽科学，但大概可以作为划分积极受众和消极受众的参考。积极受众是指受过良好的教育，从事学术性研究或实际组织工作的知识分子。他们对于任何事物都有主见，对于新闻传播媒介有选择、有批评，可以起到舆论领袖的作用。消极受众是指文化程度比较低、注重生活温饱的平民。他们没有太多的主见，比较容易接受传播内容和积极受众的影响，是新闻媒介最广大的接受者。

第二，按照人口统计的原理，可将受众分为一般受众和特殊受众。由于性别、年龄、职业、地域不同，受众在总体的共同兴趣和共同需求外，还会形成某些特殊的兴趣和特殊的信息需求。一般受众对于各种新闻媒介及其所传播的所有新闻信息都感兴趣，没有固定的方向和重点。特殊受众除了对一般新闻信息感兴趣外，还对某一特殊的内容感兴趣。例如，女性偏爱文娱类信息，青年人热衷于新闻类和知识类信息，老年人乐意消闲类和保健类信息。随着人们物质生活和精神生活的丰富，这种特殊受众的数量在不断增加。

第三，从经济学意义上看，按照新闻传播媒介对受众了解的确定程度、受众对新闻信息的接触频率和利用程度，可将受众分为核心受众和边缘受众或者现实受众和潜在受众。新闻媒介对全社会开放，从理论上讲所有社会成员均可成为某一媒介的受众，受众也可以选择所有的新闻媒介。但实际情况并非如此，绝大部分受众对某些或某一新闻媒介特别是新闻媒介上的某一栏目或节目情有独钟，这部分比较固定的受众就是新闻媒介的核心受众。核心受众之外的受众为边缘受众，他们虽然不是某一媒体或栏目、节目的固定传播对象，但也可能对某一媒体或栏目、节目产生一定的兴趣。同理，凡是已经接触和使用新闻媒介的受众为现实受众，凡是具有正常的接触媒介能力，但尚未接触和使用新闻媒介的受众为潜在受众。核心受众和现实受众是媒体分流、分向、分层次发展必须巩固的对象，边缘受众和潜在受众则是媒介拓展生存空间应该争取的对象。2002 年 6 月，南方日报报业集团实行全新改版，他们提出的“高度决定影响力”和“实施多品牌发展战略”的口号，就充分考虑了上述这些因素。

三、受众与新闻传播媒介的关系

现代新闻事业的飞速发展，要求新闻事业更新观念，打破旧的思维定式，将新闻受众放在新闻传播的重要位置去发现问题、思考问题和解决问题，以满足广大新闻受众的需求、扩大传媒的影响。那么，如何发挥新闻受众在促进新闻传媒发展中的重要作用，这是摆在我们新闻理论工作者面前不容忽视的现实问题。

（一）新闻受众在新闻传播中的地位

20 世纪六七十年代，在美国的受众研究中出现了一种变化：由过去的媒体本位向受众本位转变，即从以传播者的意图为中心转向以受众如何利用媒介信息、如何从中获得满足为中心，并根据后者来确定大众传媒的效果这样一种研究方法和途径。被称为“使用与满足说”。在我国，受众在大众传媒中也占有越来越重要的位置。他们的基本心理、意愿和态度对新闻传播的流向、接受程度和效果起着举足轻重的作用，这种作用表现在以下几个方面。

首先，作为舆论主体的公众是一种信息源。没有公众，新闻传播便成了无源之水、无本之木。当然，公众并不完全等同于受众，“公众”与“受众”是两个不同的概念。“公众”是指社会上作为群体而存在的一般民众，一个人可以自然而然地成为公众的一分子。而“受众”则必须是新闻信息传播的接受者，公众只有进入新闻传播系统，成为新闻信息传播的接受者时才成为受众。可以这样说，公众产生社会舆论，而受众则产生新闻舆论，受众是新闻舆论产生的源泉。

其次，受众又是新闻信息实现的归宿，没有受众，传播就无法进行，就失去了对象和目的，新闻受众对新闻信息的接收情况决定了新闻价值的实现和实际效果的实现过程。“虽然传统的效果方法和使用满足模式两者都涉及效果，但前者最关心的是传播者想要得到的效果，而后者指的是消费者或多或少有意识地想要得到的效果。使用与满足的过程可以影响社会和社会中的媒介。这段话从新闻受众的角度进一步揭示了受众在新闻传媒中的认识主体地位。

（二）新闻受众在新闻传播中的作用

新闻受众是通过大众传媒来获取新闻的，但是，新闻受众绝不被动地接受新闻，而是新闻传播的积极参与者和制约者。

首先，新闻受众的积极参与为新闻传播提供丰富的新闻素材。新闻来源于生活、实践，人民群众是社会实践的主体，没有人民群众的积极参与，新闻便成了无源之水、无本之本。而广大人民群众正是新闻传播的潜在接受者，这是不言自明的事实,所以,我们必须重视新闻受众在新闻传播中的资源作用。

其次，新闻受众的需要是推动新闻传播活动的一个重要动因。过去，我们通常以媒介信息为出发点，而不是以新闻受众为出发点，根据媒介消费者与媒介的直接接触来解释其传播行为。因而认为信息和效果之间有一种直接的关系。事实上，受众使用信息、接受新闻内容是基于某种需要，是一种参与行为，而绝不是被动地听任媒介对他们施加影响，所以，新闻受众对新闻内容的接受具有主动性。尤其是随着新闻事业的发展，“第四种媒体”的出现，新闻传播活动更具有潜在性，能否使受众接受，最关键的问题是能否满足受众的某种需要。

再次，新闻受众对新闻内容的接受程度代表着新闻作品的完成程度。“新闻工作者撰写的并在报刊上发表或在广播、电视里播出的消息（包括文章，广播特写、电视片），对新闻接受者来说，只能被看作是一种潜在的报道，因为还不知道它能否被接受。”可见，新闻作品是否能够实现，关键是看受众是否已经接受了它。

最后，新闻受众的信息反馈是新闻传播活动走向深入的唯一途径。新闻传播的目的是要新闻受众接受新闻传播的内容，并产生预期的教果。而现代新闻传播是双向的，新闻受众接受信息后必然会对其产生相应的反应，他们或赞成，或反对，或支持，或抵制……这些反馈的意见对新闻信息的再输出具有重要的意义。新闻受众对新闻信息的反馈主要有以下几种情况：

其一，新闻信息发布后，如果受众持肯定、欢迎的态度，说明选条新闻满足了新闻受众的心理，适应了新闻受众的要求，产生了积极的正效应。同时也表明，新闻受众对此类新闻传播的需求。

其二，新闻信息发出后，如果受众行为指向出现偏离或背离的现象，说明新闻信息流通不畅，新闻传播的作用被削弱、抵消，甚至可能出现负效应，这就要求新闻工作者必须加以注意并及时调整新闻传播的内容和形式。

其三，新闻信息发出后，如果受众的行为指向故意与传播者相反，或强烈反对或异常冷漠，并且在对抗的情绪或行为中强化对新闻信息传播的抵制行为，使新闻信息流通受到阻碍，那么就必须加以重视，对新闻传播工作做具体的、实事求是的分析，并作出必要的改进。

四、受众研究的历史发展

（一）文章时间划分的依据

对于以往受众研究的理论按时间划分，可整理成三个部分，即：电视普及之前的受众研究（20 世纪初至 20 世纪 60 年代）、电视普及时代的受众研究（20 世纪 60 年代至 20 世纪 90 年代）以及互联网时代的受众研究（20 世纪 90 年代至今）。这种分类方法源于《Denis McQuail 在 The Media Audience：A Brief Biography—Stages of Growthor Paradigm Change?》一文，其第三部分 THETECHNOLOGICALPATHWAYOFCHANGE。McQuail 认为，受众研究范式更替与研究所在阶段及其所使用的传播技术有着非常紧密的联系，这与马克思文献中所提到的有着极高的一致性。马克思的主要历史理论就是对于生产方式的讨论，而作为生产中第一要素的生产力就是由生产技术的好坏所决定的（文章的后段也提到，影响生产因素的还可能是对于剩余价值的剥削方式），当然，技术的进步必然带来人对自然（所处的环境）的认识的深入，而这种深入又会带来新技术的问世。于是，历史就会如一个循环，不断重复，如此前进。技术就如它所处的那个时代的人们智慧与劳动结晶的体现，人们在创造它的同时，也在被它所深深地影响。

（二）电视普及之前的受众研究

戴维·莫利在其文章《受众研究的范式变革》（David Morley，Changing paradigms in audiences tudies）中总结了一些这个时代的典型受众研究理论，如“皮下注射”理论——认为媒介具有一种特别的力量，可以把信息如药剂般注射进受众的身体内，对其产生不可抗拒的影响；“使用与满足”理论——注重受众的能动性，可以按照自己的需求去选择接触媒体，从而达到自己的目的。由于研究偏向的不同，这段时期受众的发展进程被 Katz（1980）称为传播强效与受众强效间的“十年一变更”。Katz 是修正主义的总结，而大家关注的重点在于，这段时间内媒介对于受众的影响在于哪些，或者说，为什么会产生这些理论。

依据文章时间划分，此阶段的起点在 20 世纪初，此时的媒介（包括报刊、电影和广播等）正处在迅速的发展阶段，所以，几乎是所有的参战国都在尽可能多地使用能使用的媒介，去宣传自己的主张、思想和为战争做着动员活动。故此阶段传播者的传播动机基本都是为某个势力做宣传。所以，在当时那种局面的影响下，会出现“皮下注射”这种强效理论，并不是一件不可思议的事情。但是，随着社会调查和心理分析在传播学界的普及，学者们开始意识到传播并不是如之前所想的那样进行着单向的传送，受众也并不是那种被动的存在，所以在此基础上有限效果论诞生了。它开始强调传播效果受着受众的心理和媒介自身条件的制约，传播效果并不能完完全全地如原本想像的那样“强大”。从此，人们对于受众自身能动性的研究越发关注，而它的最高峰在于使用与满足理论的出现。但就如人们所知道的那样，这个理论出现的原因造就了它最大的缺点——过分强调了个人和心理因素。

受众理论发展到这里，已经先后走进了两个极端（媒介强大或者受众强大），所以这时有一个既吸收了影响理论的效果论和使用与满足理论中受众能动理论，同时又综合了传播学、符号学、社会学和心理学等学科成绩的新兴的研究理论——编码与解码出现了。虽然这个理论汲取了之前学说的优点，对之后理论的启示和研究提供了很多帮助，但它的局限性也十分突出。由于信息所使用的语言是再造信息（或者意义）的传送器，而接收者接收信息时对于信息的认识（解码）存在着理解，部分理解和不理解三种可能。所以，这就很有可能歪曲传播者的传播目的和倾向。

以上就是受众研究起步时期较为有代表性的几个理论，理论经历了从无到有的过程，也对以后的受众研究提供了经验和帮助，但是人们还是能总结出它们所共有的一个弊端，那就是只关注和研究了那些较为普遍、短暂的影响。换句话说，就是媒介对于受众的影响并不应该只是一段时间或者一种方式，而是长期的、潜移默化的。这种影响被之后的学者所注意，成为了下一个阶段的研究重点。

另外值得一提的是，此段时期内学术界对于“受众”这个群体的认识问题。它包含两个方面：第一，受众的特点，即大量、匿名、无组织、多变，与一般意义上的“群体”不同。第二，受众在媒体面前所采取的行动会因为受众个人的品位、兴趣、生活方式、教育程度、经济水平和文化背景的不同而不同，而且受众并不是一个独立个体，他对于事情的分析往往会受到家人或者朋友的影响。

（三）电视普及时代的受众研究

就如 McQuail 所说的那样，从 20 世纪 60 年代开始，电视已然超越了之前的一切媒介（报纸、广播和电影）成为了真正意义上的“大众媒介”，也正是因为这个原因，“大众传播”的概念也基本趋于完整（虽然是表面上的）。节目种类与传播手段的多样化，使得信息的传递变得更加生动、快速；电视强烈的带入感和现场感，也使得越来越的多受众沉溺其中；美式文化的普及，使得肥皂剧、好莱坞电影和随意的生活方式深入人心。在此需要提出的质疑是，面对如此多的未知信息，受众是否会变得“呆滞”，或变成“皮下注射”理论里形容的样子？对于这个问题答案，可以从当时三个较为有代表性的理论中找到。

第一，“培养分析”理论，这个理论源于了解电视内凶杀、暴力场景对于现实（即会不会造成现实生活中的犯罪率提高）和人们认识社会的影响。实验结果在于，犯罪率并无差异，但是对人们认识社会却起到作用。而这个理论真正目的是想让人们了解到电视中所表现的内容都是具有某种倾向的，这种虚拟的现实与真正的生活间存在着不小的差距，而这种差距所带来的影响也是慢慢显现出来的。

第二，“议程设置”理论，简单来说，这个理论其实就是告诉人们该去关注什么。它很好地体现了大众媒体的影响力，或者说是控制力。当然，这并不表示媒体能绝对控制人们的思想与选择。

原因在于第三点，“文本与阅读”。在早期受众研究当中，就有了对受众能动性的说明，但那时候的理论并不成熟。作为探讨文本与读者关系的理论，“文本与阅读”也是在经过了多方补充与改进，才得到一个较为完整的答案。这就是文本与读者的相互依赖——文本内容是确定的，带有说服性的，但它只有被读者读到才会有意义，所以它会尽量把读者拉入自身营造的那种环境中，尽可能多地影响读者；而读者是具有能动性的，他会选择接受或者忽视这种带入——那么两者想要达到阅读的目的就必须在这个拉入与被拉入的环节中进行“协调”。

此处以解决前面的问题为目的进行一个小结。首先，电视节目都是有倾向性的，这里假设它会对某个观念进行重复的宣传（“议程设置”理论）。其次，这种观念对人的影响是潜移默化的，并不是直接起效的（“培养分析”理论）。最后，由于个人认知的不同，这种宣传的后果也是因人而异的（“文本与阅读”）。所以，问题答案就是，人不会变为一个“呆滞”被动的主体。

这个时代，“电视”这个真正意义上的大众媒介是怎么影响受众及受众研究的？戴维·莫利在的《受众研究的范式变革》一文中对于此问题作了较为深刻的研究，之所以说深刻，是因为莫利引入了“民族志”这种全新的方法到受众研究中（以往研究所普遍使用的是“收视率”——一种量化且不精准的调查方法），这对于之后的受众研究是极为重要的。莫利在自己的调查当中发现观众观看电视方式、行为和目的是各种各样的，而这都与观众的性别、种族和生活背景等方面的经历有关，这就好比男人通常喜欢看体育、时政类的节目而女性喜欢肥皂剧一样。对于家庭与电视方面的研究。他指出，对于电视节目的选择，往往是由一个家庭的全部成员进行“协商”所决定的，而一个人对遥控器的掌控权往往代表着他在这个家庭内的地位。人们坐在电视机的前面不再只是为了观看节目，电视在很多时候变成了一个帮助人们“拉近”或者“逃避”人际关系的工具（如跟人吵架时打开电视只是不想再继续辩解什么；母亲陪儿子看电视，是为了多跟儿子有所交流）。

至于这个时期开始好莱坞电影与美式肥皂剧开始红遍世界的原因，就如男人热衷于电影中的“硬汉”形象和女人对于连续剧中人物的同情一样，都该属于一种对于某些感情和社会经验的共鸣。

（四）互联网时代的受众研究

媒介技术蓬勃发展，带来了电视与其他媒介在多方面的合并与新生。人们开始使用媒介进行阅读、购物、投票、娱乐或者资料的查找，不得不承认，如今的媒介变得无处不在、无所不能。

这种广泛的技术结合，必然带来了传播方式的改变。这种改变被 McQuail 划分为三个阶段：第一，由固定一点向周围个体进行传播（故被称为“训示”或“广播”）。第二，外围个体会考虑到自身情况对主体进行选择。第三，所有个体间进行互动交流。而互联网所使用的是最后一种方式，这便使使用它的所有人既是消息的接收者也是发送者。

既然互联网的应用和所用的传播方式的发展，都源于“旧”媒介技术的进步，那么作为与“旧”时期媒介相适应的“旧”理论，是不是也能用于理解互联网时代的媒介？答案是肯定的，但这种肯定并不代表着照搬原先研究电视所使用的理论。

1. 互联网时代传播环境的变化

网上的传播使得信息的接受者变成了信息的生产者，这是由于与使用传统媒介那种早已编排好播放列表的方式不同，网络是一个人人都能以自己喜好的方式去寻找自己所感兴趣的信息地方，在这里各类信息就如超市中被码好的货物，等着被人所挑选。再加上网络的使用可以不受时间地点的限制，只要有一个能链接网络的设施，人们就可以随时使用它。当然，由于超链接这种技术的应用，网络内自身信息的相关程度也是很高的。所以，无论是从获取信息的效率还是信息提供的方式，网络都比传统媒体有了质的飞跃。

简单来说，就是受众对于信息的自主选择性提高了。但是这种自主性的提高，并不代表着受众自身对于信息认识的提高，人们的认识还是由自身的分析能力、社会经历与物质条件决定。所以，就这么来说我们在之前讨论到的“文本与阅读”和“编码与解码”还是可以适用于这个时代媒介研究的。但这种适应是不完全的，因为网络上的文本本身的是由多重超文本链接组成的，并且这些超链接会随时更新或者消失，那么我们如何能对一个开放且随时变化的东西进行合理有效的分析？

2. 网络时代受众分析

使用注册的方式进入网络获取信息，这就在一定程度上可以看出网络受众身份会具有一种“未知性”，它与以往受众的匿名性不同，传统受众的匿名只是对自身特征和身份的隐瞒，而网络的未知性则源于人们可以对自己的实际情况进行随意捏造，虽然这种未知给予很多人以安全感，但就受众研究来说这则是一个巨大的难题，因为无法核实在调查中人们所说的和所做的是否一致。同样的，也是因为这种未知性，使得人们的上网活动变得非常私密。不过即使上网活动不私密，研究也很难在人们长时间的在线聊天或游戏所提供的数据下进行。调查对象和其行为的不确定，使得互联网受众的研究行进缓慢。虽然此时研究电视受众所使用的方法论可以拿来借鉴，但人们需要面对的新问题依旧很难轻易解决。

所以，总结以上两点可以得出这样的结论，即原来的理论对于人们认识现今的问题与情况很有帮助，但是要真正地解决问题，还是需要新的理论与方法。

第九章　新闻传播过程

新闻传播是一个“新闻—新闻传播者—新闻媒介—受众”的相互传递、周而复始的过程。在这一过程中，新闻是传播的内容，新闻传播者是传播的主体，新闻媒介是传播的通道，受众是传播的对象。

第一节　新闻传播模式

一、传播模式及其功能

依据上述信息传播流程，传播学家总结了各式各样的传播模式。了解这些传播模式，对于掌握新闻传播规律具有一定的意义。模式就是由符号及其使用规则组成的一种结构，是对某种事物或系统进行抽象表述和说明的一种研究手段，或是“科学研究中以图形或程式的方式阐释对象事物的一种方法”。这种手段或方法不是单一的而是具有双重性：一方面，模式与现实事物相对应，但又不是对现实事物的简单描述，是对现实事物的理论化和简化的表述。另一方面，模式是与一定的理论相对应，代表或显示某一单一的理论，但又不是象征着理论本身，而是对理论的一种诠释或描述。传播模式是对传播活动过程中各种要素之间的关系和相互作用及其规律直观而简单的叙述描绘，把传播理论简单化了。

简而言之，传播模式以及传播的功能是利用传播媒介传播信息，方便人们与外界协同认识，建立和谐共存的社会秩序。德国著名哲学家弗雷格（Gottlob Frege）认为，任何表述的符号系统都是由指称和意义两个因素构成的。符号的指称即所指的对象（外延），主要涉及真假问题；符号意义即符号出现的方式和语境（内涵），主要涉及思想问题。由此可见，传播作为人和世界的意义关系构成的基本问题，其属性不仅局限于表层含义，更有深层的含义。就其表层而言，它是意义构建生成的负载和中介。就其深层而言，其本质则是意义本身。

据此，美国传播学家詹姆斯·W·凯瑞认为，美国19世纪以来对传播观念的认识，可以分为传播的传递观和传播的仪式观两种。所谓传播的传递观，是指仅把传播活动理解为信息得以在空间的传递和发布的过程，以达到对距离和人的控制。所谓传播的仪式观，则认为传播的起源及其最高境界并不是仅仅代表智力信息的传递，而是建构并维系一个有秩序、有意义、能够用来支配和容纳人类行为的文化世界。长期以来，传播学研究关注信息传播载体和传播形式较多，而对传播深层意义的研究较少。仅意义建构的层面来说，传播主体和传播环境是其构成的重要因素。传播主体包括传播者和受传者，传播环境则是传播主体存在的情境，主要包含社会的和历史的意义。传播环境不同，传播者可能为同一信息建构不同的意义。受众对信息的接受也不是被动的，他们在接受信息的同时也建构意义。由于传播环境存在差异，传播主体对信息传播可以建构不同的意义。

就信息传播载体和形式层面而言，传播主体往往运用传播模式的组织、解释、启发和预测四种基本功能，从而来达成传播目的。所谓组织功能，是指它能够揭示各系统之间的顺序及相互关系，把有关资料按之间的联系排列出来，突显出还未被人发现的相同点和关联性。解释功能是它可以用简洁的图示印证和检测系统内各种要素的数据及其效果。启发功能是指它能够展现人们没有察觉到的问题，启发人们去探索未知。预测功能是指它能够对事件的过程或结果进行预测，能够为预测不同的结局发生的概率提供依据，便于研究者作出判断。

二、几种主要的新闻传播模式

英国传播学家丹尼斯·麦奎尔（Denis Mcquail）所著的《大众传播模式论》一书中概括和绘制的传播模式就有48种。其中，最主要的有以下三种，即单向线性传播模式（以“拉斯韦尔模式”为代表）、双向循环传播模式（以“奥斯古德—施拉姆模式”为代表）和多向互动传播模式（以“马莱兹克传播模式”为代表）。

第一，单向线性传播模式。单向线性传播模式，又叫直线传播模式，是指发生在两个或两个以上的人之间的一种信息传递的假设模式。最早提出这种传播模式的是美国传播学家拉斯韦尔，因此这种模式又叫“拉斯韦尔模式”。1948年，他在《传播在社会中的结构与功能》一文中首次提出了构成传播过程的五种基本要素即五“W”，并将这五种要素按一定顺序排列如下：

Who（谁），SayWhat（说了什么），In Which Channel（通过什么渠道），To Whom（对谁说），With What Effect（产生什么效果）。如图9-1所示：

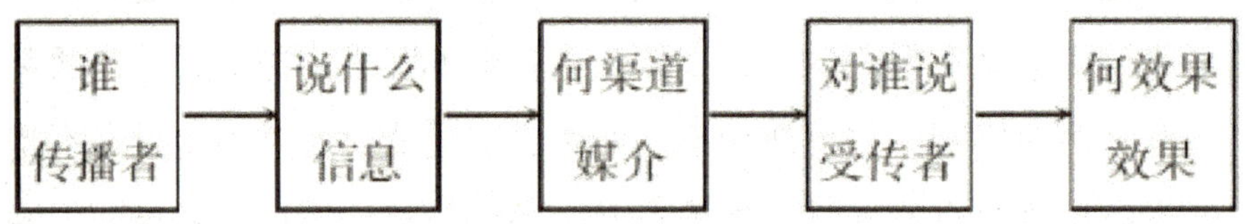

图9-1　拉斯韦尔模式

拉斯韦尔模式第一次展现了传播过程中客观存在的各种要素，并对每个要素都划分了相应的研究范畴，从而为传播学的科学研究开辟了新的研究方向。事实上，后来的各种传播学著作的研究体系都是大致按照这种传播模式设计的，并且极大多数都是以这种传播模式作为参考。但是，这一传播模式也有着明显的不足之处。它将传播活动完全看作是一个单向直线发展的过程，没有考虑各种复杂因素（噪声）的干扰，特别是社会环境对传播过程影响这一重要因素。同时，它将传播者和受传者的角色和作用作为固定，完全忽略了传播过程中反馈的作用等其他因素。后来，这些不足被传播学家们慢慢克服。他们对这一传播模式提出了许多修改和补充，并提出了一些新的传播模式。

第二，双向循环传播模式。为了克服单向线性传播模式的不足，传播学家先后提出了一些改进的模式。其中，最重要的是1954年美国新闻传播学家奥斯古德（K.Osgood）和韦尔伯·施拉姆先后提出了“传播循环模式”，即“奥斯古德—施拉姆模式”，如图 9–2 所示：

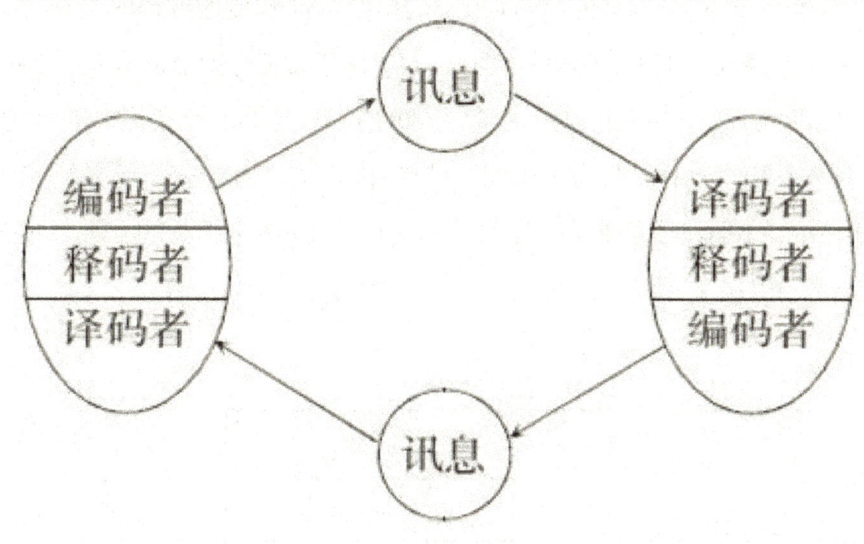

图 9–2　奥斯古德—施拉姆模式

这个传播模式的贡献在于其在传播者和受传者之间增加了反馈的内容，并且将传和受的双方看作是相互作用的平等主体。这样，传播过程就不是一个单向传和受的过程，而是一个双向互动的过程。信息传播的过程就是一个由传播者“编码”“发送”到受传者“接收”并“解码”，又由受传者“编码”“发送”到传播者“接收”并“解码”的双向互动过程。这两个传播过程虽然不能完全相等，但它们共同构成一个双向的循环的传播模式。在这里，传播者和受传者都是传播行为的主体，他们在传播过程中不同的阶段依次扮演着编码者、译码者和释码者的不同角色。全新的传播模式充分考虑了反馈在传播过程中的作用和传受双方之间的互动关系，有利于传播双方共享信息资源。美中不足的是，将传播双方完全等量齐观，显然并不符合大众传播的实际情况。

第三，多向互动传播模式，即社会系统传播模式。为弥补上述不足，施拉姆又提出了新的大众传播模式。他指出，受众作为个人的集合体，他们之间不断地进行着二级传播、三级传播或多级传播，并将传播效果反馈给传播者。这样就比较全面地反映了大众传播的特点，揭示了社会系统传播的某些特性。传播者和受众的多层次性、传播系统的多要素性和传播过程的循环性，都在这一模式中得到了很好的说明。但是，由于它未能将传播放在更广阔的社会环境中加以分析，仍然难以揭示社会传播的全貌。要揭示社会传播的全貌，必须用普遍联系和相互作用的系统理论分析传播构成。首先采用系统理论成功研究传播模式的是德国传播学家马莱兹克，他在 1963 年出版的《大众传播心理学》一书中提出了社会系统传播模式，如图 9-3 所示。

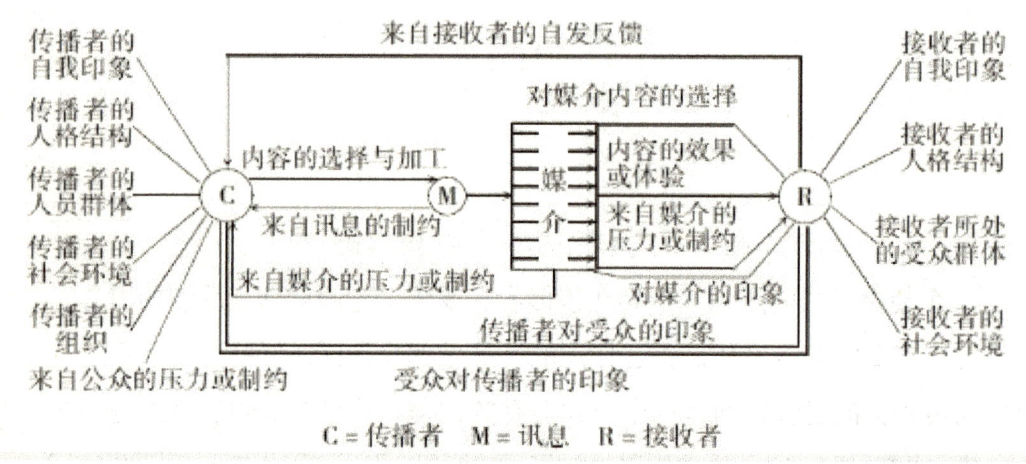

图 9-3 马莱兹克社会系统传播模式

这个传播模式的优点是显而易见的：首先，它把大众传播看作一个由各种社会因素相互作用的社会系统，从而展示了社会传播的多重性、广泛性和综合性的特点。其次，在社会传播系统中，它以传播者（C）、信息（M）和接收者（R）为集结点，展示了影响和制约三者以及三者之间的各种因素，具有简洁明了的特点。再次，它全面展示了社会传播各个环节及其相互之间内在因素与外部环境的相互联系、循环互动的精美结构，具有科学性和艺术性。

第二节 新闻选择及其标准

一、新闻选择的必要性

新闻传播者要进行新闻传播，首先需要解决的问题是进行新闻选择。所谓新闻选择，是指新闻传播者在新闻采访、写作和编辑过程中对现实生活中发生的事实进行分析鉴别，从中筛选出值得自己传播的新闻，并准备传播的过程。

新闻传播媒介之所以要进行新闻选择，主要是由以下三方面的原因决定的。

第一，新闻选择是由有限的新闻传播媒介、有限的新闻传播版面空间或节目时间与无限的新闻信息之间的矛盾而决定的。客观世界中每时每刻都在发生着数以万计的新变化和新事实，新闻传播媒介如果不按照一定的标准从普遍事实中筛选出新闻事实，再从新闻事实中选择出新闻的话，那么“事实”将采不胜采，“新闻事实”将选不胜选、“新闻”将传不胜传。这样一来，新闻传播媒介不但无法传播新闻，更是无法反映传播者的愿望和满足受众的需求。

第二，新闻选择是由新闻传播媒介本身所担负的传播新闻信息和引导社会舆论的功能之间的矛盾所决定的。新闻传播媒介的社会属性决定着新闻传播媒介最基本的功能是传播新闻信息，如果新闻传播媒介不传播新闻，那它势必是无法生存和发展。但是，除此之外或在此前提之下，新闻传播媒介也担负着引导社会舆论的重大责任。这既是由新闻传播媒介承担的社会职责所决定的，也是由新闻传播媒介所依托的社会政治、经济利益集团所驱使的。

为了将两者有机地结合起来，新闻传播媒介在进行新闻传播之前必须进行严格的新闻选择。

第三，新闻选择是由新闻传播媒介即新闻传播者的传播意向和新闻接受者的需求意向之间所产生的矛盾决定的。新闻传播媒介受其赖以生存的社会政治和经济利益集团倾向的支使，在新闻传播中必定反映出一定的倾向性，表现出明显的传播意向。所谓传播意向就是新闻传播者希望借助新闻信息所要达成的一种主观的意向。这种意向有时是显而易见的，有时是隐晦的。但是，新闻传播者的这种传播意向不一定都能反映新闻接受者的需求。新闻传播者必须不断了解受众的需求，在尽量满足受众的需求的同时实现自己的传播意向，这就需要进行认真的新闻选择。

新闻传播者每天面对纷繁复杂的万事万物，究竟哪些事实值得报道，哪些事实不值得报道，哪些事实值得重点报道，哪些事实只需要一般报道呢？这里有一个对于新闻的价值判断和选择标准的简单定义。新闻传播者就是根据新闻选择的价值判断和选择标准来选择事实和报道新闻的。顾名思义，新闻选择的标准有两个，一个是价值判断即新闻价值，另一个是选择标准即新闻政策。

新闻价值所要解决的问题，是一个事实是不是新闻事实，是不是好新闻，值不值得报道的问题，这是新闻选择的业务标准、客观标准和普遍标准。世界上所有国家的所有新闻传播事业，新闻选择的客观标准或业务标准是基本相同的。一个有新闻价值的新闻事实，不同的新闻传播媒介都会认为是新闻而公开传播。

新闻政策所要解决的是，一个新闻事实确定以后，允许还是不允许传播和怎样传播的问题，这是新闻选择的政治标准、主观标准和特殊标准。在世界上不同国家，新闻选择的政治标准是不相同的甚至是相反的。在通常情况下，新闻传播者都是根据这两个标准来选择和报道新闻的，只不过是在不同的社会制度下新闻媒介的操作方式有所不同而已。我国新闻传播学界是主张新闻选择的政治标准和业务标准并驾齐驱的，而西方国家的新闻传播学界大多表面上是主张新闻选择的业务标准。因此，研究新闻传播的问题必须先从新闻选择开始，而研究新闻选择的问题又必须从新闻价值和新闻政策两个方面来考察研究。

二、新闻政策

新闻传播者在选择和判断新闻事实的过程中，除了坚持新闻价值这一客观标准或业务标准之外，还必须坚持其所代表的政党、政府和社会集团的利益和要求对新闻进行取舍。这就涉及新闻选择中的主观标准或政治标准，即新闻政策的问题。所谓新闻政策，是指政党和政府机关对新闻传播事业所规定的活动准则。它是政党和政府掌握或管理新闻传播事业的重要手段和基本方法，也是新闻传播者在国家、政党和地方政府对新闻传播事业所规定的活动准则范围之内进行新闻选择的准则。

新闻政策在新闻选择中的作用主要表现在以下三个方面：首先，在新闻传播的过程中，它对于新闻价值的实现能够产生直接的影响。常常会有这样的情况，某一件事实具有新闻价值，值得公开传播，但是如果从政治上考虑，可能会产生不良影响，可能被延缓或者被禁止报道。这就是新闻政策对于新闻价值的抑制作用，甚至是决定作用。其次，在我国，从总体上来说，新闻政策和新闻价值是一致的，在这种情况下应该优先考虑新闻价值的标准。当然，也不排除这种情况，有时一条新闻或者几条新闻在新闻价值和新闻政策之间会发生矛盾。一旦出现这种情况，新闻价值就应该服从新闻政策。

第三节 新闻传播过程中的传播者与受众

一、事实转化为新闻的基本因素

在事实转化为新闻的过程中，由于新闻传播媒介（包括新闻传播者）的作用，在事实和新闻之间产生了各种各样的复杂情况。从表面上看，是新闻媒介决定着事实能否转化为新闻，决定着“新闻”“旧闻”和“不闻”。但是，如果我们进一步分析，就会发现，在事实转化成为新闻的过程中有多种因素起作用，而且起决定作用的并不是新闻传播媒介。大致说来，在事实转化为新闻的过程中起作用的因素主要包括以下三个方面：

第一，事物本身运动的客观规律。客观世界是一个不断运动发展的过程，新闻是客观世界运动发展的记录。客观世界发生的任何重大变化，都必然或大或小、或迟或早、或远或近、或直接或间接地影响到人们的生活，都必然会被人们反映出来成为“新闻”。即使新闻传播媒介有意或无意不去反映它，它也会以各种各样的形式流传开来。俗话说，“纸包不住火”，就是这个道理。例如，1970 年 1 月 5 日，云南省通海县发生 7.7 级特大地震，受灾面积 8800 平方公里，死亡 15621 人，直接经济损失达 27 亿元人民币。由于当时正处于“文化大革命”高潮时期，新华通讯社只发了一条简讯，而且把震级压低，只字不提人员伤亡和经济损失。时间过去了 30 年，2000 年 1 月 6 日《羊城晚报》发表记者专访，全面披露了这次自然灾害。这样，事实最终转化为新闻，并且得到了全面的反映。

第二，人的认识规律。一个具有新闻价值的事实发生后，新闻传播媒介不去报道它，有时不一定是由于政治的偏见，而可能是出于认识方面的原因。

客观世界是不断变化发展的，人的认识往往落后于这种变化和发展。这就使得一个新的变化在刚刚出现的时候，人们往往不能立即认识它，因而有意或无意地不去反映它或者错误地反映它。但是，人的认识是不断地从感性到理性深化的，并且不断地接受实践的检验。随着认识的不断深入，人们必然会按照事物的新变化了本来面目去认识它、反映它。从这个意义上说，人的认识的不断深入，仍然是由于事物发展的客观规律决定的。

第三，新闻政策。新闻政策，如前所述，是决定一个新闻事实是否允许报道的标准，在事实转化成为新闻的过程中，有着重要的作用。但是，新闻政策的制定必须符合客观事物的发展规律和广大人民群众的根本利益。而且，新闻政策本身也是不断变化和发展的。如果某一国家、某一政党在某一阶段的新闻政策违反了这个根本原则，这样的新闻政策迟早是要发生改变的。

上述这三种因素在事实转化为新闻过程中的地位和作用是不同的，真正起决定作用的是事物运动的客观规律。事物运动的客观规律必然要通过各种途径表现自己的存在，并且必然以一定的物质的形式来显示它的力量，这就是客观事实对新闻的检验和人民群众对新闻的检验。新闻工作者只有采取实事求是的态度、尊重事实、深入实际、调查研究，才能做到主观和客观的统一，才能正确地反映客观事实，才能赢得人民群众的信任。在事物的客观规律面前，任何不老实的态度，必将受到事实的惩罚，受到人民的惩罚，受到历史的惩罚。

二、新闻传播者怎样传播新闻

在事实成为新闻的过程中，客观事物及其运动规律是决定因素。但是，事实必须经过新闻传播者的选择、制作和传播，才能转化成新闻。这说明，新闻传播者对客观事物及其运动规律也有主观能动性，并且将这种主观能动性反作用于客观事物。在选择事实的过程中，新闻传播者的主观能动性充分显示出来。一般来说，新闻传播者是根据新闻价值和新闻政策从普遍事实中选择新闻事实的。但是，由于经济地位、阶级立场、政治见解、文化修养和兴趣爱好不同，新闻传播者在确定什么是普遍事实、什么是新闻事实以及怎样评价这些事实时表现是有差别的。首先，有些事实，不同的新闻传播者可以共同认为是新闻事实，并且可能有一致的评价。例如，自然现象、趣闻逸事。其次，有些事实，有的新闻传播者认为是重要的新闻事实，而有的新闻传播者则认为是一般事实。例如：1972年美国发生的“水门事件”，美国所有新闻传播媒介认为这是特大新闻，进行了长达两年的连续报道，而我国当时的新闻传播媒介认为这是美国资产阶级的内讧，仅仅发布了一条简讯。再次，有些事实，不同的新闻传播者都认为是重大新闻事实，但是评价截然相反。例如：1997年2月3日，中国国务院副总理李岚清看望北京高校教师。对此，《人民日报》的消息标题是“进教师书房，看青年厨房”，《中国青年报》的消息标题是“能否不让青年教师在走廊烧饭了”。相比之下，《中国青年报》的态度更能赢得高校教师特别是青年教师的欢迎。

新闻传播者根据新闻价值和新闻政策的标准选取一定的新闻事实后，可能按照以下三种方式对新闻事实进行加工和制作：

第一，为新闻事实注入一定的倾向性。客观世界中所发生的各种各样的新闻事实，有些本身具有倾向性（如2003年美英联军对伊拉克发动的大规模战争和战争后揭发伊拉克总统萨达姆·侯塞因对人民的残酷统治），有些则不具有倾向性（如2003年在中国及世界部分地区肆虐的SARS病毒）。无论新闻事实是否具有倾向性，在阶级社会中，由一定的阶级或政党掌握的新闻传播事业，在传播新闻时总是自觉或不自觉地把本阶级和本政党的观点渗透到新闻事实中去。这就是新闻报道的倾向性或阶级性。这是一切新闻传播媒介的共性，只不过是有的新闻传播媒介站在正义的方面，有的新闻传播媒介站在非正义的方面，有的新闻传播媒介比较隐晦，有的新闻媒介比较直接罢了。

第二，寓褒贬于客观报道之中。直接在新闻报道中表现倾向性或阶级性，并不是高明的做法。高明的做法应该是“寓褒贬于客观报道之中”，即采用客观报道的形式，用带倾向性的事实，使受众在无形之中接受传播者的政治观点。新华社1957年2月12日电讯《上海的严寒》就是一个非常好的例子：

“前天一夜风雪，昨夜八百童尸”这是诗人臧克家 1947 年 2 月在上海写下的诗篇《生命的零度》中开头的两句。“这几天要比 10 年前冷得多，但据上海市民政局调查，到目前并没有发现冻死的人。晴日高照，雪花在阳光中飞舞，行人纷纷驻足仰视这瑰丽的奇景。”这里没有任何议论，但新旧社会两重天的道理已跃然纸上。

第三，纯客观报道。客观报道是西方新闻传播学界标榜的信条，从根本上来说这是不可能的，但也不排除有些新闻报道，甚至是一些重大的政治新闻报道也是可以采用客观报道的。这种情况的出现，可能是新闻传播者传播新闻策略的高超，也可能是新闻传播者一时难以预料事态的发展或者出于某种策略上的考虑。

三、受众接触新闻媒介的心理

受众为什么要接触新闻传播媒介呢？原因是多方面的。韦尔伯·施拉姆认为，受众选择新闻媒介的概率可以用以下公式表述：

选择概率 = 媒介报酬承诺晌所需付出的努力 ×100%

他认为受众选择某种特定的新闻传播媒介的概率，是由媒介报酬的承诺量和受众为获得这种报酬所必须付出的努力之比所决定的。媒介报酬的承诺量是指新闻媒介传播的信息对于受众接受该信息所能获得的报酬数量。媒介报酬可分为“即时报酬”（immediate reward）和“延时报酬”（delayed reward）两种。所谓“即时报酬”是由新闻传播媒介刊播的社会新闻、体育新闻等软新闻所提供的。在接受这类新闻信息时，受众不需要付出多大努力就可以立即得到报酬，因此他们比较愿意接触传播一些趣闻逸事的新闻媒介。所谓“延时报酬”是由新闻媒介刊播的政治、经济、文化、科技等硬新闻所提供的，受众在接受这类新闻信息时，往往要付出较大的甚至是很大的努力才能得到报酬，所以受众往往回避接触那些与己无关的、枯燥无味的“硬新闻”。但是，由于这类新闻的内容与人们的生存和发展密切相关，所以受众即使要付出较大的代价也要去接触它。

按照心理学的观点，人们由于生活经历、职业选择，所处环境、知识水平不同，具有不同的心理。同时，又由于经济状况、所处地域、民族关系的原因，具有某些共同的心理。从新闻传播学的角度观察。在新闻传播过程中，受众通常具有以下五种心理。

第一，得益心理。所谓得益心理是指受众希望从新闻传播中得到直接或间接好处的心理状况。不管有意或无意、明确或模糊，受众使用新闻传播媒介是带有某种目的的。受众之所以需要新闻，主要在于它能满足自己的信息需要，从而使自己从中获得益处，给自己的工作、学习和生活提供帮助。按照马斯洛的理论，人的基本需要有五个层次：一是生理的需要，如吃、喝、睡等；二是安全的需要，如生活有保障，居住安全，免于恐惧和伤害；三是相属与相爱的需要，如感情、恋情、友情、归宿等；四是受尊重的需要，如荣誉、地位、成就等；五是实现自我价值的需要，如事业、能力、成功等。这五个层次的需要都与得益心理有关。人们本着各种各样的需要使用新闻传播媒介，并希望能够得到满足。随着社会的进步，人们对知识的需求越来越迫切。他们希望了解科技的进步和各类知识的新发展，不断丰富自己的知识，以更好地适应工作的需要。这是受众得益心理最主要的一种表现，新闻媒介是他们获取知识的最有效的手段之一。所以，新闻传播媒介应该充分考虑受众的得益心理，为满足受众的各种需要提供充分的信息，满足受众的求知欲。

第二，好奇心理。所谓好奇心理是指人们要求获得有关新奇事物和新奇现象的一种心理。好奇心人皆有之，它是人类的天性，也是人们接触新闻传播媒介的一种原始性动机。喜新、求异、好奇是人们的一种常见心态。正是因为有了好奇心，所以人们对新闻事业具有浓厚的兴趣。持这种观点的新闻传播学家认为，“个人关心的、同情、反常、进步、斗争、两性关系、动物”等是构成读者兴趣的重要因素。忽视和压制受众的好奇心是错误的，采用“煽情主义”的手法大肆迎合也是不可取的，应该向受众提供积极、健康，有助于陶冶性情，活跃生活的新闻报道。

第三，追求真、善、美的心理。所谓追求真、善、美的心理是指人们希望新闻传播媒介主持社会正义，歌颂真、善、美，批判假、丑、恶。人们往往希望看到丑恶的东西被鞭笞，正义的风气得到伸张。新闻传播媒介关于为真、善、美而奋斗的人或事的报道，关于揭露和批判假、丑、恶的报道，总是能引起人们的关心和议论，总是能产生良好的效果。中央电视台的《焦点访谈》从1993年开办以来一直高居于各类节目收视率榜首，深受全国人民的好评，最主要的原因在于它敢于揭露社会的阴暗面和各种腐败现象，敢于批判各种不合理、不公的人和事，也就是说敢于追求真、善、美。因此，新闻媒介应该根据受众追求真、善、美的心理需要，勇敢地担负起惩恶扬善的职责。

第四，选择心理。所谓选择心理是指受众对于新闻传播媒介所持的不同态度和希望通过新闻传播媒介提供的材料，自己进行比较、分析、判断的心理。人人都有自尊心，希望通过自己对事物的比较和分析作出判断，得出结论，而不希望别人指手画脚地说教。因此，新闻报道要尽量避免讲空洞道理，作居高临下的说教，应多提供事实，用事实说话，让受众自己去比较、鉴别，从而得出结论。受众在接受信息的过程中都必然会对这些信息有选择地进行接收和理解，以便所接受的信息与自己所固有的价值体系思维方式保持一致。受众的这种心理被称为选择性定律，它包括选择性接收、选择性理解和选择性记忆三个层次。每个受众因为社会环境、文化背景和个人心理特征的不同，而拥有不同的选择标准。

第五，逆反心理。所谓逆反心理是指受众在接受新闻传播的过程中，对于传播内容产生的一种抵触心理。这种抵触心理不是一般的不喜欢、不接受，而是表现出积极的心理抵抗。受众的逆反心理是由新闻传播媒介传播了与自己固有观点相反的新闻信息所引起的，它一般表现为以下三种状态：一是认识逆反，即新闻传播媒介不恰当地传播某一方面的信息，而这些信息又与受众的认识不一致时，受众就会在认识上产生逆反心理；二是情感逆反，即新闻传播媒介在涉及宗教、民族等问题时，如果伤害或贬损了某些受众的信仰，他们就会从感情上产生逆反心理；三是态度逆反，即受众接受新闻传播媒介所传播的新闻信息后产生与传播者主观愿望完全相反的态度。受众的此类逆反心理主要是由于新闻传播者受制于政治或经济势力，故意回避事实真相，一味采用呆板的传播形式，盲目灌输某些政治理念而造成的。受众的逆反心理带有一定的盲目性质，常常为情绪所左右。受众会因为讨厌某一个主持人，进而讨厌他的一切，包括他所传播的信息内容。受众一旦产生了逆反心理，就会产生许多负面的、消极的作用。受众之所以会对新闻传播产生逆反心理，与新闻传播媒介平时所传播的失真、失当、失策、失误的新闻有密切的关系。不少受众对于典型人物的报道比较容易产生逆反心理，主要是因为新闻传播媒介平时在报道这些典型人物时有不真实的情况发生。新闻传播媒介要有效地消除受众的逆反心理，在平时的新闻报道中应时刻注意传播内容的真实性，并从多个侧面和不同角度进行报道，要尽可能地让广大的受众看到真实的、全面的情况。同时，新闻传播媒介在报道新闻时应该尽量少发表引导性评论，多留些选择的空间，让受众自己去判断和选择。

四、受众怎样选择、理解和利用新闻

受众怎样接受、理解和利用新闻呢？从心理学的角度来看，受众接受、理解和利用新闻大致有以下四种方式：

第一，选择性接收。所谓选择性接收，又叫选择性注意（selective acceptance），是指人们愿意接受那些与自己所固有的观点相一致的或自己需要关心的信息，而排斥那些与自己固有观点相抵触的或自己不感兴趣的信息。例如，在2003年春季的伊拉克战争中，反对美国和拥护萨达姆的人们对信息的选择是有明显侧重的。另外，受众的习惯也可能会影响到他们对媒介及其所传播信息的选择。例如：不同的受众接触同一张综合性报纸，有的人会先打开体育版，有的只注意要闻版，有的喜欢推敲股票信息，有的则喜欢娱乐新闻。

当然，从一般意义上说，能够吸引受众“眼球”的新闻具有以下五个特点：一是新闻事实是否重要；二是版位配置是否显著；三是新闻图片是否有无；四是标题处理是否醒目；五是消息长短。1999年7月24日的《羊城晚报》国际新闻版就是一个优秀的范例。从内容上看，这个版面上刊登了《肯尼迪家族举行弥撒，克林顿携妻女同哀悼》《日本客机蓝天历险》《摩洛哥国王哈桑二世病逝，穆罕默德登基》，可谓重大而惊奇。从文字处理上看，每条新闻均不足200字，可谓短而精，耐人寻味。从版面配置上看，每条新闻都配有醒目的标题和大幅照片。由于具备了这些特点，应该说这是一份深受读者喜爱的新闻大餐。通过这种选择，受众已经对信息进行了初步的“过滤”。

第二，选择性理解。所谓选择性理解（selective perception），是指不同的受众对于同样的信息因具有不同的价值观和思维方式会有不同的理解，即所谓“仁者见仁，智者见智”。美国传播学者贝雷尔森认为，理解是一个复杂的过程，“人们在此过程中对感受到的刺激加以选择、组织并解释，使之成为一幅现实世界的富有含义的、统一的图画”。人的理解过程受到许多因素的影响，其中包括植根于过去经验的预存立场、文化预期、情绪和态度。也就是说，对于同一个信息，不同的受众可能因为政治经济地位、认识水平和个人爱好的不同而有不同的理解。人们选择性理解新闻的情形，大致可以分为以下四种情况：一是正面理解，即当新闻传播者的传播意图与受众的预存立场完全一致或基本一致时，受众完全按照传播者的传播意图来理解新闻；二是反面理解，即当新闻传播者的传播意图与受众的预存立场完全不一致或基本不一致时，受众完全从与传播者的传播意图相反的方面来理解新闻；三是扩展或缩小新闻的影响力，即受众根据自身的经验推断出新闻传播者在新闻传播过程中的立场，然后对传播者有意湮没其影响力的新闻加以重新审视并扩大其影响力，或者对新闻传播者有意渲染其影响力的新闻加以重新审视并缩减其影响力；四是重新建构新的现实世界的图画，即受众根据新闻传播者所传播的有关系列新闻，对其重新理解和组合并由此构建起自己对客观世界的整体性认识。

第三，选择性利用。所谓选择性利用（selective utilization），是指受众对信息经过选择和理解，对信息作出分析和归类后，对其中有直接效用的信息立即开始利用，对其中有使用价值但无直接效用的信息则储存起来，以便日后利用或转化为精神财富。在利用新闻信息方面，有许多成功的事例。我们经常看到这样的报道，由于及时掌握了某一经济信息，濒临倒闭的企业可以起死回生。善于利用新闻媒介的农民可以收集信息，寻找致富途径。

第四，选择性反馈。所谓选择性反馈（selective feedback），是指将自己的意见用各种不同的方式和态度反馈给新闻传播者。“反馈”原是电子工程学中的名词，后来被转借到传播学中来。它是指传播者获知受传者对其发出的信息是否收到以及收到后的反映过程，是传和受双方之间“双向传递”的一种形式。这样就形成了一个“事实—媒介—受众—事实”之间的良性循环。受众反馈得顺畅有利于新闻传播者检验和反省自身的传播愿望、传播内容、传播方式，以便改进工作，收到更好的传播效果。

根据受众接受新闻的上述特点，新闻传播媒介为了实现自己所追求的传播意图，取得良好的传播效果，就必须客观地、全面地反映事实的本来面目，向受众传播大量真实的、全方位的新闻，尊重受众的知情权和选择权，重视受众的反馈。

第四节　新闻传播效果

任何一项传播活动，传播者总是抱有希望达成某种预期效果的主观意图。这种主观意图和预期效果能否实现及其实现的实际情况就是传播效果。就新闻传播而言，“效果”是指传播者传播某一主题信息之后，受传者对这一主题信息所作出的反应，即新闻信息到达受众后在受众那里所引起的认知、态度和行为等层面上的变化，也就是传播者主观意图与预期效果的实现程度。

根据上述定义，新闻传播效果依其发生的逻辑顺序或表现阶段可以分为以下三个层面：

第一，认知层面的效果。认知心理学把认知概括为人的全部心理活动，并把人看成计算机式的信息加工系统，着重研究人的高级心理活动，如知觉、记忆、学习、语言、思维、创造的性质、结构和操作方式等内部机制。其主要观点包括：首先，人不是机械地接受外界刺激并作出反应的被动体，而是有选择地获取、加工（或同化）外界刺激，在与外界环境的相互作用中将刺激纳入机体，构建出认知结构。其次，认知过程是信息加工过程，不仅把外部环境事件进行加工，而且对自身的操作活动进行加工。人的信息加工系统主要由感觉、记忆、控制和反应四个子系统构成。再次，运用现代科学手段主要不是观察或改变人的外部行为，而是了解和分析认知程序和结构状态，并通过设计教育方案来改进认知活动，发挥认知的作用。在现代社会，由于社会分工的细化，使得人们不可能事必躬亲，因此，人们对周围世界的了解和认知在很大程度上依赖于新闻传播媒介。新闻传播媒介的主要功能是传递新信息、报道新事实，但它们并不是“有闻必录”，而是有所选择的。新闻传播者的主观能动性及新闻信息的主观性都在影响着我们对周围环境的印象与理解。受众这种认知层面的效果，在传播学中也称为“视野制约效果”。

第二，态度层面的效果。所谓态度，是指人们对事情的看法和表现出来的举止神情以及准备采取的行动。早在两千多年以前，古希腊哲学家亚里士多德（Aristoteles. 公元前384—公元前322年）就曾指出：“演说者须显示他具有某种品质，须使听众认为他是在用某种态度对待他们，还须使听众用某种态度对待他，这些办法大多有助于使人信服。”在报道新闻和传递信息的同时，新闻传播媒介也担负看舆论导向的职责。即在新闻报道中，通常包含着是与非、善与恶、美与丑、进步与落后的价值判断。这些带有导向性的公开传播的信息作用于人们的观念或价值体系，从而引起人们情绪或感情的变化。这样，新闻传播就起到了引导舆论和形成、规范与维护受众价值观的作用。

第三，行为层面的效果。所谓行为，是指人对环境刺激作出的反应。人与任何生物有机体一样，必然处于一定环境之中，都受到环境的刺激。人为了生存和发展，必须对各种刺激作出反应，以适应（改造或改变）环境。人的这种刺激和反应的过程就是行为。在信息传播过程中，行为效果是受众接受信息后在行为上发生的变化，它是建立在认知效果、态度效果基础之上的。从“认知”到“态度”再到“行动”，是一个效果的累积、深化和扩大的过程。以2003年初广州新闻传播媒介有关非典型肺炎的报道为例，自2月11日官方消息发布之后，各大新闻媒体通过各种方式提醒公众注意保持良好的卫生习惯，如不探视病人、勤洗手、室内经常通风等。在新闻报道的影响下，公众逐步对这些措施形成了观念上的认同，并进一步产生了态度上的改变，最终付诸实践，使得行为层面上的效果得以实现。

英国当代社会学家P. 戈尔丁（PetrusGolding）从发展时序和传播意图的联系上考虑，将传播效果划分为短期预期效果、短期非预期效果、长期预期效果、长期非预期效果四种类型。

所谓短期预期效果，包括“个人的反应”和“对媒体集中宣传报道活动的反应”两种情况。前者是指特定的信息在个人身上引起的认知、态度和行动的变化；后者指的是一家或多家媒介为达到特定目标而开展的说服性宣传运动，如促销广告、社会募捐等，这类效果通常作为受众对媒介意图的集合反应来把握。通常认为，媒介的短期效果会在一段时间后消失，但是这并不意味着即时反应就不重要。例如，新闻报道中涉及的有关犯罪情节的报道，在受众那里所引起的可能是短期的兴奋效果，但无可否认这种短期效果也许会演化成长期效果，其结果可能比长期效果更为严重。

所谓短期非预期效果，也包括“个人的自发反应”和“集合的自发反应”两类。前者指个人接触特定信息后所发生的、与传播者意图无直接关系的模仿或学习行为，这些行为可能是有利于社会的，如从中学习知识或领悟人生道理；可能是反社会的，例如，接触有害的传播内容所诱发的青少年犯罪等。后者主要是指社会上许多人在同一信息的刺激和影响下发生的集合现象，如物价上涨信息引起的抢购风潮、重大事件报道引起的社会恐慌或骚动等。“集合的自发反应”中有一些是健康有益的，也有一些可能是非健康的甚至有害的。但传播学者们更加关注由信息传播引起的突发性集合行为对正常的社会秩序造成的破坏性结果。积极地预防这类破坏性结果的发生，是新闻传播媒介应承担的社会责任。

所谓长期预期效果，是指新闻传播媒介就某一主题或某项事业进行的长期信息传播所产生的，与传播者意图相符的累积效果。一般说来，经常性的政策宣传、新生事物的长期推广与普及、知识教育的目标实现程度等都属于此类。例如，为了改变山东省广大菜农种植西红柿的习惯，山东电视台《乡村季风服务版》栏目自2001年起陆续推广一些适宜在山东农村种植的西红柿新品种。持续的宣传逐渐改变了菜农的种植观念，纷纷种植新的西红柿品种。农民取得了良好的经济效益，媒介也实现了自己的长期预期效果。

所谓长期非预期效果，指的是整个新闻传播事业日常的、持久的传播活动所产生的综合效果或客观结果，例如，大众传播对个人社会化过程的影响，传播媒介在社会的政治、经济、意识形态和文化的发展变化中所扮演的角色和发挥的作用等。由于这种效果受到整个新闻事业性质的制约，不以个别媒介或传播者的意志为转移，所以通常把它归入非预期效果的范畴。

第十章　新闻传播事业

第一节　新闻传播事业的产生

一、新闻传播事业的定义

什么叫新闻传播事业？新闻传播事业和新闻事业有何区别？这是研究新闻传播事业应该首先界定的。按照《现代汉语词典》解释，“事业”一词有两种含义：一是泛指人所从事的，具有一定目标、规模和系统而对社会发展有影响的经常性活动；二是特指没有生产收入，由国家经费开支，不进行经济核算的单位。人们的生活具有各种各样的需求，为了满足这些需求，产生了各种各样的社会分工，也产生了各种各样的行业。随着社会的进步，社会分工越来越精细，社会行业也越来越多。在所有这些行业中，人们习惯上将直接从事物质性经济活动的行业（包括生产、销售、服务等）称为企业，而将从事精神文化性活动的行业（也包括生产、销售、服务等）和社会管理部门称为事业单位。

从泛指的角度看，将新闻传播活动称为新闻事业或新闻传播事业是恰当的。从特指的角度看，将我国计划经济条件下的新闻单位称为新闻传播事业也是恰当的。但是，如果笼统地将世界上一切新闻传播活动和我国市场经济条件下的新闻传播媒介称为新闻事业，则是不准确的。

通过上述分析，我们可以对新闻传播事业这一概念界定如下：所谓新闻传播事业是人们通过新闻传播媒介进行的传播新闻和引导舆论的经常性的社会活动，是报纸、期刊、广播、电视、通讯社等新闻传播媒介及其生产管理过程的总称。

在我国，人们习惯上将新闻传播事业称为新闻事业。作为一种特定历史条件下的约定俗成，这是完全可以理解的，实际上这两个概念所指向的是同一个实体，即新闻单位。但是，如果认真辨析，新闻传播事业和新闻事业这两个概念还是有所区别的。首先，从性质上看，新闻传播事业（news communication enterprise）虽然担负着重要的舆论导向的社会职责，但它属于一定的社会经济组织，具有独立的法人资格，具有企业性；而新闻事业（journalism institution）完全以政治宣传为职责，由政党或政府负担经费开支，它本身并不具有经济活动的职能。其次，从两者产生的社会历史条件看，新闻事业这一名词是计划经济条件下的产物，它仅仅作为政党和国家的喉舌，只承担着政治宣传的职责；而新闻传播事业这一名词则是社会主义市场经济条件下的产物，它仍然是政党和国家的喉舌，承担着舆论导向的职责，同时它也是人民的喉舌或受众的公仆，担负着全方位向受众传递信息和自身经济创收的任务。再次，从学术关联上看，和新闻事业紧密相联的新闻学属于政治学和宣传学的范畴，它偏重于对新闻信息源和新闻传播者的研究；而和大众传播事业紧密相连的大众传播学（包括新闻学）属于行为科学的范畴，它不仅重视对新闻信息源和新闻传播者的研究，而且重视对整个新闻传播过程的研究，特别是对新闻传播效果和受众的研究，同时还关注对整个社会外部环境的研究和自身内部经营管理的研究。因此，从新闻传播学的要求出发，应该以新闻传播事业取代新闻事业为宜。

二、新闻传播事业产生的社会历史条件

新闻传播事业是人类特有的社会活动之一，没有人类就没有新闻传播活动，也就没有新闻传播事业。人类社会出现以后，很长时间没有专门的新闻传播工具和机构，所以也没有新闻传播事业。新闻传播事业的产生必须具有以下三个方面的条件：

第一，有一定的物质技术手段，即新闻传播工具。在新闻传播事业产生之前，新闻传播活动的发展，已经经过了“口头媒介”“书写媒介”“印刷媒介”三个发展阶段。“口头媒介”和“书写媒介”由于其先天的不足，不能成为理想的新闻传播工具。只有“印刷媒介”才能够使新闻在无限广阔的时间和空间里大量地传播，所以正规意义上的新闻传播事业是在“印刷媒介”出现以后产生的。

第二，有一定传播技能的人，并以此为职业，即一支专门从事采集、整理、刊载和播发新闻的队伍。新闻传播事业产生之前，新闻传播活动是没有固定的传播者的。传播新闻的人，或者偶尔为之，或者在传播政令之余兼职为之，因此不能固定，更不能持久。只有在资本主义商品经济充分发展之后，社会分工细致到需要有专门的人来传递新闻信息，这个条件才得以具备。

第三，有专门的新闻传播机构，即能定期地、持续地、公开地面向全社会发布新闻的传播机构。有了专门的传播工具和传播者之后，就必须把这些人和物在固定的机构中组织起来并从事固定的新闻传播工作。只有这样，正式的新闻传播事业才能真正生产出来。

以上三个必要条件是在新闻传播活动长期发展的基础之上，随着资本主义商品经济的充分发展而逐渐具备的。在这个意义上说，新闻传播事业是资本主义商品经济充分发展的产物，或者说资本主义商品经济的充分发展孵化和促进了新闻传播事业的产生。首先，不断开拓原料产地和产品销售市场的需要，驱使着资本拥有者到处创业，过去那种地方性和民族性的自给自足的封闭状况被打破，各个国家、各个民族和各个地区的联系加强了，社会规模扩大了。其次，生产的分工越来越精细，各个行业、各个部门的相互联系和竞争日益加强，由此推动了整个社会的迅速进步。再次，社会规模的扩大和社会变动的加速使得世界各地的任何重大变化和人们的切身利益直接相关，他们对社会的关注程度提高了。由此，促进了人与人、地区与地区、国家与国家之间的紧密联系，从而为新闻传播事业的产生创造了必要的社会历史条件。

不仅如此，资本主义商品经济的充分发展还为新闻传播事业的产生准备了全部的物质条件。这些物质条件主要表现在以下四个方面：第一，它为新闻传播事业准备了具有一定文化的读者群。随着大工业的产生，资本家为了训练熟练的雇佣劳动者，开办了大批工读学校或者贫民学校，从而提高了整个社会的文化水平。这就在客观上为新闻传播事业的产生创造了理想的读者群。第二，它为新闻传播事业准备了必要的销售市场。随着资本主义的发展，巨大的城市开始出现，城市人口急剧增加，城市居民相互沟通和联系的客观需要为新闻传播事业的产生准备了必要的销售市场。第三，它为新闻传播事业的产生提供了交通、邮电、印刷、纸张等物质技术条件，从而保障了报刊生产对于物质技术水平的需要。第四，它通过独资或股份制及广告投入为新闻传播事业积累了必要的资本。随着资本主义原始积累的完成，一些资本家积累了一定数量的资本，这样就有可能以独资或者合资的形式创办报刊。同时，资本家为了推销商品，需要刊登广告，报纸可以从刊登广告中获利。由此可见，报纸同广告从一开始就结下了不解之缘，广告成为了报纸的“血液”，报纸成为独立的生产企业。

三、新闻传播事业的产生

正是植根于这样深厚的社会经济背景，报纸作为近代新闻传播事业的最初形式，不可避免地在西欧首先产生出来。从 16 世纪至 18 世纪，报纸的产生大致经历了以下三个阶段：

第一，“手抄新闻”的出现和盛行。16 世纪初期，在意大利的威尼斯产生了一批专门代客打听、供应新闻的人。他们自己收集新闻，自己抄写，自己发行报纸（张贴于公共场所，或者沿街叫卖，或者定期发行），这种报纸叫做“手抄新闻”或者“新闻信”（newsletter）。因为每一份报纸售价为一枚小铜元（gazette），所以“格塞塔”便成了这种报纸的代名词。其主要内容有市场行情、交通情况、船舶航期等。同时，也提供政治、教会和战争的消息，因而招致意大利封建统治者和罗马天主教会的疑惧和迫害。1569 年，一位名叫佛朗科的“手抄新闻”记者被天主教会处以绞刑，这是有记载的最早为新闻传播事业献身的新闻工作者。继意大利之后，德国、法国和英国也出现过这种“手抄新闻”。到了 17 世纪末期，这种“手抄新闻”在和印刷报纸并存一个世纪之后逐渐地消失了。

第二，“新闻书”的出现。“新闻书”的出版发行周期比“手抄新闻”或者“新闻信”要长，但是由于它采用了铅字活字印刷，可以大量地复制和发行，所以它比“手抄新闻”具有一定的优势。据资料记载，最早的“新闻书”出现在德国的法兰克福。该地处于欧洲的中心，每年春季和秋季各举行一次贸易集会，西欧和近东各国的商人云集于此。这种优越的地理位置和繁荣的商贸活动，促进了“新闻书”的产生。1588 年，奥地利人艾青氏（Miche Von Aitzing）开始印刷出售“新闻书”。这种“新闻书”每年印刷两册，每逢春秋贸易集会时发行。“新闻书”的主要内容是有关过去半年内欧洲和近东各国的政治、军事的重大事件，同时兼有商业行情，类似大事年表。此后，荷兰的阿姆斯特丹、德国的柏林和英国的伦敦等地也出现过这种“新闻书”。不过，这种“新闻书”由于出版发行周期长、新闻迟缓，很快就被近代化的新闻周刊和日报所取代。

第三，周刊和日报的兴起。几乎在“手抄新闻”和“新闻书”流行的同时，一种真正近代化的新闻媒介开始产生出来，这就是周刊和日报的出现。1590 年，在德国的奥格斯堡出版的《观察周报》（Avisa）可能是世界上最早的印刷周刊。该刊最初为不定期，1609 年开始定期发行，每周一张，每张仅仅一条新闻，影响不大。因此，新闻学者在谈到这张周刊时，往往语焉不详。从严格的意义上来说，1609 年在德国出版的《报道或新闻报》（Avisa Relation Oder Zeitung）才是世界上最早出版的印刷周刊。“Zeitung”一词，在德语中是“潮汐”的意思，因而被引申为“新闻”。从此，“Zeitung”被用作报纸的代名词。1660 年，在德国的莱比锡出版的另一种报纸《莱比锡新闻》（Leipziger Zeitung）是世界上最早的印刷日报，不过它仍然采用书册式样。这种状况到 1665 年有了彻底的改变，这一年 11 月在英国出版的《牛津公报》（Oxford Gazette），首次采用单页双面印刷，一反过去的书册式样，并且首次使用了“newspaper”一词。在此前后，其他一些主要国家的近代化报刊也纷纷出现。法国的第一份近代化报刊是 1631 年在巴黎出版的《法国公报》，这也是法国最早的定期出版物。美国的第一份近代化报刊是 1690 年在波士顿出版的《国内外公共纪闻报》，这份报纸因为批评英国殖民当局，仅仅出版了一期，就被强行停刊了。俄国第一份近代化报刊是 1703 年在莫斯科出版的《新闻报》，该刊曾经由沙皇彼得一世任主编。中国第一份近代化报刊是 1815 年 8 月由英国传教士罗伯特·马礼逊在马六甲出版的《察世俗每月统计传》。日本的第一份近代化报刊是 1861 年由英国人 A.W. 汉萨特创办的《长崎船舶新闻》。

总之，随着资本主义商品经济的充分发展，近代化的报纸在世界上各个主要国家出现，新闻传播事业已经作为一个新兴的独立的社会事业产生。

第二节 新闻传播事业的发展

一、报刊业的发展

近年来，中国报刊业的发展十分迅速，多项指标增势强劲，报纸出版能力不断提高，世界报业大国的地位得到进一步巩固，中国报刊业已经成为中国发展最快的行业之一。

中国出版的各类报刊已基本上满足社会各层次的需求。都市报已成（报刊业中的）主力媒体，是最活跃最有影响力的媒体。中国新闻出版总署统计的 39 家中心城市的报纸，都市报在全国报刊的总发行量中占 40% 多。另外，随着专业化越来越强，面向“三农”等的专业报，这些年有了很大发展。少数民族报纸，我们国家有 90 多种，凡是有文字的少数民族，基本上都有本民族语言的报纸。

中国是一个人口大国，庞大的阅读群显然为报刊的发展奠定了基础。报刊经营者可以针对不同受众，细分报刊市场。无论是中年、青年读者，还是儿童、老年人或是残疾人等，都不难在市场上找到适合自己口味的报刊。

竞争激烈的中国报刊市场，存在着不小的风险，但在中国加入世贸组织之后，外国传媒集团对于进入中国仍然跃跃欲试。有的国际传媒集团已经成功地打入了中国报刊市场。

中国报刊业与国外的交流与合作也是双向的。《人民日报》海外版已创刊三十多年，该报在海外设立了 11 个印点，发行到 86 个国家和地区，是中国在海外发行量最大的报纸。

最近几年，除了《人民日报》《中国日报》等取得良好的海外发行成绩以外，新兴的晚报、都市报，比如《新民晚报》《今晚报》《广州日报》等，相继在不同国家出版了华文版报纸。中国整体上报纸的“走出去”到海外发行呈现出蓬勃发展的势头。

这些到海外“试水”的晚报或是都市报，尽管没有收到立竿见影的经济效益，但对于提升报纸档次、品位和影响力，无疑收获不小。这种做法也说明中国报刊从业者长远的经营眼光,显然,他们十分珍视旗下报纸的发展前景。或许，有朝一日，中国报纸或期刊在某个领域也能诞生出一个具有全球影响力的品牌。

二、通讯社事业的产生和发展

从 1835 年第一家成功的通讯社——法国的哈瓦斯社创办至今，通讯社在世界已有 170 多年的历史。迄今为止，伴随通讯社的发展壮大，其无可比拟地发布信息、沟通情况功能对全球政治、经济、文化事业产生了不可忽视的影响。作为新闻采集和发布的中心，通讯社的诞生引领世界新闻传播事业进入了一个崭新的发展时代，其运作（尤其是世界著名通讯社的运作）对世界新闻事业的发展发挥了极大的作用，推动了新闻事业在各方面的成熟。通讯社在世界新闻传播领域独特而牢固的地位无可取代，以下从通讯社的基本情况入手，浅析其对世界新闻事业产生的巨大影响，考察其在当今社会面临的挑战。

在英文里，通讯社叫“newsagency”或“newsservice”。我们都知道，“agency”在英文里有“代理机构”的意思，而“service”则是“服务”的意思。根据这两个词望文生义，通讯社即可理解为新闻服务机构。具体说来，通讯社即是向其他新闻媒介，包括报纸、杂志、广播电视、互联网络等大众传播媒体，提供包括新闻稿件、新闻图片和新闻资料等资源的“消息汇总”机构，是这些大众传媒的主要新闻来源之一。当今世界著名的通讯社有美联社、路透社、法新社、新华社、德新社、俄通社，等等。

通讯社有别于报刊、广播电视等新闻媒体的最大特点在于它是一个巨大的新闻消息批发商，而其他新闻媒介则是这个批发商的客户。这是因为，相对于其他新闻媒介而言，通讯社有着更加充足的人力、物力和专业服务，它延伸了其他新闻媒体的新闻搜集范围。与报刊、广播电视等媒介另外一个不同的是，通讯社“在大多数情况下，不直接与大众发生联系”。《美国大百科全书》通讯社通过报刊和广播电视等大众媒体来维系与广大受众的间接关系。追溯通讯社的产生，要回到19世纪中期的欧美资本主义各国。欧美发达的资本主义经济和近代报业的发展为通讯社的诞生准备了历史条件。工业革命极大地提升了欧美各国的实力，使得亚、非、拉的一些国家和地区卷进了空前庞大的世界经济体系，形成了世界市场，世界各地区彼此了解新情况、新变动成为现实生活的重大需要，而尚未成熟的近代报业对满足这一需要还有很大差距，它们大多只能捕捉国内范围的新闻，于是时代要求出现一种能够跨国界搜集新闻的新式机构。通讯技术的革命、电报机的发明、海底电缆的铺设为通讯社的出现提供了物质技术前提。而近代报业的初步发展更是为通讯社的发展起到了直接促进作用，它们发行量大，广告收入多，对新闻的需求多样，成为近代通讯社最主要的客户。

三、广播电视事业的产生和发展

随着科学技术的进步，在报纸的基础之上，20世纪20年代又产生了广播电视。广播电视的产生是和无线电波的一系列发现联系在一起的。其中，最主要的发现是，1864年英国的理论物理学家詹姆斯·克拉克·马克斯威尔发现了电磁学的基本原理；1874年意大利人马可尼和俄国科学家波波夫同时发明了无线电报，即利用无线电波传递信息；1906年美国科学家范斯顿发明了外差式线路，并在这年圣诞之夜，首次作了实验广播，将人的语言、音乐等播放出去。在此基础上，1920年11月2日世界第一个电台美国匹兹堡KDKA电台开始播音。

KDKA广播电台的播音，标志着新闻传播事业发展到了一个崭新的阶段，即电子媒介阶段。

KDKA广播电台产生后，各个国家竞相仿效，建立了一批广播电台。这些建立广播电台的国家主要有：1922年，英国政府批准设立广播电台，由6

家无线电广播公司和电器制造公司组成了商业性的广播公司（BBC）。1927年，英国政府将BBC收归国有。1922年，俄国莫斯科中央无线电台开始播音。1924年3月，日本的第一家广播电台在东京开始播音，在此基础上，1925成立了日本广播协会（NHK）。我国的第一座广播电台是1923年由美国记者奥斯本在上海设立的“空中之音”。1928年8月，南京国民政府的中央广播电台在南京正式开始播音。由于这座广播电台是由陈果夫等人倡导建立的，所以陈果夫又被称为“中国广播的保姆”。后来，经过扩建，中央广播电台的功率增加到75千瓦，是当时“亚洲发射功率最强的广播电台”。

电视的产生和发展也是一系列技术发明的结果。1817年，瑞典科学家布尔兹列斯发现了化学元素“硒”。1865年，英国工程师约瑟夫·梅发现“硒”在光照下能够产生电子放射现象。1884年，德国科学家保罗·尼普柯年发明了电视扫描盘。1926年，英国科学家贝尔德利用电视扫描盘，完善了电视画面的完整组合。1936年，英国广播公司在伦敦亚历山大宫建立世界上第一个大众电视台，并从当年11月2日开始定期播送节目。1940年，美国无线电广播公司成功试制彩色电视机。1954年，美国全国广播公司首先正式播送彩色电视节目。中国电视事业起始于1958年，这年的10月1日北京电视台（后改名为中央电视台）开始播送节目。1973年，我国采用兼容制，首次播放彩色电视节目。此后，我国电视事业迅速发展。

四、新闻网站的产生和发展

在广播电视之外，近年来又增加了一种新型的电子类新闻传播媒介，这就是新闻网站。所谓新闻网站，是指通过互联网发布和转载新闻的互联网站。国际互联网又叫“因特网”（internet），它是继报纸、广播和电视之后的一种全新的媒体，有人将它称为“第四媒体”。因特网的雏形是美国国防部高级计算机局（Advanced Research Projects Agency）于1969年建立的ARPnet（通常称为ARPA网）。ARPnet是一个实验性的计算机网，开始时仅有4台计算机联网。为了改变这种脆弱的链接方式，1983年主要用于民用目的的美国国家科学基金会（National Science Foundation）的NSFnet被允许加入ARPnet。为此，专家们制定了传输控制协议和国际互联协议（TCP/IP），以便成千上万的计算机用户能够进入互联网络，由此形成了因特网的基础。20世纪90年代，随着WWW（WorldWideWeb. 即万维网）的加入，“因特网”增加了容量巨大的可以超文本链接的浏览服务器。由此，“因特网”真正成了影响全体社会成员的网络传播媒介。新闻网站的发展可以分为两种类型：一种是由中央国家机关各部门新闻单位以及省、自治区、直辖市和省、自治区人民政府所在地的市属新闻单位依法建立的互联网站（简称新闻网站）；另一种是由非新闻单位依法建立的经批准可以从事新闻转载业务的综合性互联网站（简称综合网站）。世界上最早的新闻网站是1987年将报纸内容搬上了尚处于起步阶段的互联网的美国加利福尼亚的《圣何塞信使报》。

中国新闻网站起始于1995年，这一年的1月12日由国家教育委员会投资的《神州学人》率先将报刊内容搬上互联网。同年12月20日，《中国贸易报》正式发行电子版，成为中国第一家在互联网上发行的电子日报。在传统新闻媒体创办的新闻网站之外，一些商务机构也纷纷创办商业网站，从事新闻的转载业务，这类网站被称为综合性互联网站或综合网站。目前，我国比较著名的综合网站有“新浪网”“网易新闻频道”“搜狐新闻频道”等。2007年1月由中国互联网信息中心（CNNIC）发布的《第19次中国互联网发展状况统计报告》统计，上网用户人数达到1.37亿（比上年增加近6000万），网站数达到180万个（比上年增长64.4%），网民数量占中国总人口的10.5%。据2018年8月20日由中国互联网信息中心（CNNIC）发布的《第42次中国互联网发展状况统计报告》统计，截至2018年6月，中国网民规模达到8.02亿人，较2017年来增长3.8%。其中，手机网民达到7.88亿人。互联网的发展一日千里，日新月异。通过网络传播接收和传递信息，已经成为人们日常生活中求得生存和发展的不可须臾或缺的组成部分。网络传播正在深刻地、迅速地改变着人们的生活方式。

第三节　新闻传播事业的性质、特征和功能

一、新闻传播事业的性质

按照马克思主义关于经济基础和上层建筑领域及其关系的原理，新闻传播事业在很大程度上属于社会生活中的精神现象，属于一定社会的上层建筑范畴。是为它的经济基础服务的。各种各样的新闻现象产最终只能在人们的物质生产生活关系中得到正确的解释和说明。新闻传播事业作为一定社会的上层建筑领域的一部分，具有自己的特殊性。它既不同于政治、法律、国家机器，也不同于哲学、宗教、文学和艺术，而是一定社会的经济基础通过新闻手段的反映。所谓新闻手段，是消息、通讯、评论、新闻图片及其编排方法和传播形式的总称。

它们是新闻传播媒介用来报道和评论事实，宣传一定的政策和思想的重要方式。新闻手段的一个重要特点是报道事实，用事实说话，根据事实发表言论。

要全面认识新闻传播事业的性质，还必须承认新闻具有商品性、新闻传播事业具有企业性。早在 1993 年 9 月，童兵教授就曾在当时出版的《新闻研究资料》第 61 辑上发表文章产主张新闻的商品性。他认为，在社会主义市场经济条件下，新闻具有商品性，有以下两方面的理由：一方面，新闻具有一般商品的特性。新闻以信息满足人们的需求，具有使用价值。新闻是新闻工作者为同广大的受众交换而生产的，具有交换价值。新闻的使用价值与交换价值是通过市场交换实现的，它同其他商品一样，必须通过市场交换。既然新闻具有一般商品的共性，那么我们就应该承认它的商品性。另一方面，新

闻是一种特殊的商品。新闻不是昔通商品，而是一种特殊商品。其所以如此，是因为新闻是以意识形态呈现为主的产物，而不是以物质形态呈现为主的商品；新闻工作者在制作这种商品时不仅改变了它的形态，而且注入了自己的意识；新闻是一种以劳动者的智力劳动为主生产的商品，而不是以体力劳动为主生产的商品；新闻是一种以信息服务为主要功能的商品，而不是以物质服务为主要功能的商品。

关于新闻传播事业的性质，可以这样表述：新闻传播事业既是一定社会上层建筑领域的一部分，又是一定社会的经济基础的一部分产是横跨于经济基础和上层建筑之间的特殊事业。“行政事业单位，企业化经营管理”，就是对这种性质的准确概括和贴切说明。作为上层建筑领域的一部分，新闻传播事业是一定阶级、政党的宣传部门产是“行政事业单位”。作为经济基础的一部分产新闻传播事业具有企业性产属于信息产业。作为行政事业单位，新闻传播事业应该多刊登反映党和国家政策的新闻，坚持以社会效益为主。作为信息产业，新闻传播事业应提供其他信息服务，取得最佳的经济效益。

二、新闻传播事业的主要特征

所谓特征是指事物的性质的外在表现，是一事物区别于其他事物的特点的征象和标志，它表明事物“怎么样”。新闻传播事业的特征是指新闻传播事业所具有的独特性质的外在表现。一般认为，新闻传播事业的特征主要表现在“组织”和“活动”两个方面。

从组织方面看，新闻传播事业具有以下三个特征。第一，新闻传播事业是一个以新闻传播流程为结构方式的组织。它是按照新闻的采集、制作和传播这样一个过程来设置组织机构、配置力量、确定责任、进行工作的。其内部组织结构大致可以分为编辑部（含记者部）、技术服务部和事业经营部三大部分。第二，新闻传播事业是整个社会信息流通的中介组织，充当着社会的“耳目”和“喉舌”。在新闻传播过程中创造新闻的主体是社会公众，接受新闻的主体也是社会公众，新闻传播事业只不过是收集、整理、传递和放大新闻。第三，新闻传播事业是一个按照特殊经济规律运行的“精神产品”生产组织。作为一个生产组织，新闻传播事业必须按照企业化的要求实行经营管理，但是其方式与一般“物质产品”生产企业是不同的。因此，新闻传播事业要忠于自己的本职，不要为广告商或赞助人所控制。

从活动方面看，新闻传播事业的活动具有现实性、广泛性、服务性三个特征。现实性，是指新闻传播事业反映和干预社会生活的频率快，几乎与社会生活同步发生，属于社会变动的“秒针”。现实性要求新闻传播事业运用纪实的手法，传达事物的实际面貌。广泛性，是指新闻传播事业所涉及的内容和服务似的对象无所不及、无处不在。新闻传播事业对社会生活的反映必须是综合性和全景式的报道，无论何人何事何物，都可以纳入它的报道范围。虽然新闻传播事业不可能做到“有闻必录”，但绝不允许“要闻不录”。服务性，是指新闻传播事业要为社会服务、为企业服务、为社会物质文明和精神文明建设服务、为最广大的受众服务。以前只讲指导性，不讲服务性，这是对新闻传播事业特性的片面理解。新闻传播事业的服务性可以通过许多途径来实现，提供信息是服务，刊播广告特别是各种公益广告是服务，进行受众调查是服务，开展各项社区工作也是服务。

三、新闻传播事业的基本功能

新闻传播事业的功能，一般来说主要具有以下五种。在这里我们要清楚一个问题，即一定不能把性质和功能混为一谈。性质和功能是密切相关的，有什么样的性质就会有什么样的功能。但是性质不能取代功能，为什么要提这个问题呢？我们有的问题也混淆了这个说法，也有的人说我们的媒介具有喉舌性质，有的说具有喉舌功能。应该说，性质和功能密切相关，但是性质和功能二者又不是完全等同的。

新闻传播事业的功能有以下几个方面：

1. 报道新闻、传播信息

也就是说新闻传播事业的第一位的功能就是报道新闻、传播信息。

2. 反映舆情、引导舆论

这是我们对社会积极贡献的一面。如果没有新闻媒介的正确的引导，社会可能会出现波动，社会可能会出现混乱，社会可能会出现状态不明的状态。但是由于舆论的引导，使我们活得更清楚、更明白，使我们对周围的事态了解得更清楚，这是现代社会的特点，所以现代社会离不开新闻。

3. 传授知识、普及教育

我们的新闻，尤其是我们的新闻媒介，在传授知识、普及教育方面起着非常重要的作用。以我们广播电视来讲，我们广播电视除了新闻功能之外还有其他功能，但是我们说广播电台、电视台，首先是新闻单位，这个界定是明确的。虽然我们的文艺节目，其他节目形态可能很多，但是我们首先以新闻单位的形态来要求我们，所以我们说电台、电视台从性质上来讲，哪怕一天播 10 个小时，9 个小时都是文艺节目，但是我们的性质仍然是新闻单位。所以从这个角度来讲，我们说我们的新闻媒介它具有传授知识、普及教育的功能。

比方说我们现在城里人的穿着，衣服的穿着、打扮、举止，对农村人有一种导向。农村的民众想接触城市的人，除了有物理空间距离之外，它的物质条件可能会局限。但是我们通过电视屏幕，通过广播，城市和农村的差距可以缩小，城里的知识可以普及到农村。同样，城里的人要想了解一些农村的一些知识，一些比方说最近是植树节，植树的方式、方法要培土、浇水，通过报道新闻，通过电视画面，城里的人也可以了解。所以，电视广播等新闻媒体在传授知识、普及教育方面起着重要作用。

当然还有一个重要的功能，就是我们教育类的节目，包括现在很多教育台，还有教育频道，综合频道里头还有教育节目，也是教育概念当中的一种。

4. 提供服务、文化娱乐

我们电台、电视台的娱乐功能、服务功能是非常强的。举个简单的例子，比如春节联欢晚会，它的文化娱乐，它的服务功能，使我们的生活，传统的生活形态发生了改变，过去我们过春节是一种形态，现在我们有了春节联欢晚会，又是另外一种形态，所以它的服务功能、娱乐文化功能是非常重要的。

5. 刊登广告、繁荣经济

这是一个非常重要的功能。过去我们认为只有西方的商业电台、电视台、商业报纸才能刊播广告，实际上这是一个错误的认识，在社会主义市场经济条件之下，广告是市场经济的一种有效的手段，只要我们搞市场经济，就离不开广告。所以，我们的媒介也是应该具有、刊登广告、繁荣经济的这样一种功能。

这五个功能当中，报道新闻、引导舆论是基础性的，我们叫基本功能。而在这两大基本功能当中，报道新闻是手段，引导舆论是目的。这一点我们也要明确，就是说这五个功能并不是并列的。

第十一章　新闻采访电视播音创作概述

第一节　当前播音创作的时代环境

一、播音创作的时代环境——文化的撞击与融合

文化是一个包括内核与若干外缘的不定形的整体，从外而内，约略分为几个层次：由人类加工自然创制的各种器物，即“物化的知识力量”构成的物质文化形态文化层；由人类社会在社会实践中组建的各种社会规范构成的制度文化层；由人类在社会实践，尤其是人际交往中约定俗成的习惯性定式构成的行为文化层；由人类在社会实践和意识活动中长期蕴化出来的价值观念、审美情趣、思维方式等主体因素构成的心态文化层。

而目前的现实是作为强势文化的西方文化对于全球各国文化的渗透与入侵每时每刻发生着。目前世界各国的餐饮市场，都面临着西方“肯德基文化”“麦当劳文化”“汉堡包文化”的大举入侵。与此相似的现象是，世界各国电影市场则面临着美国的“好莱坞文化”入侵。据说，好莱坞的电影现在已经占据了世界 80% 的电影市场，即使是法国、印度这些传统的电影生产大国，面对好莱坞电影的强劲冲击也无可奈何。另外美国、日本的游戏软件、卡通片也大举占领世界各国的娱乐市场。西方的价值观念通过餐饮、电影、娱乐文化的形式，潜移默化地影响着各国人民的头脑。在文化的某些趋同过程中，“多样的文化表现形式被消灭，并为一种单一、商业化、个人化的资本主义竞争文化所取代”，似乎正在成为人类无法左右的必然结局。中国具有数千年历史的文明古都北京，也抵御不了现代西方文化的渗透与入侵。北京古都传统的建筑风格正在发生变化，那些老胡同、四合院正以飞快的速度消失，代之以火柴盒子式的摩天大楼。诚如一位美国学者批评美国的某些城市时所指出

的那样："城市的生命存在于有历史的社区之中，但是规划者、官员和发展商却以开发之名圈地买地,温馨的老社区被拔地而起的高楼和高速公路肢解，城市的活力大大削弱。"

文化全球化依托信息革命，依托网络，消除了人们的空间界限，使知识信息自由流动，中西文化的碰撞就日益显露出来。

二、正确认识播音创作的重要性

一个好的播音员或节目主持人应该有较强的语言驾驭能力，做到一专多能。与节目和谐统一的播音，是有声的语言的创作活动。无论是新闻播音，还是主持人节目播音，都是经过加工的语言创作。可以肯定地说，播音不是盲目和随意的言语活动，也不是以表演为特征的言语活动，更不是仅仅指向主体自身的、自我封闭的言语活动。播音创作的性质有明确归属，有具体的依据和传播指向，还有与播音创作紧密相关的其他因素的制约。总之，播音创作有自身固有的客观规律。对于播音创作客观规律的认识，构成播音创作道路的质的规定性。

正确的播音创作道路反映播音创作活动的本质与内在联系，规定着实践活动的模式和方案。因此创作主体如果不了解，或忽视播音的正确创作道路，违背其中的客观规律，就会影响播音创作的水平，甚至导致播音创作的失败。

我们从总体上看，任何节目的播音都是从不同的层面、不同的角度来反映社会现实生活的。那么，就存在着一个用什么样的态度去反映，以什么样的观点去反映，以及为了什么目的去反映的问题，这可以说是个创作原则，创作态度的问题，是任何一位播音创作主体都不可能避免得了的。再从播音创作形式和手段看，不论播音样式和风格有什么样的变化，都可以找到其中的共性，亦即播音创作的规律性。

这是由播音工作的性质任务决定的，也是由广播电视传播特点所制约的。作为创作主体对此要有清醒的认识和比较透彻的了解，并贯穿到每一次播音创作中。如此，只有遵循播音创作的特定规律才能保证工作质量，提高工作效率，使我们的播音创作活动尽量与他本身的客观规律达到一致。

三、播音工作面临的机遇与挑战

（一）面临的机遇

新媒体时代带来了新的技术，尖端的技术为传统媒体带来了新的生机，同时也给传统媒体提供了更为广阔的发展空间。对于播音员、主持人来说，这些新技术给他们提供了许多便利。譬如，播音员可以通过提词器来播报新闻，而不再是翻阅纸张，主持人可以直接与观众互动，而不用再陷入同观众零互动的窘境。

1. 主持形式多样化

新媒体时代的两大特征，一个是网络的普及，另一个是新媒介的诞生。就是这两样，催生出了各种新媒体环境下的新情况。传统媒体的主持人借助网络和新媒介，可以实现很多曾经无法完成的工作。

（1）网络。利用网络，可以应用微博、微信、QQ等实时的沟通和交流工具，一方面可以在网络平台上获取最新的消息，另一方面，可以利用工具与观众互动，他们发表的观点，反馈的信息都可以作为主持人丰富节目的方式。

（2）新媒介。如今在节目里，笔记本电脑、平板电脑、触屏电视、手机等新媒介的出现已不再稀罕。甚至可以说，现在的节目里至少会应用这些新媒介中的一种。新媒介的运用也是增加主持形式的方式之一。主持人可以手拿平板电脑，或者滑动触屏电视等，更为生动、形象、直观地主持节目。

2. 内容来源多样化

新媒体时代，节目的内容来源不只是局限在节目组工作人员了，而是有更为广阔的渠道。一是网络，网络最为突出的优势是时效性。所以主持人的内容可以来自网络那些最新的消息，或者网友们精彩的评论等。此外，通过网络与观众进行互动的内容也是主持内容来源的一部分。美国著名脱口秀节目《艾伦秀》的主持人艾伦建立了一个自己的网站，在节目中她会邀请观众将自己觉得有趣的视频、照片、文字等内容通过这个网站发送给她。而这些观众们发送来的内容就成为了节目内容来源的一部分，并且这些内容基本上都属于这个节目的独家内容。二是自媒体，如今各种移动终端已经非常普及，随时随地人们都能利用自己的移动终端采集信息，传播信息，每个人都可以成为一个信息源。主持人不再需要“单打独斗”，而是可以集合各方的智慧和信息，丰富自己的主持内容。

3. 互动

增加互动性是新媒体的突出特征。传统媒体在相当长的一段时间里，都存在与受众缺乏互动的问题，长期处在一个单方面传播的位置上。而在新媒体时代，这个问题终于有所好转，现在的节目中，主持人与观众的互动明显增加。主持人可以在节目中直接同观众进行互动，可以是在微博上浏览观众的留言，也可以在微信上与观众对话，还可以通过电话直接与之交流。台湾综艺节目《娱乐百分百》每周有一期是现场直播，在这一期节目中就有一个“百分百客服专线”的环节，在这个环节中主持人会直接在节目中打电话与观众聊天，这不仅增加了主持人与观众之间的互动，又丰富了节目的形式内容。

4. 依托传统媒体意见领袖的优势，更加注重深度

不论新媒体现在的地位多么重要，不可否认的是，传统媒体始终还是占据着权威的意见领袖地位。新媒体环境下，传统媒体在时效性上拼不过网络，但是意见领袖的地位始终无法撼动。主持人作为传统媒体的形象代表，更是显性的意见领袖。新媒体环境下，主持人可以依托自己意见领袖的优势，在深度上下功夫，使传统媒体主持人迈向更高的台阶。

（二）面临的挑战

新媒体环境下，传统媒体的播音员、主持人除了有好的机遇，也将面临新的挑战。新媒体时代对播音员主持人的无稿播音能力，现场组织稿件，综合把握能力提出了更高的要求。

1. 综合知识能力。主持人对时事的评述，采访活动能力，提问题的深度，对问题的分析见解，都能明显地反应出其综合知识能力。由于长久以来我国

培养播音员主持人的方式，重在加强他们的专业技能。因此，播音员、主持人虽然有较强的专业知识，但是其知识结构还是较为单一的，综合知识基础不够。而在新媒体环境下，除了需要播音员主持人有扎实的专业功底之外，更是需要他们有丰富的知识储备。过去，我们说记者应该是一名“杂家”，如今，播音员主持人也需要成为一名“杂家”了。主持人应该是博学多才的有识之士，这样才能面对观众侃侃而谈。而要积累综合知识，就需要播音员主持人们积极主动地进行专业知识与新媒体时代的融合。

2. 逻辑思维能力。在新媒体时代，播音员、主持人不再只是单纯地读稿了，而需要将网络、平板电脑、手机等新媒介都利用起来。这也就对播音员、主持人现场的灵活应对能力提出了要求，因为除了将稿件读好，还要不停关注各个媒介上的信息，可谓是需要眼观八方。而且，还需要把握好这些新媒介与主持之间的关系，不能出现新媒介喧宾夺主的情况。主持人需要具备清晰的逻辑思维，要做到心中有数，明确自己想要传达出的信息，不能因为各种媒介的加入就乱了方阵。

3. 专业知识能力。在新媒体环境下，播音员主持人面临着对播音主持专业知识能力的新挑战。因为只有提高专业技能水平，才能够适应新媒体时代的发展。传统媒体的播音员主持人要站在更高的高度来进行思考，要锻炼临场应变和即兴发挥的能力。主持人要尽量避免自己语言表达上的不当，更要做到处变不惊，积极活跃思维，培养自己快速反应的能力。比如在面对新闻突发事件时，主持人不仅是播报新闻，应集记者、编辑于一身，能做到现场组稿，无稿播音。例如，2013 年 4 月 20 日，雅安芦山地震时，四川电视台新闻资讯频道的早间新闻就快开始直播。地震发生后，直播立即开始，主持人改变了原来准备好的新闻稿件，开始播报最新的地震信息。而此时，电视台记者还来不及赶到震区，甚至还来不及传回在市区里进行的采访。于是整个直播只能靠主持人一个人撑住。主持人利用网络，在微博上搜寻最新的信息，临时充当起了记者、编辑，独自寻找消息，筛选消息，临时组织语言，将其整合播报。

4. 塑造风格能力。新媒体时代，主持人不能再是千篇一律的形象，而应更强调他们的特色和个性，每个主持人应该塑造属于自己的独特主持风格。因为新媒体能够突破国家和地域的限制，频道有成千上万可供随意选择。这使人们可以在任意时间、任意地点点播收看自己喜爱的节目。因此主持人的竞争更为激烈，无论是中央电视台的主持人还是地市一级的主持人，都可以与全球同行站在同一个竞争平台上。此时，对主持人的个人特色就提出了更高的要求，拥有独特风格的主持人就能脱颖而出。而风格又是思想、品德、学识、举止、谈吐、能力、才艺、智慧、志趣等在主持人身上的综合表现。因此，塑造主持风格跟专业知识能力、综合知识能力等又是密不可分的。中央电视台《焦点访谈》栏目主持人敬一丹曾说："当《焦点访谈》遇到微博，也就是当电视遇到网络时，电视的地位开始发生变化。尤其是微博，拓宽了人们的言论渠道，每个人都有了麦克风，每个人都有了摄像机，每个人都是一个媒体。现在是一个媒体生态重新形成的特殊时期，传统媒体已经到了不得不'与狼共舞'的时代，如果电视跟不上年轻人的思维步伐，那么将失去观众。"同理，传统媒体的播音员主持人也需要跟上时代的步伐，利用新媒体带来的机遇，克服面临的挑战，成为更适应新媒体环境的播音员、主持人。

第二节　播音创作的特性

一、播音创作的性质

播音，从广义上讲，是指电台、电视台等电子传媒所进行的一切有声语言和副语言传播信息的活动（包括各种声音、音响、音乐、文字、图像等所进行的传播信息的活动），如“中央人民广播电台，现在开始播音”“今天全天的播音到这里结束”。这里讲的播音，不是广义上的，它是指播音员、节目主持人运用有声语言和副语言通过广播、电视等传媒所进行的传播信息的创造性活动。

（一）播音创作活动的性质

播音创作活动具有创造性和多质性。

1. 创造性

所谓创造，就是通过人的主观能动性的发挥，人的本质力量的显现，改变旧的符号系统，建立新的符号系统。在播音创作活动这一系统中，播音员、节目主持人、稿件（素材）、受众（听众、观众）构成了播音这一事物的矛盾运动。从播音员（节目主持人）同稿件的关系看，播音员（节目主持人）通过主观能动性的发挥，通过感情力量的体现，建立了一套新的符号系统：即把按文字传达信息的符号系统，转化为按有声语言和副语言（体态语）传达信息的符号系统。从播音员（节目主持人）同受众（听众、观）的关系看，播音员（节目主持人）音时，面对的是话筒和摄像机镜头，看不到收音机前和电视机前的听众和观众。这对播音员（节目主持人）感情、语言的表达和交流是一种限制，播音创作活动的创造性正是从这种限制性中体现出来。播音员、节目主持人要做到面前无人、心中有人，要通过主观能动性的发挥，去感受听众、观众的存在，与想像中的听众、观众在感情上、语言上沟通。所以，无论是从播音员（节目主持人）同稿件（素材）的关系看，还是从播音员（节目主持人）同受众（听众、观众）的关系看，播音都是一项创造性活动。这种创造性活动，包括有稿播音和无稿播音两个方面，不能只认为无稿播音才有创造，有稿播音也同样具有创造性。正如张颂（1994）所指出的："有稿播音，要以稿件为依据，要有一系列的创造性思维的流动，去开掘和发现那里面的丰富内涵和情景意象，从中获得人文积淀、感情色彩、修辞效果和人生况味，然后，准确、鲜明、生动地形之于声，给予受众。""有稿播音……是一种创作。这种创作不仅把文字语言转变为有声语言，而且把自己的理解、感受、个性结构系统、审美追求，融入有声语言。""播音员以稿件为依据，通过对稿件的分析，透过文字语言，发现并开掘文字背后、文字之外的意蕴和观念，把'理想的力量'复原为'理想的意图'，再以这'理想的意图'为引导，去揭示被加强和加重了的'理想的力量'，并通过深化和美化的有声语言，催动这'理想的力量'的进一步物化和人化，从而达到'锦上添花'的目的，使受众愿意接受。"

2. 多质性

播音学科的交叉性、综合性，播音创作活动的复杂性、多样性，使其创作活动具有多质性。播音是一项特殊的言语活动，具有言语传播的性质；播音是一项新闻实践活动，具有新闻传播的属性；播音是一项语言艺术创作活动，具有艺术传播的属性；播音创作活动离不开技术手段，具有技术传播的属性。播音创作活动集新闻、传播、语言、艺术、技术等属性于一身，具有多质性。

从语言学角度看，播音是一项特殊的言语活动。播音创作言语活动的过程是：心理—生理—物理—生理—心理。其中，"心理—生理"的过程，是播音员、节目主持人发送信息的过程；"生理—物理"的过程，是技术传播的过程；"生理—心理"的过程，是受众接收信息的过程。五个运动过程，实则瞬间完成。其中，生理和物理活动，具有自然属性；心理活动，具有社会属性。播音言语活动的特殊性在于：说话时，交流对象不在场。这种言语交流过程的“残缺”，形成了播音语言交流过程的开放性。播音言语活动的特殊性还在于：日常生活中的言语活动，言语者说的是自己想要说的话，播音创作言语活动，播音员节目主持人必须依据稿件（素材），并把其转化为自己要说的话；日常生活中的言语活动，言语者往往是代表自己讲话，播音创作言语活动，播音员节目主持人往往是代表一个集体、一个组织讲话；日常生活中的言语活动，言语者往往是和交流对象直接自由交流，副语言（体态语）运用自由充分，播音创作活动，播音员节目主持人受话筒、镜头等传播技术条件的限制，副语言（体态语）不能充分运用，尤其是电台播音，只能靠声音等。这些都构成了播音言语活动的特殊性。

从新闻学的角度看，播音又是一项新闻实践活动。播音是广播电视新闻传播的关键一环，播音员、节目主持人是电台、电视台的“门面”，是新闻工作者。播音创作活动必须遵循新闻学、传播学的基本规律和原则。新闻传播的时效性、真实性、客观性等规律和原则，都要体现在播音创作活动中。其时效性，要求播音创作中体现出其新鲜感和时代感；其真实性，要求播音创作中体现出其真实感和分寸感；其客观性，要求播音创作中要有表态性。

从艺术的角度看，播音又是一项艺术创作活动。播音是一门语言艺术，播音创作活动，从感受到表达，从情感的引发到语言的体现，都具有某些艺术属性。艺术创作中，想像联想手段、感受表达规律等在播音创作中都要使用和运用。播音是一项语言艺术创作活动。

从技术的角度看，播音创作活动始终有技术手段伴随。其所有的新闻传播、语言表达、艺术创作活动，都是建立在技术手段基础上的。新闻传播规律的把握，语言表达方式的运用，艺术创作技巧的实施，都要考虑话筒、镜头、灯光、音响等声像录制系统，乃至电子数字传播发送系统。当今，随着信息化社会的到来，广播电视的迅速发展，技术条件的改善，技术手段的更新，数字化技术的广泛运用，播音创作中的技术含量和属性也越来越明显。

播音创作的多质性，即其性质之中既包含自然属性，又包括社会属性；既具有新闻属性,又具有言语传播和艺术的属性,这些多种属性同时发挥作用,构成了播音创作活动的性质。同时，这些多种属性又不是平均用力、作用均等的，其中，新闻性占有重要位置。新闻的真实性原则使得播音创作中播音员情感的表达与演员表演中情感的表达有了质的区别。新闻的时效性、报道的连续性、快慢分寸的把握使得播音创作活动和语言表达技巧区别于朗读、朗诵、演讲等语言艺术创作活动。所以，新闻性是播音创作活动属性的主调。

（二）播音创作的特征

1. 具有创造和再造的双重性

播音，既有再造，又有创造，这种双重性我们统称之为创造性。从广播电视节目制作到传送这个大系统看，播音是在采访、编辑这个创作活动后的又一次创造，所以可以称之为再创造。从播音员对腹稿和文字稿件符号系统的转换生成符合听觉、视觉规律新的符号系统来说，又实属创造。播音创造和再造的形式和类别是丰富的、多种多样的。播音员承担的任务有时也是交替进行的，有时，既要承担一度创作任务，又要承担二度创作任务。播音既是对大的传播系统而言的再造，又是对播音语言表达系统结构本身而言的创造。正如著名话剧导演焦菊隐称演员表演创作那样：既是助产士，又是产妇本身。即演员的表演，对剧本来说是一次再造，对表演本身，又是一次创造。播音工作也正是如此，所以，播音员肩负着创造和再造的双重任务和职能。

2. 创作素材是二度的

播音创作的素材有其鲜明特点。播音创作时，创作者（播音员、节目主持人）所用素材，包括文字稿件、资料、画面、音响等，已经是编辑、记者、原作者（有时包括播音员、节目主持人自己，即他们去一线的采访）观念形态化以后的东西了，已经不完全是原始生活素材了，所以具有二度性。电台播音员看到的文字稿件，已是由编辑、记者对客观事物的抽象，电视播音员看到的画面，已是摄像记者和电视编辑对客观现实的提炼、剪接，这里都渗透了其主观意图。因为创作素材的二度性，可以说播音创作是“戴着镣铐的舞蹈”。

3. 创作手段是声音和形象

播音创作的手段是播音员运用的有声语言和副语言（体态）。语言都是按照时间序列运行的，稍纵即逝，有其长处，也有其局限。这种传播手段有很强的个体性，即一人一声、一人一面，便于形成不同的播音特色和风格。

播音创作手段的这一物质材料——声音和形象，既有自然属性，即生理、物理的一面，又有社会属性，即这种手段本身是一个社会化的过程。所以在运用过程中既要注意其自然属性一面，按听觉、视觉规律，按个体接受特点来传播信息，又要注重其社会属性一面，因为语言是思维的直接现实，是思想感情的表达手段。语言赖以存在的物质基础是人，人虽具有个体性的一面，但不会孤立地存在于世界上，人的本质正是社会关系的总和，所以在传播过程中又必须反映出其态度、思想和感情。播音创作虽是具有音像的传播手段，但较之日常生活中的言语交际活动,其手段还是显得局限和单一。日常生活中，人们用言语活动传递信息的手段是多渠道的、立体的、丰富的。播音创作中，在电台播音的播音员，只能用声音这唯一的手段。电视播音员，虽有一定的副语言帮忙，但也大多是半身图像，体态语也不能充分展示。这种手段的单一局限，又对播音创作提出了更高的要求，也使其特点更为明显。

4. 交流对象是虚拟的

日常生活中，人们言语活动的交流对象在场，而播音时，播音员、节目主持人面对话筒或电视摄像镜头，交流对象（听众、观众）一般不在场。为了与播音对象交流，播音员、节目主持人必须在自己的面前假设一些听众、观众，播音时同这些假设的听众、观众交流。与交流对象沟通交流是一个复杂的过程。在播音间里报告新闻、主持节目，播音员直接面对话筒、面对摄像机镜头,可以运用对象感等技巧同想像中的对象交流。这种对象是播音员（节目主持人）想像中的、虚拟的广播听众和电视观众。有的节目，比如知识竞赛、文艺演播等，有许多观众在场，播音员、主持人直接与在场的听众、观众交流，这为交流提供了有利条件。但也应该看到，真正的听众、观众，即收音机旁、电视机前的听众、观众并不在场，播音员、节目主持人在与听众、观众交流时，始终不应忘记与收音机旁、电视机前的听众、观众交流，不断地提示自己要体现出对象感。

5. 吐字发音应规范

播音语言要通过话筒，经过无线电波等电子传媒系统才能传送出去，要求其声音必须集中，字音准确清晰，只有这样，播音员的声音才能"入话筒"，才能在声音信号压缩或放大时不走样。电子传媒覆盖面广，其传播具有广泛的社会性。无形中，播音员又是听众、观众的语音老师，所以要求其播音语言必须规范，其语言必须严格遵守普通话所规定的标准。这种标准比话剧、电影等表演艺术语言的规范性要求更高。播音员、节目主持人应该成为推广和运用普通话的典范。那种带有方音的播音，那种把带些方言味道的播音自封为是有特色有风格，那种有意模仿港台腔的播音，都是与规范性的要求相背离的，是亟待解决的问题。为保证播音语言的规范性，1994 年 10 月，国家语委、国家教委、广播电影电视部联合作出《关于开展普通话水平测试工作的决定》（以下简称《决定》）。《决定》指出："普通话……是以汉语传送的各级广播电台、电视台的规范语言……是播音员、节目主持人等专业人员必备的素质。"《决定》要求："县级以上（含县级）广播电台和电视台的播音员、节目主持人应达到一级水平（此要求列入广播电影电视部部颁岗位规范，逐步实行持普通话等级合格证书上岗）……对播音员、节目主持人等岗位人员，从 1995 年起逐步实行持普通话等级证书上岗制度。"与此同时，国家语委也制定了《普通话水平测试大纲》（以下简称《大纲》）。《大纲》将普通话水平分为三级六等。2000 年 10 月，全国人大颁布了《中华人民共和国国家通用语言文字法》，其第十九条规定：以普通话作为工作语言的播音员、节目主持人的普通话水平，应当分别达到国家规定的等级标准，对尚未达到国家规定的普通话等级标准的，分情况进行培训。这就从法律上规定了播音员、节目主持人语言的规范。

6. 感情表达要真实

真实的情感是播音创作的核心，是有声语言表达的支柱。由播音工作的新闻属性所决定，其感情表达必须遵循新闻真实性原则。播音创作者必须准确地把握自己的身份，即党的宣传员、新闻工作者。播音时在情感表达上要求做到真实，把握好分寸，切忌艺术的渲染和夸张，要呈现出贴切、质朴的特点。在文艺性稿件的播音中（除小说讲播和电影配音外），包括：歌曲介绍、电影、戏剧、音乐、舞剧等的解说，文学作品赏析等的播音，播音员可以在稿件的基础上，借助某种艺术想像的手法来调动感情，但在语言表达样式上却不宜采用角色化的语言，而多用转述、介绍、解说、描述等语言样式。

7. 创作时间紧迫

新闻传播的时效性、广播电视等现代化电子传媒的迅速性决定了播音创作时间紧迫。播音员不可能像话剧演员、电影演员那样，对原作有一个反复准备的过程。播音创作者在播音时，尤其是新闻报道、现场直播、实况转播等，有时连看一遍稿子的时间都没有，有时还要即兴评述。随着信息化社会人类生活节奏的迅速加快，时效性要求也越来越高，所以，播音创作时间的紧迫性也越来越明显。这就要求播音创作者必须增强广义备稿能力，提高即兴表达能力、应变能力和把握全局能力，加强日常基本功训练，包括思想、文化、业务等方面素质的提高，以胜任播音创作活动。

8. 创作范围的社会化

广播电视等现代化电子传媒在信息传播过程中具有的广泛、公开的特点，使播音创作也具有很强的社会性。尽管播音员面对话筒、镜头播音，多数时间所处的环境是小小的播音室，但由广播电视这一传媒特征所决定，其具有广阔的空间，它以全球为舞台，以全社会的人们为受众。这一创作活动，比任何一场话剧戏曲表演或电影演出所具有的受众不知要多多少倍，“而受众又是多层次、多情状的，以个别体现着一般，以个性蕴含着共性。因此，在播音过程中，‘这一个’和‘此一瞬’紧密结合，汇入传播总渠道，渗透到各个地方”（阎玉，1990）。所以，“这个时代，这个社会，客观世界形势以及当今受众的收听收看心态，应该成为须臾不可漠视的现实”（阎玉，1990）。这就要求播音创作者具有较强的驾驭全局能力、较高的政策水平，要求播音作品具有较高的质量，能够经得住各个方面、不同层次受众的推敲。比如，一个讲话或谈话，在一个地区或部门讲可能是合适的，但作为一个广播稿或制作成电视节目，在电台、电视台向全社会播出，就要考虑到其导向性和时宜性。尤其是现代电子传媒，许多电视台都已运用卫星传输，跨国传播，所以还要考虑对外传播的宣传效果等。这些都要求播音创作者，有声语言传播者，即便是一个省、一个市、一个县的播音员或节目主持人，都要有政策观念、全局观念、国家意识、国际意识。

9. 接收方式是个体的

现在广播电视传播直入家庭，其接收方式以家庭和个体为单位。所以，尽管语言传播者的声音传遍千家万户，以亿万人为受众，但传播者实际上还是在与一个家庭、一个人或几个人交流。因此，尽管播音语言传播者拥有广大的空间，巨大的舞台，亿万受众，但在话筒和镜头前，仍不要忘记广播电视直入家庭这一传播特点，在用声和交流上，不应像话剧演员在舞台上一样，而应根据自身的传播特点，定好自己的交流方式和用声量大小，要能够深入家庭，深入一个个受众心中。

10. 创作活动是日常的

在所有的艺术创作活动中，可以说播音创作活动发生的频率最高，它是经常的，甚至是每日每时都在进行着的。这种日常性，也就决定着播音创作的连续性和紧张性。这就要求播音员既要具备敏捷快速的创作反应能力，又要具有持之以恒的毅力、耐力。这种日常性所导致的播音创作的连续性，就决定了播音创作主体形象的完成不是一时半刻的事，受众对主体形象的评价也是一个动态的发展变化的过程。虽然你今天创作得好，但明天若你退步了，受众也不会认为你好。相反，尽管暂时形象效果不太理想，但是只要努力，形象会逐步好起来，受众也是会承认你的。这说明，播音创作的日常性就决定着你形象的建立是没有止境的，它贯穿于你创作生命的全过程，所以应有持之以恒的毅力，“每次都应从零做起”（齐越语）。

11. 强烈鲜明的时代感

播音创作活动具有鲜明的时代感，这是由广播电视传媒的时效性、迅速性，播音创作活动的紧迫性、日常性、社会性所决定的。如果说新闻是时代的宠儿，播音就是时代的艺术。播音创作者必须牢牢把握时代的脉搏，掌握时代节奏，才能创作出为人们所接受和喜闻乐见的优秀作品。“落在时代之后或远离时代之外，不论语言多么色彩斑斓，也只能是落伍者的哀叹，成为时代主旋律的不谐和音。”（张颂，1994）

上述播音创作的特征，有些是播音创作独有的，有些是与其他创作活动交叉共有的。

二、播音创作的分类

播音创作分类的原则为：

（1）多视角、多分法。如可以从创作过程分、从传播媒体分、从传播符号分、从表达样式等分。

（2）多层次、细分法。如从媒体角度可分为广播播音和电视播音，电视新闻又可分为口播新闻和配音新闻等。

（3）边分类，边综合。如电视口播新闻就是按媒体划分、文体划分之后又综合而成的。

新闻播音，按媒体分，可分为广播新闻、电视新闻；按文体分，可分为消息、通讯、评论等；按播出方式分，可分为直播新闻和录播新闻；按新闻种类分，可分为时政性新闻、经济新闻、体育新闻、文艺新闻等；按播出时间分，可分为早间新闻、午间新闻、晚间新闻、整点新闻等；按语言表达样式可分为宣读式、播报式、评述式、谈话式等。电视新闻，又可分为口播（出像）新闻和配音新闻等。

第三节　播音创作的审美追求

一、影响播音作品审美属性的因素

（一）播音员、节目主持人岗位的社会职能

随着我国广播电视事业的蓬勃发展，受众对于信息获取的需求量日益增多，现在我国广播电台和电视台已经发展到 2500 多家，从业播音员、节目主持人工作人员、持证上岗人员超过几万人，并且向着更加规范、层次不断提高、内涵深度更高的方向发展，在众多传媒人中，播音员、节目主持人发挥着重要的作用，他们的社会功能具有了越来越多的含义和内容，不仅仅是对新闻消息的播报、生活服务类知识的传播、综艺节目娱乐功能的展现，更多的具备了社会内涵和社会职能。

每个播音员、节目主持人所表达创作的成果都不一样，这和播音员、节目主持人的教育背景、文化程度、媒体的视角和服务的对象都息息相关，因此播音员、节目主持人在理解表达的创作过程中受到不同程度的制约，对于播音员、节目主持人提出了主观和客观上的不同要求，让播音作品、主持作品有了方向上的限制。但每一个播音员、节目主持人都是不同的个体，他们的创作过程都不相同，对于稿件的理解和喜好也都不相同，所表达和创作出来的作品会有千变万化的结果。这和播音员、节目主持人的审美价值取向和要求是分不开的，他们的审美取向和追求对播音创作有很大的影响。

（二）播音主持的艺术属性

在不同的艺术领域里，审美的要求和理解也不相同，作品的呈现方式和创作过程也会不同。舞蹈是用肢体进行艺术创作，音乐是用乐器或嗓音进行创作，绘画是用画笔进行创作，播音员、节目主持人是运用有声语言和副语言进行创作。播音与主持艺术作为一个综合性、边缘性、交叉性的学科，其中一点就是具备艺术的属性，它的创作素材和其他艺术类学科既有不同的方面，也有相近的地方，播音员、节目主持人通过自己的有声语言表达内容和观点，运用副语言（肢体语言、表情）对表达内容和观点支持配合，完成整个创作过程。比如：字音表达得准确清晰，语言逻辑表达得流畅自如，广播播音“声情并茂、悦耳动听”，电视播音“声话和谐、赏心悦目”，无一不处处显露出艺术的属性，具备着审美的价值。这种审美价值不仅仅有艺术中的美感，还具备很多的属性，这其中就包括新闻的属性、服务的属性、娱乐的属性等，不单单是体现在艺术作品，同时还体现在信息传播的过程中，在人们生活中起到了非常重要的作用。

二、审美追求对播音创作的影响

（一）不同审美追求下播音作品的审美体现不同

播音员、节目主持人在进行有声语言表达的过程中完成了播音创作的过程，每个播音员、节目主持人的播音作品都是播音员审美的一种体现。不同播音员、节目主持人的播音创作会有不同的体现，同一播音员在不同时期会有不同的体现，同一播音员在不同理解时会有不同的体现，同一播音员在运用不同情感把握时会有不同的体现。这是因为同一播音员在不同时期，他（她）自身对于相同的稿件的理解会不同，对于播音作品的审美追求不同，对于稿件要表达重点和侧重点不同，就会导致同一播音员在相同稿件表达时也会有很大差别。随播音员、节目主持人生活和工作经验的不断增长，其对于播音主持艺术的理解也会不断加深，业务水平也会不断提高，会使播音作品日趋成熟，越来越好。除此之外，播音员、节目主持人对于播音作品的鉴赏能力，对于什么样风格的作品会更加的喜爱和认同，也同样影响着一位播音员、节目主持人的播音创作。

（二）审美追求对于播音工作的重要性

所谓的审美追求是指努力使自己的审美观达到大众甚至高于大众的审美标准以提高自己的审美素质，并影响他人。而播音员、节目主持人的审美追求是指播音员对播音作品和主持作品的一种鉴赏能力，内心对于某一种风格和样式的喜好，从而在自身进行播音创作的过程中，会尽可能地达到内心所期望的高度。这是很多播音员、节目主持人都会有的一种职业要求，一个有理想有责任有职业抱负的播音员、节目主持人，往往对他（她）自身的审美要求会更高，要求更加细致，力求完美地把自己的有声语言创作表达给受众，从而进行大量的学习，反复的练习，最终使业务水平不断地提高，在他（她）的工作领域和受众中都赢得了良好的口碑，获得了良好的业绩。而也有一些播音员、节目主持人的审美追求很低或者没有，仅仅停留在今天的工作没有出错，顺利地把节目完成上，这样是绝对不行的，这样是对自身的不负责任，没有对自己职业生涯进行一个合理的规划，很难在工作上达到一个新的高度。

三、通过审美追求创造优秀播音作品的方法

（一）树立标杆

播音主持从业人员在工作中或多或少都会对播音主持作品有自己的审美追求，这种审美追求是一种内心上的喜欢和欣赏，在自己进行有声语言创作时就会向着这个方向努力和进步，让自己的作品尽量达到内心所希望的那样，达到创作和设想的统一，从而达到一种专业上的追求。所以播音员、节目主持人的播音作品、主持作品就会体现自身审美追求。或者非常相似的语言样式，达到了一种内心的满足。

（二）模仿

有时候播音员、节目主持人的先天条件和追求风格类型的播音作品有着相近的发声条件、相近的文化修养、相近的创作环境等，通过自己的努力，是可以达到和完成的。也有一些播音员、节目主持人的自身条件和其追求的作品有很大差异，但通过不断的努力也可以达到一些方面的统一。

播音员、节目主持人一定不能喜欢什么样风格的作品，就一定要按照原版那样生搬硬套一味地去模仿，而不弄清自身的条件和实际情况的差别，这样往往会形成邯郸学步、东施效颦的尴尬局面。最重要的是不要为了达到某种审美上的追求，把自身语言的特色和亮点抛弃到一边，去一味地模仿，这样就捡了芝麻丢了西瓜，甚至通过大量的模仿而对自己的嗓音造成了伤害，那就是万万不可取的。所以一定要分析各方面的因素，合理地进行审美上的追求，从而获得专业上的进步。

（三）有针对性地提高各方面能力

有了专业上的审美追求是一件非常好的事情，这有利于播音员、节目主持人专业素养的不断提高，如果播音员、节目主持人的自身实际情况和审美追求有很大的差距，那么就应针对性地采取措施。如果专业能力还相对比较薄弱，可以从自身专业上的缺点找起，看看自身的专业能力在哪方面还需要提高，对自身进行客观评价，从专业基础方面一项一项进行分析，找出不足，攻克难关。比如：是语音发声还不够规范，还是情感调动不够，还是文化底蕴需要继续加强，找出问题后再去追求，这样播音创作作品会向着自己设想的方向靠近。如果是各方面的条件和能力都达不到审美追求的高度，那么可以从不同的角度去向着自己的审美高度攀登，比如：从播音吐字的规范性、语言样式的规整性、情感调动的充沛性、词义表达的准确性等方面去努力，经过仔细的思考与研究都会有很大的进步。这是一个有追求有理想的有声语言工作者应该具备的学习态度和工作能力。所以很多播音员、节目主持人的有声语言创作都会和他们的审美追求是一致的。具有了某种审美上的共鸣，就可以让自己的播音创作和审美追求一致。

播音学在中国虽然还是一个较为年轻的学科，但它具有很多中华文化的特性，它是一个综合性的学科，中间涵盖了很多学科的知识和基础理论，播音员、节目主持人在现今社会发挥着不可替代的作用，是人们跟踪前沿新闻事件、生活百态连接的桥梁。工作任重而道远，每一个播音员、节目主持人应有自身的审美追求，不断提高自身的专业水平，让有声语言创作更好地为受众服务。

第十二章　电视新闻节目策划（一）

电视新闻是当今社会新闻报道最主要的手段之一，它与报纸、广播、杂志以及正在兴起并将大有作为的多媒体新闻网络共同构建起现代新闻传播庞大体系。但是正如张君昌先生在《应用电视新闻学》一书中所论述的那样："较之报纸、广播等新闻媒介，电视新闻具有视听兼备的优势。它把客观世界人与物千差万别的存在形态和运动形态记录下来，这就是信息的提取，然后把这些人工信息通过电视的多种化符号—形象、声音、文字、图表等传递给观众。这种声画并茂的形象化传播，现场感强，真实可信，在单位时间里使传播对象能够获取较大的信息量。而且，电视记者、新闻节目主持人与观众'面对面'地交流，会给观众身临其境的参与感。"

如今，人们通过电视来接受信息已成为一种自然习惯，电视正日益成为人们信息来源最主要的渠道。因此，电视新闻节目不但在节目生产者那里受到高度重视，往往投入最强的人手、最先进的设备、最充足的经费，而且在观众的心目中也极受欢迎，有很高的收视率，如中央电视台的《新闻联播》多年来一直稳坐同类节目收视率第一的"交椅"。因此，电视新闻节目的策划和编导人员在进行新闻节目的策划和编导时，既要认识到新闻节目的优势，又要时刻不忘电视新闻节目所承担的和自己作为电视新闻工作者所承担的社会的和历史的使命。

第一节 电视新闻概说

一、电视新闻节目的定义

接受美学有一种经典说法：一千个读者，就有一千个哈姆雷特。在电视新闻界我们也经常可以听到类似的说法，如有人就说："有一百个记者，就有一百种新闻定义。"这是因为被报道的事物在不断发展变化，新闻报道者和报道手段在不断进步和发展，新闻传播的受众的接受和认识能力也不断得以提高和增强，因此有关新闻的定义也必然呈现出一种动态化和复杂化的态势。

既然电视新闻是新闻家族的一个成员，那么它就必然具有新闻性质上的共性。因此在为电视新闻下定义之前，让我们先来看看什么是新闻。

新闻的定义在西方可以说是五花八门，如：

①"狗咬人不是新闻，人咬狗才是新闻。"（纽约《太阳报》编辑巴盖特）

②"所谓新闻，就是为了向大多数人传播知识和趣味，把最新的，或者和现在有关的旧事物的存在、变化、兴衰、发展等情况印出来的报道。"（日本学者关一雄）

③"新闻就是把最新的现实的现象在最短的时间距离内，连续介绍给最广泛的公众。"（德国柏林大学教授多比法特）

在我国新闻界和学术界为新闻下的定义也有许多种，但相比之下这个定义显得既简要又较为科学：

"新闻是正在传播的新近事实的信息。"

张君昌先生据此为电视新闻下了这样的定义："电视新闻是凭借电视传

播的新闻。”

不过，如果从实用的角度来看，我们倒更愿意采用《中国应用电视学》里面给电视新闻下的定义：

“电视新闻是以现代电子技术为传播手段，以声音、画面为传播符号对新近或正在发生、发现的事实的报道。”

在这个定义里，“以现代电子技术为传播手段，以声音、画面为传播符号”这段文字是对电视新闻区别于广播、报纸等其他传播媒介的个性的界定，后一句则是对电视新闻作为新闻的共性的界定。但这个定义目前正受着人们日益更新的新闻观念和正逐渐走进人们日常生活中来的属于“窄播”范畴的多媒体新闻网络的冲击，因此我们建议将这个定义略作修改，以适应新时期的新需求，并作为我们建议使用的电视新闻定义：

“电视新闻是以电视技术为传播手段，以声音、画面为基本传播符号，对正在发生或从前发生但对现在仍有影响的事实的报道。”

电视新闻有广义和狭义之分。广义新闻通常为一切电视新闻节目的总称，狭义电视新闻则是指消息类新闻。记者们常说的“拍条新闻”就是狭义的电视新闻，而像“他是搞电视新闻的”，用的就是电视新闻的广义。

二、电视新闻的地位

电视新闻节目一向是中国电视节目三大支柱之一，而且在三者之中又一直稳居第一的位置。这样的地位既不是电视事业的决策者行政规定的，也不是电视新闻从业者的主观意愿所决定的，而是由电视这一现代传播媒介的特性、中国电视事业的性质、电视新闻的使命所共同决定的。

电视由于使用了现代电子技术而具有逼真性、广泛性、包容性和及时性，正是这些特性使电视在各传播媒介中异军突起，而且在社会生活中占据了相当重要的地位，因此电视事业在我们国家一向受到重视。我们的党和国家像对待广播和报纸一样，也始终把电视作为“喉舌”来认识和发挥其作用。

我们国家的电视事业是社会主义的电视，是党的文化事业的一个重要的组成部分，因此必须完成党和国家赋予电视新闻事业的光荣使命。而电视新闻的地位和作用，也正是在完成这一使命、发挥“喉舌”作用的过程中得以充分体现出来的。

三、电视新闻的特性

认识和把握电视新闻的特性对于电视节目的策划和编导具有重要的意义：一方面，它可以使策划更符合电视新闻规律，另一方面它可以使策划更具有针对性，使据此生产的新闻节目，能有较高的质量；所进行的有关运作，能产生较大的效应和理想的效益。

电视新闻通过图像、声音、文字等多种电视符号反映大千世界中的新闻事件，这使电视新闻的内容具有了追随时代的特征。同时，电视媒介自身的特性使得电视新闻得以极富动感、动势的形象，自然真切的声音以及对环境、气氛和包括人物表情在内的细节的真实表现而极具冲击力和吸引力。较之报纸、广播、电影乃至多媒体新闻网络等其他新闻传播媒介，电视在以下几方面确实具有明显特性：

（一）从传播速度来看，电视新闻具有及时性

这一点在电视发展的早期就已初露端倪。1963 年 11 月 22 日，美日之间原定通过卫星传送其他节目，但在肯尼迪遇刺事件突然发生后，这条卫星线路却成了新闻专线，日本的电视观众在事件发生后不到两个小时，就看到了有关方面的详尽报道。让这样大的新闻事件与观众收视之间间隔两个小时，这在今天看来已属迟到的“旧闻”，观众肯定无法接受，但与报纸新闻和依靠电影胶片传递的新闻相比，其时效性在当时已令世人开始对电视传播刮目相看。

这里我们所说的时效性，是指一个新闻事件从发生到报道再到产生应有的社会效果的时间限度。电视新闻时效性方面的优势是其传播媒介所赋予的——传送电视信号的电波的速度是任何其他传输手段都难以企及的，它只用1秒钟就能够绕地球7圈半，因此完全有能力对新闻事件进行同步同时传播。

问题是我们如何发挥电视新闻的这一优势。今天，电视新闻传播的观念已由原来的“TNT”today is news today，即今日新闻今日报），发展到了“NNN”now news now，即现在新闻现在报）。因此我们在进行电视新闻节目策划时，就应该顺应这一发展潮流，多策划一些像“三峡截流”“黄河小浪底截流”“香港回归报道”这样的现场直播式的大型新闻节目，以及像“直播巴格达”这样的具有全球热点的电视新闻节目。

（二）从传播对象来看，电视新闻具有广泛性

多媒体新闻互联网络在许多方面都向电视新闻提出了挑战，比如时效性、逼真性等，甚至在受众的参与性上还有超越电视新闻传播的趋势。但电视新闻有一种特性，即传播对象的广泛性，却是包括多媒体新闻互联网络在内的所有新闻媒介目前并且在相当长一段时间里都无法超越的。以广东省为例，截至1997年底，“上网”用户约有500万户，这已走在了全国的前列。但即使每一个用户都“上网”浏览新闻，其总数也不及电视新闻观众总数的一个零头。据《电视研究》1998年第4期上所载的一份观众收视率调查表显示，在1998年的2月15日—3月14日这一个月的时间里，《新闻联播》的最高收视率为48.69%，这意味着它一个晚间的观众就多达4.1484亿。这样庞大的数字，互联网在短时期内无论如何是无法超越的。

（三）从传播功能来看，电视新闻节目具有综合性

电视的包容性和声画一体的特征使电视新闻在传播功能上具有综合性的特点，即除了传递信息和引导舆论的功能之外，电视新闻还具有传播知识、文化娱乐、服务观众等方面的功能。在中央电视台《新闻30分》1998年2月11日关于全国各地“闹元宵”的那组综合报道里，尽管软性的味道比较浓，却同样具有传递信息、引导舆论、传播知识和文化娱乐等多种功能。

（四）从传播的形象来看，电视新闻节目具有传真性

报纸的新闻报道（经常辅以图片）主要是通过文字来完成的。优秀的记者，可以用一支笔（一部手提电脑）绘声绘色地为我们报道新闻事件的来龙去脉。

但无论他怎样努力，从传播的听觉形象和视觉形象来看，他只能做到使我们“如闻其声”和“如见其人”；广播是依靠声音进行新闻报道的，声音是它唯一的“造型”材料，但声音的特性决定了广播只能使我们在收听节目时，“闻其声，如见其人”。而电视则依靠媒介的优势运用画面和声音把具体的、可视可听的新闻形象通过电视终端传送给电视观众，使观众不必发挥想像力就可以直接获得新闻形象，不仅做到了“闻其声，见其人”，而且还由此产生“身临其境”之真切感。比如在第二次海湾危机中，中央电视台水均益等8名记者深入巴格达所进行的现场报道，不仅让观众看到了伊拉克几乎全民皆兵的备战场面，以及战争阴云笼罩下的伊拉克人，而且还让观众听到了来自不同阶层的伊拉克人的声音，从而产生了一种仿佛身临其境的心理错觉。

这就是电视新闻节目的传真性，它不但使电视新闻节目较之其他传播媒介的新闻更具吸引力，而且还满足了电视观众的求真、求实的收视心理。因此，在进行电视新闻节目策划时，应把它作为孜孜以求的努力目标。

第二节　电视新闻节目策划概论

新闻策划是新闻媒体运用多种传播手段，以达到预期的传播效果的一种创造性活动。随着市场竞争的日趋激烈，新闻策划已成为各广播电视媒体提高新闻节目竞争力的一项必要手段。当下，新媒体发展迅速，传媒生态格局也随之发生了巨大变化，如何在新时期创造性地发挥新闻策划的作用，从而获得更加理想的社会效益与经济效益，成为广播电视新闻从业人员关注的焦点。

一、新闻策划的内涵

新闻策划是在遵循新闻规律的基础上，将新闻资源进行最佳配置的一种稿件或节目的组织方式。是“围绕一定的目标，对已占有的信息进行科学的分析和研究，着眼现实，发掘已知，预测未来，制定和实施相应的政策和策略，以求最佳效果的创造性的策划活动。”通俗来说，新闻策划就是新闻策划人员对将要采访的题材和新闻事件从采、写、编等各个环节事先做出谋划，对新闻的报道方式进行分析、构思，制订出最佳报道方案，以实现最佳传播效果的过程。需要注意的是，新闻策划并不等同于“策划新闻”，更不是“制造新闻”，不能将它们混为一谈。新闻策划要求按照新闻规律办事，在尊重真实性原则的同时实现新闻资源的最佳组合和配置，而“制造新闻”则是违背新闻规律，无中生有地编造新闻，这在新闻工作中是必须严厉杜绝的。

二、新闻策划的作用

新闻策划自 20 世纪 90 年代兴起至今，正越来越受到新闻媒体的重视。一些媒体为了提高自身的竞争力，甚至成立了专门的新闻策划部门，使新闻策划成为新闻活动中必不可少的环节。新闻策划是一项有计划、有目的的活动。首先，它对于深化报道主题，加强舆论导向起到积极作用。对于那些重大题材以及社会关注的热点问题，通过策划可以使采访人员更好地把握事件的本质，更加明确新闻报道的主题，从而形成集中、强烈、有针对性的社会舆论广播电视新闻节目的策划与创新广播电视新闻节目的策划与创新。其次，新闻策划有利于充分挖掘新闻价值。同样一条新闻，由于采访的力度和深度不一或切入的角度不同，其价值也会有差异。新闻策划通过对信息的收集和梳理，对报道角度、方式的精心构思，充分挖掘新闻事件社会意义，挖掘新闻背后的新闻，从而达到满足受众需求，获得更加理想的社会效益和经济效益的目的。最后，新闻策划有利于推动新闻创新，形成独家报道。随着新媒体的崛起和市场竞争的不断加剧，创新在新闻策划中的地位越来越重要，可以说没有创新的策划不是一个好的策划，创新是新闻策划的核心。新闻媒体为了推出独家报道，会努力在策划中求新求变，对报道思路、角度、方法等做出与众不同的规划，以吸引更多受众的目光、提高传播效应。

三、新闻策划创新思维的有效融入

在当前社会背景下，新闻素材来源比较复杂和多元化，在面对相同事件时，不同媒体会采取不同的策划方案进行实践报道。但从本质上来说，新闻策划的目的就是获取最佳新闻传播效果和经济效益。新闻媒体如果想要获得更高的收视率，在新闻策划活动中，创新思维的融入就显得至关重要。

（一）新闻策划人员要解放思想，与时俱进

想要进行创新思维的融入，首先需要解放新闻策划人员的思想，使其从全局角度出发，在遵循新闻规律的前提下对事件进行深入地挖掘和分析。策划人员要严格遵守新闻真实性原则，同时尽最大努力拓展自己的思维，保持高度的新闻敏感性和洞察力，将新闻触角延伸到身边的每个角落。对已经发生的新闻进行有目的、有计划的报道，对于即将发生的重要新闻做到有预见性的超前策划。要做到这些，就需要新闻媒体加强策划队伍的创新能力培养，使其思维保持与时俱进，继而为新闻策划创新打下良好的基础。需要强调的是，解放思想并不意味着忽略新闻策划人员的责任意识和政治意识教育。绝对不能扭曲事实和虚构新闻。因此，新闻媒体要同时加强策划人员的政治意识和责任意识的培养，以便使其在进行策划活动的过程中严格遵循新闻规律，充分把握新闻事件的时代意义和历史意义，从而引导社会舆论向着正确的方向发展。

（二）新闻策划要突出选题的新颖性

新闻的选题决定了新闻的报道方向，在整个新闻制作的过程中有着重要的作用，选题的新颖是内容新颖的前提条件。策划人员要在选题上下功夫，充分了解受众的需求，突出选题的新颖性，力求给受众留下深刻的印象，引发受众的思考。新闻策划人员需要尽量避免选择陈旧的题材，并且尽量选择与人们生活贴近的新闻内容。在媒体竞争的大潮中，大家都在努力追求“独家报道”。由于传播方式的局限，报纸、杂志等平面媒体在传播效果上也受到了一定程度的限制，而电视媒体则常常因为镜头、画面等因素，使得一些好的题材得不到充分的挖掘和呈现。针对这种情况，2006年，中央电视台经济频道推出了大型报道《封面2006》，节目组搜集了部分当年在平面媒体刊发的优秀报道和动人故事，进行集中拍摄，通过电视节目再一次展现出来。通过这种方式，平面媒体和电视媒体的资源得到了有效的融合，在实现媒体互动的同时也感动了无数观众，取得了良好的效果。

（三）新闻策划要创新报道视角

面对相同的新闻事件，各个媒体都会尽其所能选取不同的报道角度，以达到吸引观众的目的。如同一场厨师大赛，面对相同的食材，厨师们会绞尽脑汁烹饪出不一样的菜肴以期获得评委的认可。独特的新闻视角，可以使我们的报道在众多相同题材的报道中脱颖而出，从而产生不一样的社会效果。千篇一律的报道角度在市场竞争中是站不住脚的，在现今信息爆炸的时代，只有打破陈规，创新宣传模式，才能更好地体现新闻的价值。在选取独特角度的同时满足受众需求，将社会效益放到最大，这也是对新闻策划人员策划能力的一项最重要的考验。“两会”报道历来都是媒体和市民关注的焦点广播电视新闻节目的策划与创新论文。在每年的“两会”期间，各个媒体都会在创新、创意上做足功夫。在2016年的全国“两会”上，湖南卫视就做了积极探索。比如，在探访“两会”新闻中心的报道中，《湖南新闻联播》没有局限于中心陈列布置，采访接待、通信网络等传统的报道视角，而是从《习近平谈治国理政》这一书籍为切入点，来展现海内外媒体记者对全国“两会”的高度关注，记者还通过进一步探访代表和委员的房间，了解他们在与会期间的饮食、生活用品配备等细节，让观众直观地感受到了“两会”节俭的新风。2015年9月3日是中国人民抗日战争暨世界反法西斯战争胜利70周年纪念日，各家媒体的相关报道层出不穷，中央电视台财经新闻栏目《经济半小时》策划了特别节目《抗战财经记忆》，从独特的财经视角，以抗日根据地的军事装备生产、财政金融政策、后勤保障、国际援助、民生经济为重点，展现了中国共产党在抗战中不畏艰难发展生产的历史图景。其中许多精彩的抗战财经故事和精辟的财经解读，使观众从一个更深刻更全面的角度去理解抗战、认识抗战、记忆抗战。

总而言之，创新是新闻策划的立身之本和成功之源，是策划的核心和灵魂。要突出一个“新”字就要突破常规的思维模式，从不同方向、不同角度、不同侧面来思考问题，从而产生出精妙绝伦的奇思妙想，通过创新新闻策划内容、形式和采访吸引受众的关注，引导社会舆论，继而更好地提升新闻节目的市场竞争力。

第三节　消息和长篇报道类新闻节目策划

长篇报道类新闻节目是相对于短篇新闻报道和单篇新闻报道而言的，一般是指具有历时性的连续报道和具有共时性的系列报道。对于实行新闻滚动播出的电视台来说，这类节目是展示媒介权威性、持续性和深刻性的理想的新闻节目形式，因此策划者应予以高度的认识和足够的重视。

作为电视新闻节目的策划者，无论是从事连续报道还是从事系列报道的策划，都要认清自己的职责和任务：

要凭借自己在实践中培养出来的新闻敏感，和对以上两种报道形式的充分了解，选择合适的报道题材。中国电子工业大战中曾发生了一场录像机生产大战，但结果却不是人们想象中的“几败”俱伤，而是由“强强联手”带来的共同发展、共同繁荣。这应该算是重大新闻事件了，从报道的角度来看，既可以搞成连续报道，也可以搞成系列报道。中央电视台记者霍燕在权衡了两种报道形式，分析了要报道的事件的特性之后，决定采用系列报道的形式。这是因为系列报道这种形式不仅适合这个题材涉及面的充分展开，而且还能够深入挖掘这一新闻事件本身所蕴涵的意义——如何才能走出中国引进国外先进设备和技术的低水平重复引进的怪圈。实践证明霍燕的这一选择是成功的，所进行的报道题材与形式不是互相限制，而是互相带动、互相促进。这篇系列报道播出后，在行业内外都深得好评，“华录模式”也成为新经济学术语而广为引用和流传。

在完成题材选择和主题定位后，策划者便要为节目解决“怎么拍”的问题，即选材范围、拍摄手法的问题。台湾中华航空公司机长王锡爵驾驶华航员波音货机在广州白云机场着陆，要求在大陆定居。这是可遇而不可求的新闻题材，但是该怎样来完成呢？广东电视台在报道了首条新闻后，迅速作出如下决策：第一，这是重大题材，必须把这篇文章做好；第二，采取跟拍、追拍的手法进行连续报道。于是，从广州追踪到香港，先后发出新闻，使观众通过电视荧屏看到谈判、达成协议以及完成华航货机、机组人员和货物交接的全过程；第三，追求时效性、纵深感，强调宣传效果。正因有此“帷幄”里的“运筹”，才使这篇连续报道不仅有及时性、轰动性，还有方向性，因此深得观众和专家的好评。

把握报道时机，争取最大效应。中央电视台记者董志敏拍摄的《为了大自然的生灵》是一篇有广度、有深度、有新意的系列报道，但如果不是赶在联合国教科文组织来考察我国野生动物保护状况这个时机播出，如果不是在国外某些国家和政治势力企图借所谓“人权”和“兽权”来攻击我国的背景下播出，那么它所产生的效果和对维护我国国际形象所起的作用也就不会有这么大。同样道理，连续报道《原材料涨价，产品成本降低的奥秘——邯钢“成本否决法”采访纪实》的巨大效应的产生，也与时机的把握密切相关。

第四节　人物专访式电视新闻节目的策划

一、先期准备

大多数成功的人物专访节目都有一个成功的主持人，他们的智慧和个性渗透到节目当中，也赋予了专访节目本身独特的风格。专访类节目主持人如何准备节目，如何设计节目的走向，成为影响一档专访类节目成败的重要因素。在节目先期，主持人应主要从以下几方面了解受访者：

1. 受访者的基本情况

包括年龄、学历、职业经历、爱好、性格特点、家庭情况等。这些信息不仅需要在节目过程中有选择性地提供给受众，同时可辅助采访者开放思路，找到恰当的采访点入手。在克林顿成功当选美国总统后，CBS 的著名主持人丹·拉瑟在《60 分钟》中采访了他，采访一开始，双方只是进行了一些寒暄，克林顿在他的椭圆形办公室里聊到最近感兴趣的几本经济类书籍，丹·拉瑟立即做出了回应，表达了对书中内容的观点，这一个小小的细节，使采访双方的角色仿佛变成了闲聊的好朋友，而不是单纯的采访者与受访者。

2. 了解与受访者职业经历有关的重要事件或知识

央视《面对面》在对话沙祖康的节目中，主持人节选了银河号事件、与美国卫生部长不打不相识这两个代表性事件，集中体现了沙祖康本人的工作作风与个人性格。掌握与受访者职业相关的术语，了解他的著作或学说、观点等，容易与受访者产生共同语言，找到受访者的兴趣点，层层递进，使受访者情不自禁地说出更多。

3. 采访前拟定采访大纲

明确采访目的后可使问题更具针对性，使节目节奏更紧凑更有效率。在拟定采访大纲时还应考虑一些突发状况，如受访者的记忆力和表达力，针对这些问题做好备选方案。在先期收集受访者的相关信息时，思路一定要广，受访者的家人朋友、上级下属、邻居、老师同学，甚至是一个有过一面之缘的收银员、清洁工等都能成为主持人重要的信息源。在当前新媒体时代下，主持人更不能忽略受访者在博客、微博等社交网络上的脚印，对于许多内向或不善言辞的受访者来说，这些平台也许是他们乐意选择的吐露心声的地方。

二、现场构建

电视人物专访节目的采访现场大致可分为两类：一类是在演播室进行的采访，另一类是在受访者家中或工作单位进行的采访。人物专访的现场刻画，特别是对生活或工作环境的刻画可以起到以小见大的作用，反映受访者的思想境界，给予观众强烈的带入感，使受访者的形象更加立体生动。电视人物专访应该充分利用电视节目的直观性这一平面媒体不具备的优势，通过镜头带领观众走进受访者的生活中。与受访者有关的一个奖杯、一幅书画作品，甚至是一个小挂件都有可能引出一段动人的小故事、小情节。例如《鲁豫有约》有一期节目采访台湾的著名学者李敖先生，就将采访现场选择在了李敖的书房，节目用了很大篇幅来展现李敖的书房，从侧面凸显了李敖的博学，也为节目后续的相关内容提供佐证。又如央视《面对面》柴静专访来自德国的乡村教育志愿者卢安克的节目中，柴静跑到了广西最偏远贫穷的大山中，来到卢安克支教的工作一线，通过镜头让我们看到了山区孩子们躺在卢安克怀中嬉笑玩耍的场景，听到他们叫卢安克“老爸”，看到了卢安克露出脚趾的鞋，看到了卢安克在留守儿童家中劈柴的真实画面，每个画面的捕捉都让观众真实深切地了解了卢安克的艰苦支教生活。

在演播室进行的专访节目更要注意现场的布置，留意和适当控制观众的反应与互动。演播室应进行与受访者的身份、性格、品位相匹配的场景布置，既不能过分简单使受访者感到被冷落，也不能过分夸张使受访者感到紧张或者压力。演播室现场的构建应充分利用电视媒体的视听优势，背景音乐、照片、短片、座位安排、出场顺序等都是传达节目信息的载体。如《实话实说》的经典现场小乐队，在关键时刻起到承上启下、调节气氛的良好作用，同时巧妙地将采访者本身的情感和态度隐藏在音乐的选择中，避免了采访者主观表达的嫌疑。布景信息应分清主次，突出受访者这一主体，其他信息都是围绕展现受访者而服务，不能喧宾夺主，分流观众的注意力，力求真实性与艺术性的统一。

三、话语策略

采访常被人比喻为“提问的艺术”，由于受访者的性格不同，表达能力参差不齐，采访者成为左右采访深度的主要力量。有好的提问才有好的回答，问题巧妙，回答精彩，这样才能做出一期高水平的人物专访节目。在当前多元化社会的背景下,不同风格的主持人与记者都能发挥各自的优势共同竞争，或风趣幽默，或犀利辛辣，又或朴实自然，但归类一下，提问方式大都涵盖在开门见山式与感情交流式这两种范围内。开门见山式的提问要求采访者对受访者的反应、对问题的适当性等都有充分的把握，提前形成成熟的采访提纲。情感交流式主打“情感牌”，通过寻找受访者的兴趣点以拉近双方的距离，营造亲切、友好的现场氛围，继而逐渐挖掘剖析出更多采访者以及观众想要了解的信息。

主持人的风格可以通过长期的实践历练出，但在采访中的一些必要因素是每个采访者都应做到的：首先采访者应有平等的视角。电视人物专访类节目的受访者大多为名人明星或是政界高层，而我们办人物专访类节目的目的正是更多了解这些名人夺目的光环背后的细节与故事，看到他们有着哪些与我们普通观众相同或不同的酸甜苦辣，既满足了观众对于名人效应的消费，又能使观众获得共鸣感。这一点从传播学角度也可以被解释，在大众传播领域内，有两类人最容易被接受，一类是“与大众形似的人”，一类是“在谈话领域内有威望的人”，“百姓意识”成为谈话节目可持续发展的动力。如果主持人出现了“见官三分矮”的问题，对于受访者一味地歌功颂德或是赞扬奉承，那节目效果必将是矫揉造作、华而不实的。

其次要有敏锐的观察力。这里所说的观察，不仅是指眼睛的观察，也包括耳朵的观察。观察受访者在讲到哪个问题时神采飞扬，语调高亢；讲到哪个问题时情绪不高，注意力不集中，这些问题的答案都能帮助采访者抓住细微的线索一直挖掘下去，同时使节目节奏紧凑，避免冷场等现象出现。

有效的倾听同样重要。有效的倾听应做到两点：第一点为集中精力的倾听。不能左顾右盼，应把视线集中在受访者的面部，抱着积极的主动的态度去倾听，同时对受访者的话题作出适当回应，可以是一个赞许的表示明白的点头，也可以是语言上的反馈，总之要让受访者感到双方是在交谈，而不是他一个人的演讲。第二点为把握节目走向的倾听。有的受访者十分健谈，但容易把话题扯远，这时采访者决不能粗鲁地打断谈话，而应见机行事，巧妙地将话题过渡到另一个阶段。而有的受访者则不善言谈，叙事不清，这时采访者则应进行耐心的引导，抓住要点提问，梳理节目思路，力求使受访者做到言之有物。另外，主持人的表情变化也应被列入话语技巧的一部分。电视人物专访节目的主持人作为节目标准的提出者，他的表情反馈容易引导受众的感知方向，强化或减弱受众原有的对事物的看法及观念。主持人务必端正世界观、人生观和价值观，不夸张，不做作，把握节目走向和氛围，对受访者的回答做出适宜的表情反馈，避免过多的情感表露干扰了受众的理性思维。

四、节目架构

一期电视人物专访节目有着外在的节目架构，也有其内在的逻辑顺序——大概分为并列式、递进式和片段式三种。这里主要对电视人物专访的外在结构做简要介绍。人物专访节目结构也可按照三段法分割——开头、主题和结尾。每一部分都有其必不可少的作用，所以应该考虑节目时长，使每一部分的效率最大化。人物专访的开头应在短时间内呈现节目的精华部分，迅速抓住受众的眼球。开头部分可借助鲜活有力的照片及影像资料介绍受访者的突出成就或事迹，引出采访的原因及目的。主体部分即呈现采访过程的部分。如果节目的采编时间有限，可借鉴被广泛采用的 GOAL 采访法。G 即 goals，了解受访者的目标是什么；O 即 obstacles，受访者在实现个人目标过程中遇到了哪些困难；A 即 achievements，受访者最终取得了哪些成就成果；L 即 logistics，提供相关的背景资料。当然，如果图方便，一味地套用这个模式的话，节目必然走向同质化、模式化的深渊，最终失去观众。美国脱口秀女王奥普拉长于为节目设置悬念，在节目中制造冲突和意外，煽动起现场观众的情绪，具有很强的视觉冲击力，因而她的节目拥有一批忠实而稳定的观众。奥普拉在采访著名黑人电影明星悉尼波伊提尔时，干脆将华丽的餐桌，火红的玫瑰带到了节目现场，整个节目播出来，观众犹如参加了一场盛大的晚宴。人物专访的结尾主要起到画龙点睛的作用，对采访的感受和内容进行总结，在隐藏的层面上通过对受访者的总结介绍起到引导社会舆论的作用，呼吁人们走向真善美的道路。

第十三章　电视新闻节目策划（二）

第一节　调查评论式电视新闻节目策划

调查评论式电视新闻节目是通过对新闻事实的深入调查采访，认真分析论证，在摆事实讲道理中，由出镜记者或节目主持人代表传播媒介旗帜鲜明地表达对所报道的新闻事件或社会热难疑点问题的看法和认识观点，是电视新闻深度报道的重要形式，是电视新闻的延伸和升华。

随着中国“卫星电视”时代的到来，节目的传播面越来越广，影响也越来越大。但是诸如选题重复、取材猎奇、观点不清、导向不明等较为严重的问题也随之暴露出来。因此加强横向联系以避免电视资源的浪费并做到优势互补，加强策划以充分发挥调查评论式电视新闻节目的功能就显得愈加迫切、愈加重要。调查评论式电视新闻节目的策划要点如下：

一、选题策划

一个好的选题，是调查评论式电视新闻节目成功的基础。好的选题应具备以下几个特点：

第一，“难”，就是在社会公认的难点问题上作文章。

第二，“热”，就是把选题目光投向社会热点。

第三，“新”，就是选题要有新意——既要敢选前沿性甚至是前卫性的选题，进行前瞻性的评论报道，又要敢作别人作过的文章，也就是敢于“楼上盖楼”。

第四，“疑”，就是选择社会疑点问题作为报道和评论的对象。

二、节目主持人或出镜记者策划

出色的人选，是调查评论式电视新闻节目的灵魂。调查评论式电视新闻节目对它的主持人、它的出镜采访记者有相当高的要求，这是因为节目的特性要求他们具有多方面的能力：面对新闻事实或社会上的热点疑点和难点问题，他们的采访要深入、细致、得体、睿智，既能抓住事物的本质，又能及时铺捉捕捉观众视线注意的中心；面对镜头，也就是面对观众时，他们要善于摆事实、讲道理，要能自如地把握评论的分寸，灵活地阐释观点，巧妙地“说服”和引导观众。

三、技巧策划

一个绝妙的切入点，会使节目通盘皆活。调查评论式电视新闻节目的策划，不但要“选题”“选人”，而且还要出“点子”和“想招数”。水均益编导主持的国际题材的电视新闻节目一向被公认为“切入点巧妙”，这是他孜孜以求的结果。

四、手段策划

一个新奇的手段，会给节目带来意想不到的效果。这些手段非常多，如节目策划阶段的“创意征集”，这本身就是一种创意，宣传的动机远远大于对结果的欲求；再如采拍阶段，更是“八仙过海，各显神通”——拍摄：抢拍、偷拍、隐拍、潜拍、追拍、跟拍；采访：明采、暗采、伪装采、委托采等等，如《焦点访谈》节目播出的《危如累卵恐龙蛋》和《触目惊心假发票》就是伪装采访和隐拍的典型之作。

第二节 谈话式电视新闻节目策划

一、谈话式电视新闻节目概述

谈话式电视新闻节目是才出现在中国电视荧屏上的一个全新的节目形式。它的出现，对于中国电视节目类型发展来说，是填补了一项存在了多年的空白；对于中国的近十亿电视观众来说，是多了一种不仅可以看真人真事，而且可以听到甚至参与其中实话实说的电视节目。中央电视台新闻评论部创办的《实话实说》可以被看作这类节目的“首席代表”，它一改以往新闻节目留给人们沉重、严肃、说教的面孔，而是与观众一起坐在同一条板凳上来谈论同样面临的话题。因此，自开播以来“引起了相当多中国观众极大的兴趣，是继《东方时空》之后又一个深入人心、影响广泛的栏目”。

从节目形式上来说，谈话类节目是一种从国外借鉴来的节目样式，在节目形态上，它要求在轻松活泼的气氛中，由主持人、嘉宾和观众在谈话现场，就群众普遍关注的具有一定新闻价值和社会影响的话题，以和平、平等的心态，谈论、辩论或对话交流的方式，表达各自的意见、见解、情感和思想观念。

二、谈话式电视新闻节目策划要点

谈话节目现场色彩、现场气氛非常浓，许多精彩的节目，许多精彩的场面和闪光的语言都是现场语言与语言的交流、思想与思想的碰撞产生出来的。但这并不意味着它不需要前期准备工作或前期准备工作不重要。实际上恰恰相反，大凡成功的节目，往往都是前期策划到位、准备工作充分、大家心中有“谱”的节目。那么，谈话节目，尤其是选题上倾向新闻性的谈话式电视新闻节目策划的要点和步骤是什么呢？

要想接受并圆满地完成策划任务，先要做到“知己知彼”。

“知己”有时比“知彼”还难一些，如果是第一次接手策划，那么就需要细致耐心地就下面这些问题一项一项地去了解核实：

你所接手的是一个怎样的节目？曾经达到过怎样的高度？在观众心目中的地位和社会影响如何？——对这个问题的了解将给你一个策划工作的起点，使你产生一种强烈的责任感。

“知彼”，则要了解和把握这样一些问题：

国内和国外有哪些同类节目？

这些节目的生产和运行情况如何？

这些节目有什么骄傲战绩？

这些节目有什么“绝活”？

这些节目哪些可以借鉴？

这些节目哪些可以超越？哪些必须回避？

接下来，策划工作的重心便要转到话题选择上来。

我们在《实话实说》的片尾经常可以看到栏目列出的一些欢迎观众参与谈论的话题，《中国电视报》的每一期上也刊有一些“请您参与”的话题。这类话题，并非哪一个人的心血来潮，而是需要经过精心的策划，严格的论证，还要经过层层筛选、把关，最后才能交给编导去实施制作。那么，谈话节目的话题到底该怎么去选呢？时间下面这段话对策划者也许会有所启迪，他说：“《实话实说》说什么，怎么说，能不能实说？说实在的，我开始有过担心，而今释然。如果有关心社会、关心百姓的心，如果你具备尊重每一个人、引人向上的思想，如果你不是仅把兴趣放在取悦观众、揭人隐私上，实话实说永远有说不完的话题。”

谈话式电视新闻节目话题的选择应遵循下面这样一些原则和标准：首先，要选择和设置那种备受关注的话题。虽然我们不主张把谈话节目也变成像《焦点访谈》或《新闻调查》那样，总是把镜头和话筒对着社会的热点、难点和疑点，但是所选话题也应该是深为社会各界尤其是群众所重视和关注的，如《实话实说》陆续播出的《谁来保护消费者》《话说广场鸽》《下岗生活》等。备受关注的话题无论是对于吸引观众视线、刺激谈话激情，还是提高和保持节目的知名度和权威性，其意义都是显而易见的。

其次，要选择和设置那种能以轻松愉快的形式来探讨和谈论的带有新闻性的话题。因为强调新闻性而舍弃或破坏谈话节目固有的并赖以吸引观众的娱乐性是不合适的，而以娱乐性损害话题的新闻严肃性也是不应该的。因此，就应该选择那些既有新闻性又有娱乐性的具有多重属性的话题。譬如现在的孩子撒谎是一个具有社会性、新闻性的话题，它的娱乐性虽不是很强，但通过嘉宾的刻意选择和大家的共同努力，娱乐性还是被挖掘了出来，场上方清卓等嘉宾和现场观众们一个个关于撒谎的故事，使观众的思考始终是在笑声中进行的。而《为什么吸烟》《该不该瑚巴》《家里围裙谁来系》等节目，更是从头至尾充满欢声笑语。但有一点要提醒话题设置者，在设置话题时，你的话题在赢得笑声掌声之后，最好还能给人们带来一点回味、一点思考。

第三，要选择和设置与观众密切相关的话题。虽然古今中外天南地北大事小情都可以选作谈话节目的谈论话题，但是要想真正引起观众的兴趣，就必须选择那些与他们工作、生活、情感等方面密切相关的话题。南极上空的“漏洞”让人焦虑，但作为话题则远不如“家庭服务员”“孩子的零花钱”“结婚的钱谁来出”“下岗生活”之类的话题更能引起观众参与、聆听和收视的兴趣。

第四，应该适当选择和设置一些带有争议的话题。譬如“拾金不昧要不要回报”“家长该不该打孩子”“夫妻是否需要一米线”，这类话题对于一档谈话节目来说，不但可以活跃现场谈话气氛，而且还有利于在语言的交流、智慧的碰撞中为节目带来光彩的乐章。

对于谈话节目来说，嘉宾和现场观众在某种意义上与节目主持人具有同等重要的意义，尤其是那些知名度高、智商高、口才好、人缘好的“两高两好”式的嘉宾，有时甚至成为现场观众的“定心丸”和电视机前观众收看节目的出发点。

理想的嘉宾和现场观众，对于节目的直接作用也是显而易见的：

其一，准确理解话题，并能出色地借“题”发挥。在《远亲不如近邻》这期节目里，著名演员李丁和话剧导演娄乃鸣对邻里关系的出色演绎就给观众留下了深刻的印象。再如《为什么吸烟》这期节目，陈汉元、侯耀文、周孝正等嘉宾的出色发挥，也使吸烟的话题，远远超出了“吸烟好不好”的意义层面。

其二，活跃现场气氛，从而创造一个宽松的谈话环境。在《子女眼中的父母》《该不该减肥》这两期节目里，马晓晴、唐杰中和中央电视台的节目主持人张越对现场宽松、轻松、欢快气氛的营造可谓功不可没。

其三，对于节目主持人来说，与嘉宾和现场观众“互动”的结果，往往使双方都会有超水平发挥的感觉。

选对一个主持人，就等于谈话节目成功了一半。在谈话节目里，节目主持人的作用是不言而喻的，在不同的时间、不同的场合和不同的节目里，主持人的作用却是相同的——他是“桥梁”，沟通着嘉宾与现场观众，让他们的智慧在碰撞中闪烁光芒；他是“磁石”，不光要吸引嘉宾和现场观众，吸引电视机前的观众视线，还要对他们起一种思想意识的“磁化”作用；他还是“烛火”，能燃烧自己照亮别人，更能用自己的火花，点亮嘉宾、现场观众和电视机前观众的情感之光、思想之光和智慧之光，从而为整个节目增光添彩。

第三节　现场直播式电视新闻节目策划

既然节目的整体设计关系到新闻节目的可视性，那么，是否意味着“新闻直播”的地位相对次之？我们认为不是。

首先，电视直播节目的核心是“新闻事件本身”，这是灵魂。其他的诸如历史背景、动画、特技等等都是为新闻事件服务的。前者是皮，后者是毛。如果节目没有“新闻事件的实况”之“皮”，后者之“毛”就无以附之，也就没有存在的必要了。

其次，直播节目的魅力贵在观众收看的电视节目与新闻事件发生、发展过程的同步。不管我们的背景专题制作得如何精美，毕竟是“过去时”的，如同一场足球赛，观众看现场直播的目的就是追求“同步的参与感”，如果是录播的节目，再精彩也觉得不过瘾。

基于以上观点，在“电视新闻直播节目”的整体设计中“电视新闻实况”部分的把握分寸十分重要：

1. 主题确定切忌跑偏

如“三峡临时船闸通航直播节目”，主题是船闸通航这一新闻事件。通航，是一条船从下游穿过船闸走到上游的一个过程。节目一共 45 分钟，主题十分突出。节目的设计始终围绕通航这一事件而展开话题，将“船闸的工作原理”“船闸与三峡航运及三峡工程的关系”“船闸开挖与设计”等背景介绍以主持人现场主持和专题的形式有序地进行编排，既突出了船闸通航的过程，又弥补了通航过程过于简单的不足。

试想，如果节目设计过于强调节目的丰富、好看，节目可以突出“长江航运”“河流文化”或世界的航运……甚至可以搞一台展示三峡建设者风采的文艺表演，如果是那样，观众最想看的“新闻事件”就被淹没了。

2. 风格把握

直播节目，是以新闻事件为基点的。新闻事实的及时传播是新闻规律决定的。除了事件本身外，直播节目的背景专题与新闻事件的关系必须是协调的，不宜添加过多的华丽色彩或噱头。简单、求真往往是最有效的。

重要的是要尽可能有效地突出现场感。如“三峡临时船闸通航直播节目”的风格设计就着力于现场部分，在通航的船上设置了主观机位，还安排了一名记者在船上随时把自己的感受传达给观众。

3. 成分把握

直播节目中“现场直播”的成分，如主持人的现场主持（现场的主持人事实上就是新闻事件的参与者）、新闻事件本身的发展过程与专题，应当有一个合理的比例，而具体的比例需要根据实际情况来确定。但有一个原则应当注意，就是背景专题部分占总篇幅的比重不宜过长，最多不能超过 1/2，否则直播的意义就不大了。

第四节　电视新闻节目策划文案解析

以《校园新视点》新闻杂志类栏目策划案为例进行分析。

一、背景分析

首先，作为在校大学生，不仅仅需要学习科学文化知识，也应当具备对新闻事件的自我认知能力。所以他们不仅要了解时下国内外资讯，更需要的是与他们自身相关的校园资讯和就业资讯，所以一档以当代大学生为受众目标的新闻栏目显得尤为重要，并且可以具有很好的收视效果和经济利益。

其次，纵观当今荧屏，各种各样的新闻栏目数不胜数，而真正关注到大学生的栏目却寥寥无几。且就目前观察可知道，各大高校目前很少有属于自己的校园电视新闻平台，现在仍以校刊、校官网为媒介进行校园动态跟新，缺少视听结合的电视报道方式，所以办一档校园新闻栏目显得很必要。

再次，由于人们生活节奏日益加快，人们可支配的业余时间减少，所以都希望能在短时间内获得高质量的信息。杂志类新闻栏目在这样的社会背景下应运而生。我国的电视新闻评论节目层出不穷，其中杂志类新闻评论节目《东方时空》从节目开播到现在，受到观众的广泛欢迎。可见这类杂志型节目如果做好了还是有很大的市场和影响力的。

综上所述，一档校园新闻杂志类栏目就在这样的背景下诞生。

二、栏目宗旨

通过对新闻热点、校园资讯的快速阅读浏览，促进在校大学生全面了解时事政治与社会动态，为将来就业添筹加码。围绕当前在校大学生感兴趣的问题，适当地进行深入的报道，以此传播正确的价值观，培养学生独立思考的能力。总体来说，就是传播新闻、传递力量、贴近学生、引起反思。

三、栏目定位

1. 受众定位

主要受众为在校大学生，其他受众为在校教职工和部分家长

2. 功能定位

以新近新闻事实和相关热点话题为主，培养大学生正确的人生观和价值观。让大学生具有独立思考能力。同时播报各大高校新闻，贴近大学生生活，了解其他高校发生的事情。同时提供即将毕业面试时的成功技巧与经验之谈。引导学生走向美好未来。

3. 内容定位

（1）网罗一周内发生的国内外重点新闻事件，就其中一则进行评述。

（2）直击各大校园新近发生的奇闻趣事，归纳出各大高校共同的新闻事件，贴近大学生活。

（3）邀请各大高校已成功就业的毕业生进行采访，分享成功之道。

4. 主持人定位

成熟稳重，亲切自然，明快流畅的口语播报，睿智幽默的采访，互动能力强。

四、栏目内容

1. 第一个板块：《每周新看点》

网罗国内外重大资讯，精心筛选出学生关心的新闻。对其中学生最关心的新闻，请资深老师进行简单评论。如：嫦娥三号成功登月，老外撞大妈事件，《爸爸去哪儿》引收视高潮等。

2. 第二个板块：《校园新周报》

这个板块关注各大高校每周焦点事件，提供学校资讯，归纳出高校在这周普遍存在的现象，进行重点调查，重在解决问题。如：考试周怎么度过？这样能够吸引大学生关注这个板块，并形成收视习惯。

3. 第三个板块：《职场新宠儿》

每周采访一个刚刚步入社会，走进职场的优秀毕业生或实习生，采访他们刚刚步入职场的感受，分享自身成功经验，向在校学弟学妹们传递一些职场的应对技巧，面试技巧。

4. 第四个板块：《微博新互动》

对微博上大家感兴趣的话题新闻，在线进行报道跟踪，给予解答，根据微博上的一些问题作为媒体可以采访一些部门给出回复，主持人也可以给出评论。也可以在线找各大高校学生进行微博互动，展现同学们的个人风采。

五、栏目结构

第一部分中的评论是当天的新闻重头戏，政治性和时效性强，往往由经验丰富的老师，教授担任新闻评论员，占的时间为 15 分钟左右。节目内容体现实事，对本周发生的重要事件进行报道。起到传达、告知、解惑等作用。

第二部分报道较之第一部分有点短，主要是以资讯的形式报道各大高校新近发生的新闻。邻近的注重时效性，偏远的注重新鲜性。重点在于信息的丰富性。就其中高校普遍存在的问题就行实地调查，然后进行分析总结。时间为 15 分钟左右。

第三部分可视为当晚节目的亮点，富有人情味，风格也比较轻松，且实用性较强。每期请的嘉宾不同，能引起学生兴趣。15 分钟左右。

第四部分强调学生与本栏目的互动情况。10 分钟左右。

六、栏目要求

栏目整体风格以简练、清晰明快、平易近人为主。

七、栏目播出

每周一期，每期 40 分钟，暂定位每周日晚上 8：30 点，符合全校学生的作息习惯，刚好上完一整天的课，上完晚自修后顺便关注新闻，节目关注的大都是同学们感兴趣的新闻与话题，能够吸引更多受众，并形成收视习惯。

八、可行性分析

整个节目的四个部分都是由现实中比较普遍的节目样式发展来的，对于新闻评述，现场调查，人物访谈和互动形式都是运用比较多的式样，所以节目可操作性还是挺强的。

九、人员设置

制片人 1 名，编导 3 ~ 4 名，主持人 1 名。

记者 3 ~ 4 名，摄像 3 名，导播 2 名。

主编 2 名，灯光 2 名，化妆 2 名，音响 3 名，后期制作 3 名。

十、栏目宣传

网络媒体：通过学校网络进行宣传。

平面媒体：在学校报社、社团等媒体做广告宣传。

电视媒体：在节目播出前，在校园电视台播放宣传片。

结 语

随着现代科技的发展，新媒体已经融入家家户户，新闻事业的发展早已离不开新闻采访策划工作，并且新闻策划已经成为其中发展至关重要的一部分，如何更好地进行策划将成为关注的焦点，与学者研究的热点。本书是志同道合的研究者对于新闻采访与策划的一点研究，希望能给读者和后续的研究着提供一些借鉴。通过本书的研究可以知道，对于新闻采访策划从业者来说，只要把握好新闻规律，树立正确的采访动机，掌握做好新闻采访策划的方法，就能多出精品，促进新闻事业的发展，满足社会发展的需要。

参考文献

[1] 王伟，房宝树.给图片新闻以重要位置[J].新闻传播，2012，11.

[2] 樊成.论“读图时代”图片新闻的传播效应[J].新闻采编，2011，03.

[3] 周巍.2010年度“传播效果”研究综述[J].新闻传播，2011，05.

[4] 姜海.论受众心理对传播效果的影响[J].新闻传播，2011，06.

[5] 黄炳富.充分发挥图片符号在报纸宣传中的作用[J].军事记者，2011，09.

[6] 马滢.浅谈如何做好电视综艺节目主持人[J].新闻世界，2012，12.

[7] 刘强.从观众的接受心理看电视综艺节目的创新[J].山东艺术学院学报，2003，4.

[8] 李杰.台湾综艺节目形态[J].新闻爱好者，2006，10.

[9] 刘强.从观众的接受心理看电视综艺节目的创新[J].山东艺术学院学报，2003，4.

[10] 陈晓.综艺节目的创新意识[J].科技传播，2013，1.

[11] 郭学文，李稳敏.整合策划在综艺娱乐节目设计中的运用[J].青年记者，2012，9.

[12] 李芳，李梦月.我国综艺节目的变革之路与未来发展模式的探索——以安徽卫视<周日我最大>的五次改版为例[J].媒体时代，2012，4.

[13] 姚喜双.播音导论教程[M].北京：中国广播电视出版社，2001.

[14] 游洁.电视文艺节目的创作[M].中国广播电视出版社，1999，2（1）.

[15] 许永.电视节目策划与撰稿[M].中国广播电视出版社，2001，12（1）.